日本国際政治学会編

ＳＤＧｓとグローバル・ガバナンス

国　際　政　治

本誌の電子ジャーナルについて

本誌に掲載された論文を、自らの研究のために個人的に利用される場合には、電子ジャーナルから論文のPDFファイルをダウンロードできます。独立行政法人・科学技術振興機構（JST）の以下のURLを開き、『国際政治』のサイトにアクセスしてご利用ください。なお、刊行後2年間を経過していない新しい号については、会員のみを対象として限定的に公開します。

J-STAGE　http://www.jstage.jst.go.jp/browse/kokusaiseiji

目次

日本国際政治学会編『国際政治』第208号「ＳＤＧｓとグローバル・ガバナンス」（二〇二三年一月）

序論　ＳＤＧｓとグローバル・ガバナンス

蟹江憲史

はじめに

ＳＤＧｓが社会的な関心を呼んでいる今日であるが、そのグローバル・ガバナンス上の価値について触れられることは稀である。しかし、ＳＤＧｓの本当の価値は、今後益々重要性を増すことになる、人類と地球を持続可能にしていくためのグローバル・ガバナンスに、新たなアプローチを導入したことにあると、筆者はみる。

従来の国際課題解決は、国際法的枠組みを中心に、多様なルールのセットが提供される「国際レジーム」が、その推進の中心的役割を担ってきた。各国の当該問題領域に関する法的枠組みを国際交渉によって刷り合わせながら、新たな国際的ルールを構築することを通じて課題解決を行う取り組みである。ＧＡＴＴやＷＴＯを中心とする経済協力分野をはじめ、国連気候変動枠組条約や、その下での京都議定書、生物多様性条約と名古屋議定書等、環境問題をめぐる多くの分野でも、国際条約形成を起点とし、国際レジームを形成することで、国際協力メカニズムが構築されてきた。もちろん、こうした課題解決は未だに重要である。しかし、ＳＤＧｓによって、国際レジームと同じようなインパクトをグローバル・ガバナンスに向けた戦略にもたらす可能性のある考え方が登場してきた。それが「目標ベースのガバナンス（Governance through Goals）」である。

目標設定に起因するガバナンスは、従来はＭＤＧｓのように比較的限定的目的達成のために使用されてきた。国際合意文書にも目標が記載される例は多い。しかし、これが「持続可能な開発」という包括的課題について、多様な国家（ＳＤＧｓの場合はすべての国連加盟国）や行為主体に適用される形で提示されることとなれば、それは新たなガバナンスの戦略を提示することにもなる。ＳＤＧｓはこの観点から見れば、新たなグローバル・ガバナンスの戦略であるととらえることができる。

背景には、国際ルール構築が、地球規模の環境変化に対処するために必要なだけの行動を積み上げられなくなったことがある。言い換えれば、人類や地球システムを持続可能にするために必要なレベルの行動と、従来の国際レジームによる対処が生み出す行動との間に、大きなギャップが出てきている。そのギャップを埋めるためには、国際レジームによって「今ある」仕組みの上に新たなものを積み上げる戦略を持つ一方で、到達すべき「あるべき」地点を包括的に明示し、その一方で詳細な実施ルールは設定せずに可能な限りシンプルな合意形成過程とする戦略を取り始めたのである。

新たなグローバル・ガバナンス戦略を巡っては、国際的にも様々な研究や検証がおこなわれている。SDGsのユニークな交渉過程に関するもの(1)、目標ベースのガバナンスの効果に関するもの(2)、目標やターゲット間のシナジーやトレードオフやそのガバナンスに関するもの(3)、指標のあり方に関するもの(4)等、実に多様である。さらに目標ベースのガバナンスの効果に関するものについては、目標毎の研究も含めれば極めて多様な研究がある。さらに、持続可能な社会へ向けた変革に焦点を当てた国連による報告書『グローバルな持続可能な開発報告書』(5)も、二〇一九年に出版されて始まった四年に一度の出版サイクルにより、第二回の出版を二〇二三年に控えている。筆者もその一五人の執筆者の一人として現在取りまとめ作業に尽力しているところだ。

本特集号は、そうした研究の蓄積に新たな知見を加える特集となった。SDGsや目標ベースのガバナンスに関する研究の多くは英語で出版されているが、日本語での研究論文となるとまだまだ数が少ない。本特集号で取り上げた論文も、英文での発表も行ってほしいところであるが、日本語で読める研究論文としての価値も高いものだと評価できよう。

前田論文は、人間中心のSDGsや国際政治学へのアプローチを乗り越えて、環境や生物といった人間以外の視点(ノン・ヒューマン)の視点を入れることで、SDGsの真の原因と対峙することを訴える。内記論文は、SDGsが規範の課題であるという、多国間主義の原点に我々の目を向けさせてくれる。スマートシティの規範に焦点を当てながら、SDGsと規範の関係に視座を置くことで、SDGsの課題をとらえる視点を提供している。高尾論文は、SDGsの存在が効果をもたらしたと言われている海洋プラスチックごみ汚染問題に焦点を当て、本当に効果があったのかどうかを実証的に明らかにしている。

御代田論文、片柳論文は、企業やビジネス行動に焦点を当てる。御代田は企業行動に焦点を当て、企業の競争的行動がSDGsの実効性を確保するようになってきたと分析する。片柳はとりわけ平和のためのビジネスや、近年注目を浴びているビジネスと人権の議論をフォーカスする。そして、ビジネスは雇用やキャパシティ・ビルディングを通じて、コミュニティがSDGs達成に向けて行動する能力を高め、それによって平和に貢献し得るとの結論を導いている。

つづいて真島論文はジェンダー問題に焦点を当て、目標達成へ向けた規範上の課題を明らかにしている。林はＮＧＯへのインパクトがどのように変化したのかを考察することで、ＳＤＧｓの課題を明らかにしている。特に、ＭＤＧｓやＳＤＧｓが特定のＮＧＯの排除や革新性喪失につながる状況を明らかにし、ＮＧＯが開発という文脈でこれまで以上に周縁化する状況に危機感を表す。ＳＤＧｓはこうした課題を認識しながら、その克服を検討していく必要がある。

　このように多様な角度からＳＤＧｓを論じることで、ＳＤＧｓへの洞察は一層深まることと考える。以下、本稿では、まずＳＤＧｓを新たなグローバル・ガバナンス戦略ととらえる視点を紹介したのちに、各論文での主張を概観しながら、ＳＤＧｓへの理解を深めていきたい。

ＳＤＧｓと新たなグローバル・ガバナンス戦略

　ＳＤＧｓには目標とターゲットがあるのみである。それらに拘束力はないものの、進捗を「測る」ということだけを仕組みとして設定している。目標とターゲットは、一九三の全ての国連加盟国によるコンセンサスで成立している。このことから、ＳＤＧｓには「二〇三〇年の世界のかたち」が描き出されているということが出来る。

　ＳＤＧｓには法的拘束力がないことから、目標を達成できなくともペナルティがあるわけではない。しかし、すべての国が目指す「世界のかたち」がそこにあるとすれば、目標達成を先取りすれば先行者利益が生じる。ビジネスで言えば、他の追随があると知って、その実現を可能にするような商品や製品があるとすれば、大きなビジネスチャンスが生じることになる。民間からの関心が高い理由の一つはここにある。

　ルールがないということはすなわち、各主体が自由に目標達成へ向けた方策を考え、それぞれに合ったやり方で対応を進めることが出来る、ということでもある。行動の自由度が高いということは、創造性が発揮できるという事でもあり、また一方で、行動をとるアクターと取らないアクターとの間に差もつきやすいということにもある。この側面もまた、ビジネスがＳＤＧｓに注目する理由の一つとなっている。

　詳細な実施ルールは定めず、目標のみを掲げて進める「目標ベースのガバナンス」という呼称は、ＳＤＧｓを策定する際に私がリーダーとなって進めていた国際研究プロジェクトの中で作り出したgovernance through goalsという言葉を日本語に訳したものである。[6] 発展途上国に主な焦点を当てていたミレニアム開発目標（ＭＤＧｓ）であったり、あるいは、産業革命前と比べて地球規模の平均気温上昇を2度以内に抑えるという、気候変動に関するいわゆる「2℃目標」のように、ある分野に焦点を絞った目標はこれまでもあった。しかし、目標によるグローバル・ガバナンスが、これほどまで包括的に行われたことはこれまでにない。七〇周年を迎えた国連が、歴史上はじめて踏み込んだチャレンジが、ＳＤＧｓによる目標ベースのガバナンスである。

意欲的な目標を掲げる効果はいくつかある。まず、目標を掲げることで、その目標を達成しようという意思を持った「資源」が集まる。ひとことで「資源」と言っても、その内容は多様である。人的資源をはじめ、目標を実現するための知的資源（アイディア）も集まる。また、目標へ向かうための「資金」も重要な資源である。

目標を掲げることで、従来では考えられなかったような大きなことを成し遂げるという、目標本来が持つ効果もある。その典型的な例といわれるのが、「ムーンショット」である。一九六一年五月、米国のケネディ大統領が人類を月に送るという大目標を打ち上げることで初めて、一九六九年のアポロ11号の月面着陸が実現した。大目標を掲げることで、想像を超えるような現実がついてくる。

ＳＤＧｓの目標とは、実際に達成しないと約束違反となってしまうという類の目標ではない。もちろん目標なので、達成するべきものではある。しかし、あまりに目標に拘泥してしまうと、身動きが取れなくなってしまい、挙句の果てに目標を掲げることさえ躊躇されてしまう。ＳＤＧｓが掲げる目標は、そうした「必達目標」ではなく、むしろ変革やイノベーション創出へ向けた「達成すべき方向」を提示する目標であろう。大きな目標を提示することでやるべきことがわかる、そうなると、それに呼応する資源が集まってくる。資源には、人的資源もあれば、知恵や知識、アイディアもあれば、資金ということもあろう。これらにより、時に、現状からの積み上げでは考えられなかったような飛躍が実現できることがあるということは、多かれ少なかれ多くの人が見たり聞いたり、あるいは自ら体験していることなのではなかろうか。そうした可能性を求めるのがＳＤＧｓであると言ってよい。[7] ＳＤＧｓが中核をなす国連の決議文書が、「我々の世界を変革する：持続可能な開発のための二〇三〇アジェンダ（Transforming our world: the 2030 Agenda for Sustainable Development）」[8] という所以でもある。

ＳＤＧｓの重要な理念となっているのが、「だれ一人取り残されない」というものと、「変革」である。

「だれ一人取り残されない」という理念は、ＳＤＧｓの前身としてのＭＤＧｓから来たものであると言っても良い。ＳＤＧｓは、ＭＤＧｓの目標達成期限を迎えるにあたっての新たな国際目標として設定されたという側面を持つ。

ＭＤＧｓは、先進国及び途上国において人間の福祉の向上や貧困撲滅などの課題の関心度が向上したこと、[9] 健康問題と水質・衛生問題、栄養問題などセクターを超えたリンケージを強化したこと、[10] いくつかの先進国や援助機関において政府開発援助（ＯＤＡ）の増加をもたらし、またいくつかの国において貧困撲滅などに関する政策の優先順位を上げ、大きな役割を果たしたなどの評価がある。[11] ミレニアム開発目標報告書によると、一九九〇年には途上国の半数近くの人口が一日一・二五ドル未満で生活していたが、二〇一五年にはその割合が一四％に削減された。[12] それでも未だ約八億人は極度の貧困や飢餓の状態にあったため、ＳＤＧｓはこのようなＭＤＧｓの未達成課題を引き継ぐ形で、とりわけあらゆる形態の貧困の問題をなくすことに重きが置かれている。気候変動問題や途上国における人権問題、グッド・ガバナンスといった重要な課題を含んでいないというMDGsへの批判[13]もあったが、これらの課題もSDGsで目標として組み込まれることとなった。

また、目標には具体性が欠けており、画一的な目安しか提供しておらず、各国や各目標の達成度におけるギャップがあること[14]、受益者のニーズが考慮されておらず、援助供与優先型であること[15]、MDGsの達成度につい地理的なばらつきがあることが問題視されていた。特にサブサハラ・アフリカ地域や後発発展途上国においてはほとんどその成果が得られなかったことという批判もあった[16]。MDGsは全世界で共通する一つのグローバルな目標を設置したが、これだけでは各国のおかれた状況を無視することとなるため、グローバル目標に加えて、国別あるいは地域別の目標やターゲットを立てる必要性も指摘されていた。

二〇三〇アジェンダでは、これらの教訓を反映するように、グローバルの目標を踏まえながら、各国の状況を念頭に置き、国内でターゲットを設置し、実施するという手法をとることとなった[17]。

また、MDGsの構造もSDGsに影響を与えている。MDGsには八つの目標とそれらの下に二一のターゲット、そしてそれらの達成度を測るため六〇の指標という三つで構成されていた。このようなグローバルレベルで「目標を設定する」アプローチとその構造は、これまで焦点があたらなかった個々の課題に焦点をあてることができると評価されており[18]、SDGsにも受け継がれている。

このようにMDGsからは、二〇一五年までに達成されなかった課題の実施とともに、目標設定のアプローチに関する教訓や、国内の状況に鑑みた対応による実施という反省点が、SDGsに引き継がれていった。

もう一つのSDGs設定の重要な理念が、「変革」である。これは、MDGsでカバーされていたような課題に加えて、それと強く連動する地球システムの課題に起因する「持続可能な開発」に関する課題において、漸進的アプローチでは課題解決までの距離が余りに遠くなってしまっていることに起因する。

持続可能な開発は、従来ブルントラント委員会による「将来の世代の欲求を満たしつつ、現在の世代の欲求も満足させるような開発」という定義、あるいは二〇〇二年の持続可能な開発に関する世界首脳会議（ヨハネスブルグ・サミット）で示された、経済、社会、環境の三つの柱で構成されているという概念が国連では引用されてきた。しかし、これらの定義は社会・経済活動を行ううえでの地球システムの限界や資源・環境上の制約があるということ、すなわち「経済」の持続可能性、「社会」の持続可能性が成り立つのは「環境」の持続可能性があるという前提があるという点を、明示的に示しているわけではない。SDGsに期待されている「持続可能な開発」とは、経済、社会、環境の三つの柱を単独の柱ではなく、統合された「一体で不可分」のものであるという認識である。つまり、SDGs目標やターゲットは相互連関しているということである[19]。したがって、経済、社会、環境に関する持続可能性を一体として扱わない限り課題は解決しない。

このうち地球システムの変動や限界をわかりやすくとらえたものが、「地球システムの境界（Planetary Boundaries）」という、人類が社会経済的発展をするために許容される地球システム上の境界をとらえた概念であり、この境界内であれば地球システムは回復力を発揮できるが、これを超えてしまうと地球システムが大きな変動を招く危険があるというものである。[20] 近年、この研究は進展しており、地球システムが健全な状態を保つ上で少なくとも重要となる九つのプロセス（気候変動、海洋酸性化、成層圏オゾンの減少、窒素およびリンの生物地球化学的循環の変化、地球規模での淡水利用、土地利用変化、生物多様性、エアロゾルの負荷、化学物質による汚染）のうち、気候変動、生物多様性の減少、生物地球化学的循環の変化、土地利用変化の四分野ではすでに境界を超えたり、あるいは超えつつあると考えられている。[21] そしてこれらの課題は人間活動によって加速されているというのである。人類と地球システムとの関係が急激かつ集中的に深まり、これまでの「完新世」から、人類という一つの種がその周囲の環境を急激に変えるという地球史上新たな「人新世（あるいは人類世（anthropocene）」に入ったという認識もある。[22] こうした条件のもとで、限界を迎える前に持続可能な未来を描くには「変革」が必要になっているというのである。

ＳＤＧｓへの考察

二〇二二年の国連事務総長によるＳＤＧｓ進捗報告によれば、ただでさえ目標達成が困難だったＳＤＧｓであるが、ここにきてさらに困難さに拍車がかかったという。[23] 二〇一九年に始まった新型コロナウィルス感染症の世界的大流行の影響に加え、二〇二二年初頭にはロシアによるウクライナ侵攻をはじめとする国際紛争により、食料やエネルギー価格の高騰といった影響も出てきた。さらに世界各地で気候変動の影響と考えられる異常気象や災害が相次ぎ、その複合的影響がＳＤＧｓの達成を一層困難にしているというのである。

二〇二一年には石炭、石油、ガスへの需要が増加、その結果、グローバルなエネルギー関連CO_2排出量は六・〇％増加したという。気候変動対策として、今世紀末までに産業革命前と比べて地球全体の気温上昇を一・五℃以下に抑える努力をすることが目標として定められていることを勘案すると、これもまた目標とは相反する動きである。さらには、毎年一千万ヘクタールの森林が喪失しているという。

ＳＤＧｓは二〇一二年の国連持続可能な開発会議（リオ＋20）で、その合意形成プロセスに入ることを決めた。この会議は一九七二年の国連人間環境会議に端を欲する国連における持続可能な開発を議論する一〇年に一度開催される大規模国際会議である。一九九二年の国連環境開発会議（リオの地球サミット）、二〇〇二年の持続可能な開発に関する世界首脳会議（ヨハネスブルグサミット）はそうした会議の中に位置する。こう考えると、そもそもその起源から考えて、ＳＤＧｓは人間中心に考えられていたわけである。しかし前田論文は、これでは根本的な課題解決には至らないと警鐘をならす。我々が「人間中心的なバイアス」を取り除くことで、「種間関係にとどまらず、さらに踏み込んで、ノン・ヒューマンである動物や、ガス・液体・ウィルス、そして森林・氷河・永久凍土といった「モノ」が、「社会」と「自然」の間の境界を越境してくる」ことになるというのだ。これにより、ヒューマンとノン・ヒューマンの境界がなくなり、対応な関係としてそれらを検討することが出来るようになり、それがひいてはポスト・ウェストファリア的世界へとつながっていくと主張する。

こうした視点を導入すると、そもそもＳＤＧ11の「包摂的で安全かつ強靱（レジリエント）で持続可能な都市および人間居住を実現する」という目標は、都市（里）と自然の間にあって、両者をつないできたフィールドとしての里山や里海の存在を勘案していないというのである。「都市部と自然をきれいに切り分ける理解を持ち続ける限り、全体的な観点で目標達成を目指すことは難しくなる」のである。つまり、ノン・ヒューマンの視点を導入することで、課題解決の切り口が大きく変わる可能性を指摘している。

こうした、これまで国際関係論対象としてきた国境を越えた政治・経済・社会・文化に関する諸活動のためには、「人々は安心して呼吸ができ、水を飲み、栄養を摂取し、十分な睡眠をとることが欠かせない。これはノン・ヒューマンとのコラボレーションでありパートナーシップの問題である」と言い切る。そして、「世界を生産システムとしてしか見てこなかった」見方を変える必要性を主張する。こうした主張はＳＤＧｓという近未来の目標達成に留まらず、より大きな問題の要因を検証する視座を提供しているといえよう。

これに対して内記は、ＳＤＧｓの国際規範としての機能に着目する。元来多国間主義の主たる役割の一つには規範を形成することにある。ＳＤＧｓもその例に漏れず、目標をターゲットや指標でより具体的に示しながら、国際規範を形成しているという視点は的確だ。とりわけ、グローバルに進捗を計測するために設定されたグローバル指標を「ルールやスタンダードと同じ機能を有しており、規範的な性格をもつ」と定義する点は非常に興味深い。さらに、近年企業や都市レベルで行われてきた指標のローカル化について、これを翻訳規範と捉え、「よりローカルな現場に即した分かりやすい「翻訳規範」を策定する動きが、国際レベルと国内レベルでみられる」としている。

より具体的には、スマートシティに関する規範が、ＳＤＧｓの登場によって、ＩＴ企業と自治体を中心とした規範形成という従来の議論を超え、持続可能性と「スマート」であることの接合が行われたり、都市問題がより統合的に捉えられて国際規範へと昇華していく様子が記述的に分析されている。こうしたＳＤＧｓの効果や効用、すなわち、ＳＤＧｓの存在が持続可能な開発に対して実務的にも理念的にも意義あるものとなっている点は、さらに高尾論文によって、より具体的に示されることになる。

高尾が焦点を当てるのは、海洋プラスチック汚染問題だ。同課題に対する国際的対応は従来からおこなわれていたものの、ＳＤＧｓ

が登場することによってはじめて、より多くのステークホルダーが、海洋プラスチックごみ問題と、自らの抱える課題との関連を意識し始めた。これにより、その後の同課題、あるいはより広範なプラスチック問題への対応が行われている。二〇一七年の国連海洋会議やその年のハイレベル政治フォーラムにおけるSDG14へのフォーカスは、翌年のダボス会議における多国籍企業による脱プラスチックへ向かう宣言や、G7等の首脳会議の成果へとつながっている。SDGsの好事例として認識されることが多いこの事例における課題解決とSDGsとの因果関係について、高尾論文は丁寧な記述分析によって明らかにしている。

そしてここでもまた、従来は海洋環境問題として議論されていた課題が、SDGsの文脈でとらえられることで、廃棄物問題としての認識もたかまり、その結果バーゼル条約からの取り組み進展に貢献した様子が捉えられている。すなわち、課題が相互に連関し、一体で不可分であるというSDGs、あるいは二〇三〇アジェンダの規範の影響によって、総合的に課題をとらえる認識が進んだわけである。国際機関による報告書やレポートがこうした課題のとらえ方に影響を与えたという点に着目すれば、「国際機関が国際問題に関する政策領域の分類化を通じて各国に影響力を行使する」ための具体的なツールとしてのSDGsの意義が明らかにされている。

SDGsは意欲目標であり、目標ベースのガバナンスでは詳細な実施が国際的に決められてはいない。こうしたSDGsの性格にポジティブな反応を示しているのが民間部門であり、企業である。

御代田は環境、経済、企業ガバナンスを重視するESG投資は「SDGsを促進する手段の一つ」と捉え、その指標化・データ化が企業を評価することを可能にしたという。またそのことが、企業がSDGsに取り組むインセンティブを与えているという。そして結果として、「SDGsの実効性は、企業の競争原理を利用して確保されるようになってきた」と分析する。

片柳は、SDGsが「ビジネス、人権、平和を繋ぐ役割を果たすものとして期待されている」として、「平和のためのビジネス」や「ビジネスと人権」の取り組みに焦点を当てる。「SDGsが企業の平和への貢献を検討する際に一つの指標になる」という観点は、とりわけロシアによるウクライナ侵攻が起こり、暴力紛争は、一九四五年の第二次世界大戦終了時以来最大となり、紛争の影響を受ける国に在住する人口は二〇億人に上るという現代において[24]、重要な視点を提供する。そして、「平和のためのビジネス」に、ビジネスと人権概念を組み込み、人権に基づく平和と開発の枠組として形成していくことには大きな意義があるという。論文では「ビジネスは雇用やキャパシティ・ビルディングを通じて、事業を実施しているコミュニティがSDGs達成に向けて行動する能力を高めることが可能であり、それによって平和に貢献し得る」とし、また、「ビジネス・ネットワーキングも、形成されるコミュニティの性質によっては平和に貢献し得る」事を明らかにした。

一方真島はＳＤＧ５に焦点を当て、人間の安全保障の観点から分析を加え、その上でジェンダー平等を目指すＳＤＧ５実現のためには、買春に関する国際規範構築という視点の必要性を明らかにしている。

ＵＮＤＰは二〇二二年の特別報告書で、人新世が人間の安全保障に対して新たな脅威を及ぼしているとの認識をしめし、人間開発指数がＣＯＶＩＤ-19によって初めて下落に転じた事への危機感を表している。[25] 二〇二二年の国連事務総長によるＳＤＧｓ報告は、コロナ禍からの時間が経ち、二〇二一年には世界経済は回復を始めたものの、コロナの新たな株や不平等なワクチン普及、インフレ、サプライチェーンの崩壊、政策的な不透明さ、さらには発展途上国における持続不可能な債務等の影響が大きく、二〇二一年末までには再びグローバル経済成長は鈍化していると分析している。そして、未だジェンダー平等には程遠い世界において、こうした影響は、特に失業、無報酬の育児や介護の増加、家庭内暴力の増加といった形で女性により大きな影響を与えているという。ジェンダーをベースにして国家予算策定を行っている国は二六％にとどまり、現在のペースでしかジェンダー平等への取り組みが進まなかった場合には、例えば国における政治的リーダーシップが男女同数になるまでには実に四〇年かかると計算している。[26]

こうした中で真島は、フェミニズムの観点からの人間の安全保障には、「意思決定過程におけるジェンダー不平等」、「行為主体としての女性」という従来の着目に加えて「行為主体としての男性」の分析の重要性を訴え、買春に関する規範形成の重要性を唱える。スウェーデンにおける世界初の買春禁止法の分析から、「人身取引防止には役立っているが、女性の安全保障問題の解決には不十分」だったことを明らかにしたうえで、買春は「女性に対する脅威」であり、「女性差別の問題であり男女平等社会の実現のための障壁である」として、ＳＤＧ５との関連でこうした観点からの国際規範構築の必要性を明らかにした。

林論文は、ＭＤＧｓやＳＤＧｓがＮＧＯに与えた影響を分析する。新たな連携が生まれるといった影響もみられるものの、ＮＧＯが「開発という文脈においてこれまで以上に周縁化された存在になりつつある」事に警鐘をならす。社会サービス提供のために委託されたプロジェクトを実施する機会が増加する一方で、「ＮＧＯの特徴とされてきた現場性はドナーの支援方針や開発アクターの参入によってさらに失われ、革新性も市民社会スペースの縮小によりさらなる喪失を余儀なく」されているという。さらに、「社会的変化を求めるアドボカシー活動に対して抑圧的な対応を取る一部の政府のもとで自由な異議申し立ての機会は減少」したという。デジタルツールの利活用はＣＯＶＩＤ-19により進展したものの、デジタルツールを利用した市民社会への介入強化や、ＣＯＶＩＤ-19を理由とした規制強化という名目の下で、人権や民主化に取り組む団体が規制している例もみられる。さらには、「開発に関係するアクターが増加することで、ＮＧＯの組織存続のための資金獲得が難しく」なっている状況もあぶりだされる。

おわりに

ただでさえ目標達成が困難と見られていたSDGsは、二〇二二年に入りさらに目標達成が困難になったと言われる。二〇二二年の国連事務総長によるSDGs報告書(27)によれば、新型コロナウィルス感染症を直接の死因とする死者は二〇二一年末で五四〇万人にのぼり、超過死者数も一五〇〇万人に上っている。さらに、災害関連死も六倍に上った。二〇三〇年までにゼロにするという目標を掲げる絶対的貧困者数は、二〇一五年一〇・一%、二〇一八年八・六%、二〇一九年八・三%と低下傾向にあったものの、二〇二〇年には九・二%と、一九九八年以来上昇した。二〇二二年には新たに七五〇〇万人から九五〇〇万人が極度の貧困状態に陥っており、目標からは遠ざかるばかりである。コロナ禍は、国家間収入の不平等を広げてしまっていることも分かった。これまで不平等は改善傾向にあったものが、現世代では初めて悪化したという事である(28)。

こうした中で、本特集号はSDGsのグローバル・ガバナンス上の課題に焦点を当て、様々な角度から検討を重ねた。国際規範形成という側面や、企業、ビジネスの行動変容の観点から見ると、SDGsの存在は持続可能な社会へ向けて効果を発揮していることが見て取れる。従来の多国間合意と比べると、企業やビジネスの巻き込みは進展しているとみてよい。他方で、ジェンダーに関する規範形成やNGOの巻き込み方については、課題があることも明らかになった。二〇三〇年の目標達成期限までにこうした課題を解決すべく対話を重ねることが重要だが、同時に、やがて起こるであろうSDGsの先の目標形成過程では、SDGsの教訓を生かした検討も期待されるところである。人新世における諸課題の根本的解決を図るには、ノン・ヒューマンの視点を含め、総合的に課題解決を図ることも有益だろう。新たなグローバル・ガバナンス戦略としての目標ベースのガバナンスについての学術的検討はまだ緒についたばかりである。本特集が今後の検討の一助になることを願ってやまない。

（1）Casey Stevens & Norichika Kanie, "The transformative potential of the Sustainable Development Goals (SDGs)". *International Environmental Agreements: Politics, Law and Economics*, 16 (2016), pp. 393–396.; Felix Dodds, David Donoghue, & Jimena L. Roesch, *Negotiating the Sustainable Development Goals: A Transformational Agenda for an Insecure World* (Routledge, 2016).; Macharia Kamau, Pamela Chasek & David O'Connor, *Transforming Multilateral Diplomacy: The Inside Story of the Sustainable Development Goals* (Routledge, 2018).

（2）Oran Young, "Conceptualization: Goal Setting as a Strategy for Earth System Governance," in Norichika Kanie and Frank Biermann, eds., *Governing through Goals: Sustainable Development Goals as Governance Innovation* (MIT Press, 2017), pp. 31–51.; Oran Young, "Research Strategies to Assess the Effectiveness of International Environmental Regimes," *Nature Sustainability*, 1 (2018), pp. 461–465.

（3）Måns Nilsson, Dave Griggs & Martin Visbeck, "Policy: Map

the interactions between Sustainable Development Goals," *Nature*, 534, pp. 320–322.; Prajal Pradhan et al., "A Systematic Study of Sustainable Development Goal (SDG) Interactions," *Earth's Future*, 5-11 (2017), pp. 1169–1179.; Jan A. van Zanten and Rob van Tulder, "Towards nexus-based governance: defining interactions between economic activities and Sustainable Development Goals (SDGs)," *International Journal of Sustainable Development & World Energy*, 28-3 (2021), pp. 210–226.

(4) László Pintér, Marcel Kok and Dora Almassy, "Measuring Progress in Achieving the Sustainable Development Goals," in Norichika Kanie and Frank Biermann, eds., *Governing through Goals: Sustainable Development Goals as Governance Innovation* (MIT Press, 2017), pp. 99–133.; László Pintér, Dóra Almássy and Sumiko Hatakeyama, *Sustainable Development Goals and Indicators for a Small Planet. Part II: Measuring Sustainability* (Asia-Europe Foundation, 2014).; SDSN, *Indicators and a Monitoring Framework for the Sustainable Development Goals* (SDSN, 2015).

(5) UN, *Global Sustainable Development Report 2019* (UN, 2019).

(6) Norichika Kanie and Frank Biermann, *Governing through Goals: Sustainable Development Goals as Governance Innovation* (MIT Press, 2017).

(7) Young, "Conceptualization: Goal Setting as a Strategy for Earth System Governance," *op.cit.*

(8) UN, *Transforming our world: the 2030 Agenda for Sustainable Development* (UN, 2015).

(9) Malcolm Langford, "A Poverty of Rights: Six Ways to Fix the MDGs," *IDS Bulletin*, 41-1 (2010), pp. 83–91.

(10) Jan Vandemoortele, "If not the Millennium Development Goals, then what?," *Third World Quarterly*, 32-1 (2011), pp. 9–25.

(11) Todd Moss, "What Next for the Millennium Development Goals?," *Global Policy*, 1-2 (2010), pp. 218–220.; Andy Pollard et al., "What should come after the Millennium Development Goals? Voice from the South," Presented at after-dinner Roundtable discussion on 'The MDGs and Beyond 2015: ProPoor Policy in a Changing World' Wednesday 8 September, University of Manchester.; Richard Manning, "The Impact and Design of the MDGs: Some Reflections," *IDS Bulletin*, 41-1 (2010), pp. 7–14.; Vandemoortele, "If not the Millennium Development Goals, then what?," *op.cit.*

(12) UN, *The Millennium Development Goals Report 2015* (UN, 2015).

(13) German Watch, *The Millennium Development Goals and Climate Change: Taking Stock and Looking Ahead* (German Watch, 2010).; Jan Vandemoortele and Enrique Delamonica, "Taking the MDGs Beyond 2015: Hasten Slowly," *IDS Bulletin*, 41-1 (2010), pp. 60–69.

(14) Vandemoortele, "If not the Millennium Development Goals, then what?," *op.cit.*

(15) Andrew Sumner, "Rethinking Development Policy: Beyond 2015," *The Broker*, 14 (2009), pp. 8–13.; Andrew Shepherd, *Achieving the MDGs: The fundamentals* (Overseas Development Institute, September 2008).

(16) Fred A. Agwu, "Nigeria's Non-Attainment of the Millennium Development Goals and Its Implication for National Security," *IUP Journal of International Relations*, 5-4 (2011), pp. 7–19.; Stephen Peterson, *Rethinking the Millennium Development Goals*

for *Africa* (John F. Kennedy School of Government, Harvard University, 2010).; William Easterly, "How the Millennium Development Goals are Unfair to Africa," *World Development*, 37-1 (2009), pp. 26–35.; 勝間靖「ミレニアム開発目標の現状と課題――サブサハラ・アフリカを中心として――」『アジア太平洋討究』一〇巻、九七―一〇七頁。; UN, *The Millennium Development Goals Report 2015*, *op.cit*.

(17) UN, *Transforming our world: the 2030 Agenda for Sustainable Development*, *op.cit.*, Paragraph 55.

(18) Sakiko Fukuda-Parr, "Global Goals as a Policy Tool: Intended and Unintended Consequences," *Journal of Human Development and Capabilities*, 15-2-3 (2014), pp. 118–131.

(19) UN, *Transforming our world: the 2030 Agenda for Sustainable Development*, *op.cit.*, Paragraph 2.

(20) Johan Rockström et al., "A safe operating space for humanity," *Nature*, 461 (2009), pp. 472–475.

(21) Will Steffen et al., "Planetary boundaries: Guiding human development on a changing planet," Science, 347-6223 (2015), pp. 736–746.

(22) Paul J. Crutzen, "The 'Anthropocene'," *Journal de Physique IV France*, 12-10 (2002), pp. 1–5.

(23) UN, *The Sustainable Development Goals Report 2022* (UN, 2022).

(24) *Ibid.*

(25) UNDP, *2022 Special Report on Human Security* (UNDP, 2022).

(26) UN, *The Sustainable Development Goals Report 2022*, *op.cit.*

(27) *Ibid.*

(28) *Ibid.*

（かにえ　のりちか　慶應義塾大学）

日本国際政治学会編『国際政治』第208号「ＳＤＧｓとグローバル・ガバナンス」（二〇二三年一月）

ノン・ヒューマンの政治理論からの「持続可能な開発目標」の再構成
――いのちの循環を自覚できる主体の立ち上げのために――

前田幸男

はじめに

気候危機や感染症危機の深まりとパラレルに「持続可能な開発目標（以下、ＳＤＧｓ）」による目標ベースのガバナンスについての新しい動きが様々な文脈の中で出始めた。(1) これ自体、新しい動きであり、現行の政治経済システムの大転換の予兆と見ることもできる。

ただし、そもそものＳＤＧｓ登場の背景には、産業革命以降の資本主義的近代化がこの一五〇年間に蓄積した負の影響への応答という意味が込められている。そこで「変革」(2) が意識されるということは、そこにいわゆる人類繁栄の持続不可能性や絶滅の問題への危惧があるからとも言える。

このＳＤＧｓには、資本主義を温存しながらこれらの目標が果たして達成できるのかという根源的批判が注目されたが、(3) こうした現行の経済システムからの脱却を提唱する側も、そのシステムを擁護するか微修正を提案する側も、経済発展が破壊する「環境」の側はあくまで受動的な存在としてブラックボックスにしてそれ以上の理解を深めてはこなかった。本稿は、この点に焦点を当てる。ＳＤＧｓ自体が「だれ一人取り残されない（No one will be left behind）」という立場を掲げていることから、これが「人間の、人間による、人間のための目標」でり、ノン・ヒューマンのためではないことは明らかである。なぜなら、「持続可能な開発目標」とは、ブルントラント委員会の報告書「地球の未来を守るために」(4) で登場した概念で、それは「将来世代のニーズを損なうことなく現在世代のニーズを満たす」という意味だったからである。(5) それ以来、経済活動としての「開発を持続可能にしたい」諸アクターは、この概念を参照することで自らの活動を好んで正統化・正当化してきたといえる。しかし、いま求められているのは、経済活動としての「開発」の「持続可能性（sustainability）」[6]ではなく、サステナビリティという価値そのものの発展であろう。そこでの課題は、「地球の存在それ自体が奇跡であり、その尊い存在の持続可能性を心から願う感性であり、この感性をどのようにして「かいほつ」していくのか（to develop the sense of Earth sustainability）」ということになる。[7] しかし、この立場は主流の流れとはなっていない。SDGsの枠組みを見ても、「センス・オブ・ワンダー」[8]の感性の涵養は目標やターゲットの中に明確には上がっていないからだ。

そこで次節ではまず、SDGsの目標それぞれは追求するに値するものの、SDGsを達成不可能な結果へと導きかねない、感性の涵養を難しくしている、推進主体の人間の側に伏在する三つの「認識上の課題」について明らかにしておきたい。

一　SDGsを達成不可能に導きかねない三つの「認識上の課題」

SDGs推進主体である人間が抱える三つの「認識上の課題」とは、(1)「社会中心主義」と「人間例外主義」からの脱却という課題、(2)「いのちは流れの中にある」という「認識の欠落」という課題、そして(3)地球の生理学への理解の欠落という課題の三点である。以下、順に論じる。

(1)「社会中心主義」と「人間例外主義」からの脱却という課題

社会科学の世界では、「ある社会の変動」は、他の社会過程（戦争や内戦、覇権国の交代、経済恐慌の理由など）を参照することで説明できるという前提を立てる。例えば、ある国がある国に対して戦争で勝利したであるとか、ある国の諸力が高まり覇権国が交代した等々の説明である。しかし、これは政治理論家のウィリアム・E・コノリーにいわせれば「社会中心主義（sociocentrism）」ということになる。[9] ここに嵌まると、ヒトの世界での活動が、ノン・ヒューマンの世界にどのようなインパクトを持つか、また逆にノン・ヒューマンの世界からどのようなバックラッシュが来るのかが見えなくなる。例えば、テリトリーという用語一つとっても、国際政治学の分野では、特にヒトとヒトの間の境界線（国境や影響圏）にばかり注目がいくため、ヒトがノン・ヒューマンのテリトリーを侵犯しているといった問題は後景に退く。[10] すなわち、社会は専らヒトが構成するもので、ノン・ヒューマンはヒトとフラットな関係を持つ同じ社会の構成メンバーとしては理解されないのである。そのため、SDGsでは、ノン・ヒューマンは資源や操作対象として見なされ（例えば、海や陸）、地球を共に構成するメンバーとしてはみなされない。

政治も経済も、言語によって人々の関心を集めてシステムを回す。政治であれば、イシューを争点化し、定期的に来る選挙を見据えて事は進む。経済であれば、消費者への広告などによるインセンティブの提供があり、それが資本循環を可能にする。どちらも「関心（concern）」が鍵を握る。それは社会の動きだけを見ていれば「世の中の仕組み」を理解するには十分ということが暗示される。このような「社会中心主義」的な認識では残念ながら、ノン・ヒューマンの役割を考える余地はない。

この点、ブルーノ・ラトゥールはこの人間中心性を一貫して批判してきた。まず、ヒトとノン・ヒューマンの間に区別をつけずに、その連関性を辿るような理論を提唱した（アクター・ネットワーク理論）[11]。またノン・ヒューマンの声が拾い上げられていない状況に対して、挑発的に「モノの議会（assembly of things）」からの声を拾っていく必要性も論じる[12]。例えば氷の融解を被っている北極や南極、山火事を被る山の惨状を「声」として政治に届ける仕組みは、現行の主流の政治体制にはほとんど存在しない。ファクトとしては伝えられるが、水や山を主体性を帯びた対象とは認定しない。

そこには人間が他の生命体や無機物とは異なり、特別な存在＝主体と考える「人間例外主義」というもう一つの前提が横たわっている[13]。確かに、歴史的に見ても人間は言語能力や科学技術を発展させたわけで、それは人間独自のものと捉えられる。したがって、温室効果ガス（ＧＨＧ）の削減や排出抑制も、高度なコミュニケーション能力と科学技術を利用できる人間間での合意と実践さえあれば、問題の解決にこぎつけられるという暗黙の前提がある。これは一部の人間に限ったことではなく、他の多くの人々にも共有されている。生物多様性の保全も人間を守るためとなる。ここには、社会は人間だけが作るものであって、それ以外はその下位もしくは外部の「自然」に属するものという強固な前提が存在している。

気候危機が人間に示すシグナルはこの前提に立つ限り、乗り越えるべき障害でしかない。しかし、もしこれがラトゥールの言うように社会の構成員の一員として、自分たちを受け入れてほしいというメッセージだとしたらどうだろうか。すでに人間中心主義的な国際政治のあり方の再考を促す、「種」間関係論（Interspecies Relations）の展開は提唱されている[14]。もし、われわれが人間中心主義的なバイアスを取り除けば、種間関係にとどまらず、さらに踏み込んで、ノン・ヒューマンである動物や、ガス・液体・ウィルス、そして森林・氷河・永久凍土といった「モノ」が、「社会」と「自然」の間の境界を越境してくるのを目撃できるだろう[15]。こうした視座をアンソニー・バークとステファニー・フィシェルは「モノパワー・システム」あるいは「エコシステム・パワー」と呼び、従来の国際政治学（以下、ＩＲ）におけるパワー概念の再考を強く促す[16]。ノン・ヒューマンのパワーまでを射程に入れることができれば、ＩＲは文字通り人々の生活にまで肉薄が可能となり、ＳＤＧｓを日常性の文脈で捉え返すことができるようになる。

エクアドル二〇〇八年憲法の第七一条では「生命が再生産され、実現される自然、パチャママは、総体としてその存在と維持そして再生を尊重される権利を有する」と規定する。同憲法成立過程やその後に様々な課題があることは事実でありつつも[17]、これは、主語がヒトではない自然の権利を保障した、世界でも初の憲法である。また二〇一七年にはニュージーランド議会が、先住民マオリが崇拝する川に「法人格」を認める法案を可決した。そこでは、ワンガヌイ川（Whanganui River）が「生きている実在物」だと明記され、権利義務関係を引き受ける主体となった[18]。集合的人格としてのパチャママや川が、地球政治（Earth Politics）の舞台に登場してきたという意味で、ポスト・ウェストファリア的世界の兆候と見ることができるかもしれない。なぜなら、その自然とは、以前では単に国際政治の舞台背景に過ぎなかったものであり、かつ、以前の法人格は単一のアクターに付与されていたのとは対照的に、そこでは不特定かつ多声的な存在が主体者として認められたからである[19]。

　こうした取り組みが端緒となって、世界中で認識と制度の転換が起きるかどうかがＳＤＧｓ達成の鍵になることは間違いない。なぜなら、現状のＳＤＧｓの目標17は、持続可能な開発のためのグローバル・パートナーシップの活性化であるが、ここでのパートナーは資金調達、政府開発援助の供与、投資の促進、技術移転等に関するターゲットを遂行するヒトに限定されているからだ。明らかにヒト及びヒトで構成される組織間のネットワークの構築と強化である。しかし、気候危機への対処は、到底人間だけでできることではなく、ダナ・ハラウェイの言葉を借りれば、「異種との協働[20]」が必要となる。ＳＤＧｓが射程に入れるような地球的問題群の解決に実に多様なパートナーが必要なのは明らかである。ヒトだけで構成されている社会ばかり見ていると、ヒトの諸活動によって被害に遭っている虫、鳥、魚などの絶滅などに気づけない。いみじくも目標17のターゲットの16と17で「マルチステークホルダー・パートナーシップ」の文言が登場するが、ステークホルダーはヒトのみに限定されており、まったくマルチステークホルダーにはなっていない。異種同士の相互作用はしばしば「生態系」と呼ばれるが、それが土・水・大気との相互作用と相まって、地球をハビタブルにすることに貢献している。ポストＳＤＧｓでは、この奇跡の相互作用をヒトが徹底的に破壊しないような異種協働のパートナーシップについて書きこまなければならないだろう。これがポストＳＤＧｓが必要とされる所以である。

(2) 「いのちは流れの中にある」という「認識の欠落」という課題

　次に、上記を前提とした社会の定義に沿った空間編成を考えてみたい。コロナ禍によって、都市は人が集まるように設計されているという事実を意識せざるを得なくなった。グローバル資本主義は、特定の地域への経済的集積と、ネットワークのハブとしての役割という両側面の役割を都市が担うことで実現していることがわかる[21]。資本は、ネットワーク化の中で分散と統合を同時的に進め、都市主導の経済発展モデルを浸透させていった。実際、国連でも指摘されているように、二〇〇〇年代後半には地球上の人口の中で都市人口の総数と、農村人口のそれが逆転してしまったというのは象徴的な出来事だった[22]。

　世界の総都市人口の数は伸び続け、二〇一八年から二〇三〇年の間、すべての規模の都市において人口が増加する一方で、農村人口はやや減少することが予測されている[23]。他方で、気候変動に関する政府間パネル（ＩＰＣＣ）は、世界において都市部が、エネルギー使用の六七～七六％、エネルギー使用に関わる二酸化炭素排出の七一～七六％を占め、気候変動の主原因であることを指摘している[24]。

ただし、都市部の気候危機という問題を議論の俎上に乗せるといっても以下の二点には注意が必要だろう。一つは、その都市の住人でさえ温室効果ガスの排出に等しく責任を負うわけではないという点である。都市内部でさえ、化石燃料をふんだんに使用している人々とそうでない人がいることは言うまでもない。また、ＧＨＧの排出は、エネルギーの生産地ではなく、その最終消費地でカウントすべきとの指摘は[25]、経済活動の実態と気候正義を考える上で重要である[26]。したがって、都市設計がエネルギー集約的であるということを念頭に置きながらも、その中でも具体的にどのようなライフスタイルの実践が環境負荷的ではないのかを考えていくことが肝要になっていくだろう。

もう一つは、都市の集中性と垂直性である。まず都市部では、テクノロジーの発達、なかんずくエレベーターの発明によって、アパートや高層ビルの建築が可能になり、高層階は富裕層のステイタスの場となった[27]。このことは結果的に狭い面積に人々が集中して生活することを可能にした[28]。歴史的に都市は、その地域的な制約から横展開が難しい場合、縦に発展していく。それはアーバン・ライフを維持するために人間が使用する化石燃料の消費量の増加へとつながる環境負荷的なものであり、ある種の「緩慢な暴力[29]」として再定式化する必要があるだろう。

しかし、このトランジショナル・デザインを考えるにしても、生活は日々の行為の反復であるため、その行為の集積がどのような結果をもたらすかについては、別途、フィードバックという概念を導入して考える必要がある。ちょうどエアコンが設定温度に部屋の気温を調整するような、定常状態に戻る動きをシステムのネガティブ・フィードバックと呼び、以前の状態には戻れないプロセスをポジティブ・フィードバックと呼ぶ。以前の未開発の状態に戻れないスプロールした街の開発は不可逆的という意味でポジティブ・フィードバック過程といえる。また人間の活動由来のCO_2の約三割を吸収している森林が、急速な温暖化により、「CO_2放出源」に変わりかねないとの研究結果が出されたが[30]、これもその一例である。とはいえ、今からでもさらなるポジティブ・フィードバックを引き起こさないようにするための行動はとれるだろうし、その責任は依然として人間の側にある。

以上を踏まえてＳＤＧｓの目標11の「包摂的で安全かつ強靱（レジリエント）で持続可能な都市および人間居住を実現する」を検討してみたい。都市化と生態系という観点で考えるべきは、土・大気・水・生態系の相互作用が織りなす「光合成と分解」の諸活動をいかにして阻害せずに、都市を存在させられるかである。都市のインフラ整備は、道路や住宅の建設を軸に考えられており、大地にコンクリートやアスファルトを置いて、土が呼吸するのを許さない状況である。そこに水と生命の循環はない。水は他から引く形でのインフラ整備が当たり前となっている。このことは、現行のＳＤＧｓでは、都市の発展と、海と陸の保全は別立ての目標になっていることに帰結する。ここで、陸と海の保全も「持続可能な開発」のためであるという問題があるが、それとは別に、この目標11・14・15が、分けて目標化されたことによる副作用があまりにも大きいということは指摘しておきたい。なぜなら、ＳＤＧｓを推進する一人一人の認知の問題として、ここがどのように連環あるいは一体になっているのかの理解をＳＤＧｓがまったく促さないからである。例えば日本では里山や里海が存在している。これは都市（里）と自然の間にあって、両者をつないできたフィールドである。都市部と自然をきれいに切り分ける理解を持ち続ける限り、全体的な観点で目標達成を目指すことは難しくなる。

確かに目標11aは「都市部、都市周辺部、および農村部間の良好なつながり」の支援を実施手段として掲げており、決して都市部の快適さの改善だけを見ているわけではない。しかし、ターゲットの1では適切・安全・安価な住宅の提供を通したスラムの改善、ターゲット5では都市貧困層や脆弱な人々を災害から守ること、ターゲット6では都市での環境改善をそれぞれ掲げているが、これらはどれも都市の魅力を高める施策である。「良好なつながり」とは何かについての明確な定義もない。都市部に人口が流入し続けている長期的トレンドがあることは先に触れたが、それにはいわゆる道路や宅地の増加による土・大気・水・生態系の間の循環が阻害されている状況を伴う。むしろ求められるべきは、カーボンフットプリントの低い農村部での生活の豊かさや、都市部でも自然をふんだんに取り入れた土と共にある生活の豊かさの理解を改めて共有しなおすことではないだろうか。

この点、森が育むミネラルなど様々な物質が雨によって川に流れ、そして沿岸域の海洋生物の豊かさを支えていることを長年研究してきた森里海連関学は、この目標間分断をつなぐ可能性を秘めている。[31] ＳＤＧｓは目標間がどうつながっているかを可視化することの方が重要であるとしてネクサス・アプローチを提唱する研究もあるが、はっきり言ってしまえばその具体的かつリアルなネクサスの提示・周知を徹底できなければ、ほとんど意味がない。というのも、人間も自然の一部であることへの自覚は涵養されないからだ。

目標11は「住み続けられるまちづくりを（Sustainable Cities and Communities）」になっており、そのロゴはビルやマンションを想起させる。本来ならコミュニティの形は実に多様で、空間的に縦に伸びる建物がなければ成立しないわけではないはずである。例えば中村哲が行ったアフガニスタンのクナール川から引いたマルワリード用水路沿いに建設した農村は立派なコミュニティである。[32] 浄水が引けたことで、こうした村は目標6の「安全な水とトイレ」の確保と目標15の陸の豊かさを同時に達成することで、目標3の「すべての人に健康と福祉を」の条件を自ら整備したといえる。ここで重要なのは水循環を現地の実施主体が深く理解していることである。「安全な水とトイレ」の目標は、人間にとっての水へのアクセスを向上することは意識されているが、「水循環の中にヒトを位置づけなおす」という視座で作られてはいない。さらに目標4の「質の高い教育」も、その土地での生きた知識（例えば、雨がいつ降るのか、穀物はどのようにして栽培・収穫するのか、用水路に土砂が詰まらないようにするための知識など）が伝授されるのは、必ずしも教科書とノートが整備された学校教育を通してというわけではない。中村哲の以下の言葉はあまりにも重い一言である。「我々はつい教育の重要性を説くあまり、地域に根差す豊かな文化を忘れがちだ。経済的な貧困は必ずしも精神の貧困ではない。識字率や就学率は必ずしも文化的な高さの指標ではない[33]」と。

中村が進めてきた緑の大地計画のようなあらゆる生命が息づきノン・ヒューマンとのパートナーシップを実現するプロジェクトこそ目指すべきロール・モデルにされるべきだが、数値目標との接合性が意識されるＳＤＧｓの中核にこれを据えることは可能だろうか。そのあり方の再検討は避けられないように思われる。また、ロゴについて、目標４（教育）、６（水）、11（まち）にしても、推進側のイメージするある種のステレオタイプ（固定観念）は含まれていないだろうか。ロゴの持つある種の「スケープ（景）[34]」が人々の認知を司り、マインドセット（思考様式）を構成する力を侮ってはいけない。ロゴが連想させる方向性自体のチェック体制をどのように整備するのかも課題となろう。

(3)　地球の生理学への「認識の欠落」問題

上記(1)(2)で示してきたように、人間活動の総体を「持続可能（sustainable）に」人間が変革していくには、どうしてもヒトがこの大地の上で生き、山や海からの具体的な「恩恵の中身」を、人間の側が認知・理解する必要があることが見えてくる。加えて、ヒトの活動の拡大過程がどのように他の動植物や地球の「動的平衡[35]」を崩してきたのかへの理解も欠かせない。問題は、この生命の動的平衡への認識と理解の欠落によって、気候危機への対処が適切にできない点にある。気候が、すべての人類の日々の生活にかかわっていることから、ここに入ってこないステークホルダーはいない。つまり、人間の側での地球の生理学に対する理解が深まらない限り、認識の刷新も、行動の変革も起きようがないということである。

ＩＲはしばしば国境を越えた政治・経済・社会・文化に関する諸活動について議論してきた。ところが、こうした諸活動のためには、人々は安心して呼吸ができ、水を飲み、栄養を摂取し、十分な睡眠をとることが欠かせない。これはノン・ヒューマンとのコラボレーションでありパートナーシップの問題であるが、こうした研究は、ほとんどされてこなかったといえる。従来の理解では、これらは理系の仕事であり、文系に位置づけられるＩＲの範囲外との暗黙の共通理解があった。

ところが、未曽有のハリケーン・サイクロン・台風によって住居が奪われる規模と頻度が上がり、熱波や火災により水や食料が奪われる規模が広がり、地震・津波・火山噴火・感染症といったノン・ヒューマンから投げかけられる災害や災禍が頻発化したことなどにより、これまで与件とされてきた生活「環境」とヒトとの関係性のガバナンスのあり方を今一度見直さなければならなくなっている。この点、地球がある種のホメオスタシス（恒常性）と呼ばれる自己調整機能をどのように発揮して、地上や海中で動植物が快適に生活できるような条件を用意してきたのかについては、七〇年代後半以降、科学者であるジェームズ・ラブロックが一貫して地球への理解を深めるような研究を蓄積してきた[36]。

しかし、当初ラブロックが地球のホメオスタシスの機能を、挑発的に「ガイア」と呼んだことで、地球があたかも一つの生命体であるとする理論という誤解が広がった。この結果、科学を基調とする諸学問はラブロックのガイア仮説をスピリチュアル系の思想として退け、これまで真摯にその意味を吟味してこなかった。しかし、地質世代が完新世から人新世に変わりつつあるという議論と符合するかの如く、人類にとっての「母なる地球」が荒々しい態度をとるようになってきたことで、逆説的にラブロックの仮説が正しかったことが、様々な分野で科学的に証明され始めている。

したがって遅ればせながらＩＲの分野でも、ＳＤＧｓ目標間のネクサスを深く理解するためにも、これまでラブロックがガイア理論として展開してきた地球の生理学について、ノン・ヒューマンとの関係でとりわけ重要となる基本的なポイントを以下では確認したい。

二　ガイアとは何か

ガイア理解で注目すべきなのが、地圏（lithosphere）・水圏（hydrosphere）・大気圏（atmosphere）・生物圏（biosphere）の相互作用である。これらを統合的に研究するのが地球システム科学であり、空間的に考えたときに、これらのまとまりは、地球の表面の薄いフィルムのような膜として理解できる。これらが相互に作用する空間をクリティカル・ゾーンと呼ぶ[37]。

本稿では、生命の生存を可能にさせる条件としてとりわけ重要となる、(1)大気の構成と、(2)気温が一定の範囲内で保たれていることに注目し、クリティカル・ゾーンがハビタブル・ゾーン（居住可能空間）に維持されていることに注意を向ける。

(1)　地球に存在する空気と水の由来

ラブロックはＮＡＳＡで働いているときに、火星に生命は存在しないとの結論に至ると同時に地球の大気構成に注目するようになった。例えば火星や金星といった他の惑星では一般的に化学反応を起こしにくい二酸化炭素ガスが多く、ほとんど変化のない平衡状態であることが一九六五年にわかった。これに対して、地球の大気である空気は、長期にわたって酸素がほぼ二一％、窒素が七八％だが、残りの一％の中は、アルゴン、二酸化炭素、メタンなどの化学的に不活性な希ガスである。この中で特にメタンと酸素が、太陽光を浴び、生物の化学反応によって生成され、常に備給される非平衡状態に置かれているのである。つまり、地球（＝ガイア）は「生物も非生物も含めた総合システム[38]」であり、相互作用からなる動的平衡によって成立しているのである。一％の不活性な希ガスを除くほとんどの空気は、すべて地表と海洋の生物が生産したものである[39]。

興味深いのは酸素濃度が二一％から二五％へとたった四％上がるだけで花火から引火する可能性が約一〇倍に増加すると論じている点である[40]。また二五％以上ならば、恐ろしく燃えるため、立っている植物には成熟を迎えるチャンスもないとも指摘する。この二一％

が動植物にとっていかに奇跡的な濃度なのかを想像することができる。

また水については、しばしば母なる海と呼ばれることから、水がなければ生命は存在しないことは常識的に言われるが、ラブロックは生命がなければ水も存在しえないと指摘する(41)。というのも、太古の地球での火山噴火は水と反応して水素ガスを発生させるが、それは軽いためにそのままだと宇宙空間に逃げてしまう。ところが、海底に生息する微生物の中に水素から硫化水素を生成することでエネルギーを得るものがおり、その微生物が水素を捕獲し、海の中に留めおいた。加えて、海洋での藻による光合成から生まれる酸素があり、その酸素が先の水素と結びつくことで水が生成された(42)。かくして水は、創発的に地球上に残ったと言えるのだ。

いうまでもなく、海と陸で行われる光合成と、生物による呼吸の微妙な組み合わせが、地球上で生命が生きやすい酸素と二酸化炭素の配合を可能にしていることになる。

(2)　地球がなぜ生命にとっての極寒地帯にならないのか？

地球上の大気が、動物の体表と同じく温かさを保っているからである。また大気のおかげで地表にいる繊細な生物や細胞が直接太陽光にさらされるのを防ぐ。また微量の気体である二酸化炭素、メタン、水蒸気、ならびに雲、エアロゾル、微粒子の存在が、長波の赤外線を吸収するため、温かさが保てている。この自然の温室効果がなければ、地表は、平均マイナス一九℃になる(43)。

次に「雲」について。巻雲のように上空高く薄く広がる雲は、熱を地面に反射するため温度を上げたり、一定に保つ働きをしている。さらに「土や岩」についてである。土中にはどんなに少量の土であっても何十億という微生物がおり、表土には光合成バクテリアがいる。嫌気性バクテリアは盛んに有機物質を分解して、生物の栄養分を作り出しつつ、二酸化炭素を排出するが、この過程が地球の温かさを保つことに貢献している。

ここでは地球の気温調節という切り口で分解作用に注目しているが、「分解」作用が果たしている役割はそれだけに留まらない。例えば植物と微生物の共生がうまくできているところでは、葉の病気が発生しても、その部分だけが落ちるようになる。なぜなら、他の菌類の存在が、その病原菌の繁殖を妨げるからである。また化学肥料は使わなくても、植物は育つ。なぜなら、土中細菌は欠けている養分を補って植物の栄養を助けるからである(44)。またお返しに、植物は光合成で作った炭水化物を与える。分解作用の中には、ワラジムシやミミズのような一次分解動物と、ヤスデやセンチュウなどの二次分解動物などによってさらに細かく分解され、土壌は団粒化されていく。こうして植物と微生物の関係性に加えて、分解動物と土とのパートナーシップが加わり織りなされる世界には、人間世界と違ってゴミという概念が存在しない。言い換えれば、二酸化炭素を排出することで適度に地球を暖めている植物も微生物も昆虫も動物も、本来、人間の介入する余地はまったくないままに、ホメオスタシスの一部を構成しているのだ。

(3)　地球がなぜ生命にとっての灼熱地帯にならないのか？

上記のように、地球全体が極寒になってしまうのをガイアは自己調整しているのだが、そうであるならば、逆に近年問題となっている二酸化炭素濃度が、人為的にであれ四二一ｐｐｍ（二〇二二年）に上昇したことくらいであれば、この温室効果に寄与しないのではないかと指摘したくなるかもしれない。しかし、そのわずかな排出量の増加が命とりになる。この点については、第一に、水蒸気について考える必要がある。水蒸気とは、地球上に存在する温室効果ガスとしては最多のものである（一万ｐｐｍ＝一％）。二酸化炭素単体で温暖化が起こっているのではなく、その濃度上昇が、水蒸気が冷えて雨や雪へと変わるのを妨げる。つまり、水蒸気が温暖化を増幅する大きな効果をもつのである。[45] 第二に、ＧＨＧの多くは、赤外線を吸収できるため、熱を地球外に逃がさないという効果ももつ。例えばメタンの温暖化効率は二酸化炭素の二五倍、フロンは約一万倍である。[46] 第三に、岩石の風化作用は岩石中のケイ酸カルシウムとの化学反応によって大気中からの二酸化炭素を除去するが、その反応は非常に緩やかに過ぎない。気体の六三％を除去するのに約一〇万年かかる。[47] 人為的かつ一五〇年間という短期で増加した二酸化炭素濃度が岩石の風化では対応しきれないことは明らかだろう。ラブロックによれば、二酸化炭素濃度が五〇〇ｐｐｍを超えた場合、気温はおそらく今よりも六〜八℃高くなり、それが新たな安定状態になりうると指摘する。[48]

ここでの「雲」の役割は二つある。一つはアルベド効果である。アルベドとは光の反射率を指す。雪や雲で覆われた明るい地域は、日光収入の七〇〜八〇％をも宇宙空間へと反射する高いアルベドをもつ。[49] ところが、温暖化が進むと地球の表面に存在する白い地帯が黒い地帯へと変わるため、アルベド効果は劇的に下がり、さらなる温暖化へとつながるポジティブ・フィードバック・ループが始まる。これが近年のグリーンランドや北極、シベリアで起こっている現象の一因である。もう一つは低層の雲の機能として、言うまでもないが、地表に降り注ぐ太陽光を一定限度遮り地表面の温度上昇を抑制することに加えて、雨を降らすことで地表を冷ますことが挙げられる。

さらに重要なのが、「雲」はどのように形成されるのかという点である。地球上の気候を形成する上で、雲は決定的に重要な役割を果たすが、その雲は例えば海洋中の藻類の放出するＤＭＳ（硫化ジメチル）という硫黄性のガスのおかげで発生していることが近年明らかになっている。そのガスは、上空に行くにつれ硫酸の粒子となり雲形成に必要な核を構成する。[50] この藻類は、同時に海洋での光合成の主人公である。それが二酸化炭素の吸収による温暖化抑制に極めて重要な役割を果たしていることがわかる。

(4)　創発特性と動的平衡

上記のような地球の自己調整システムだが、忘れてはいけないのが、太陽は恒星であるということだ。恒星は発生させる熱を年々増加させ、最終的には爆発して消滅する。実際に太陽誕生以来、次第に熱さは増し、地球が形成されて以来、太陽の光度は三七％も増加しており、[51] 地球が受け取る熱も三〇億年前に生命が誕生した時よりも増大している。それにもかかわらず、地球の平均の表面温度はそれほど変化してこなかった。[52] なぜなら、陸と海の植物の光合成や、雲による地球全体を冷却させるメカニズムが登場したからである。

繰り返しになるが、これらの働きはガイアが一個の有機体としての生命だから可能だったのではなく、偶然にもすべての生物と、海・地殻・大気が相互作用の中で共進化を果たしたからである。システムが進化すれば自己調節が起こる。これは、見込みも計画も自然の意図や目的を暗示する目的論も関係がない、「創発的領域」に属する諸現象ということになる。[53]

先に取り上げた三つの認識の欠落（社会中心主義／人間例外主義、いのちを流れで理解しない、地球の生理システムへの理解の欠如）をなぜ人類が抱えているかといえば、それは世界を生産システムとしてしか見てこなかったからという言い方で理解することもできる。モノを作り、消費し、納税し、経済成長し、そして捨てる。そうした活動を営む人々の群れが共同体を構成するが、複数の共同体がしばしば競合していることをもってIRが登場してくる。人間の疎外も、そこからの解放も、この生産システムとの関係が意識されながら定式化される。ところが、ガイアからみれば、世界は呼吸し、光合成をし、分解や風化などを経由し、大気・水・土・生命の間の動的平衡の中で形作られる循環の世界である。ラトゥールの言葉を借りれば、この世界は「発生システム（system of engendering）」に属するのだ。[54] 人間が勝手に作り出した主観も客観もなければ、主体も客体もなく、目的も意図もない世界。「生産と再生産の世界」ではなく、「発生と再生の世界」である。一見、似ているようでいて、まったく異なる世界である。

上記をスケールの観点から捉え返せば、ガイア的理解とは「超マクロ的視点」と「超ミクロ的視点」の導入である。既存のIRの研究分析のスケールはグローバル、インターナショナル、リージョナル、ナショナル、など様々ある一方で、そのほとんどが専ら人間関係（only human affairs）に焦点が絞られている。ここでの「超マクロ的視点」とは、地球がどのように生態系を維持したり、温暖化に対処してきたのかへの理解を意味し、「超ミクロ的視点」とは、例えばCO_2の濃度調節をする上で、微生物や木々・海藻などがどのような活動をしてきたかについての理解を指すが、これらに対する理解がIRではほぼ欠落していることが課題となる。SDGsの推進といっても、このノン・ヒューマン同士のパートナーシップ、あるいはノン・ヒューマンとヒトの共生可能性への理解の構築が求められる。

おわりに――「ガイアとの交戦状態」を解く鍵としてのSDGs

かくして地球の自己調整機能の中で動植物は、水・岩石・大気と相互作用する形でガイアの一角としての役割を果たしていることがわかった。しかし、かつての「母なる地球」という姿は後景に退き、荒れ狂うガイアへの変貌をわれわれは目撃している。ラブロックはこの苦境を、人類と地球の間の事実上の「交戦状態」として理解する。

ガイアが兵力を集結させ、もはや戦闘が避けられない状況にあるのに、われわれは個人個人でばらばらな行動をとっているのだ。戦闘はまもなく開始されるだろうが、われわれが今直面している状況は、いかなる電撃戦よりもはるかに破壊的だ。環境を変えることで、人間は知らず識らずのうちにガイアに宣戦布告していたのだ。われわれは他の種の環境を侵害してしまった。民族国家の問題でいえば、これは他国の領土を占拠するようなものである。(55)

同様にラトゥールも、トランプ大統領によるパリ協定離脱は、軍隊を動員しない代わりにCO_2を動員しており(56)、テリトリーを二次元的な世界の政治地図としてのみ理解し続ける限り、気候危機がわれわれに問いかけてくる真の意味を理解するできないと指摘する。むしろ、テリトリーをガイアの領分や縄張りとして捉え、それを侵犯したために、逆襲を受けていると理解する(57)。

こうしたラブロックやラトゥールの地球と人類の間の「交戦状態」理解は、ＩＲのこれまでの文法理解だと戦争としては理解されないし、できない。近年活発な議論が行われてきた「新しい戦争」の中にも入らない。理由は相手がヒト（の組織）ではないからである。このことは、ＳＤＧｓをヒトが形成する諸アクターによる連帯と共同のフレームワークであると考える者にとっても同様である。地球との交戦状態に入っているという理解は、ノン・ヒューマンを対等のアクターとして捉えられない限り受け入れ難いだろう。しかし、交戦状態に意図せず入っている状態を自覚し、ノン・ヒューマンも含む「いのちの循環」をどのように破壊したから、このような状態に陥ったのかということへの理解のアップデートを経由した上での、意識と行動の変革が重要になってくる。

これを行わない限り、ＳＤＧｓもヒトが構成する諸アクターのパートナーシップとして理解することになるため、専らどの国や他のアクターがどのような反応をして、そうした動きに対して、別のアクターがどのような動きをした、といったことを永遠に追いかけるだけにとどまり続けることになる。

「だが、絶望はしない。希望はある。それは温かく人を見守る自然のまなざしの中にある。眼前に広がる鮮やかな麦の緑がその実証だ(58)」（傍点筆者）との中村哲からのメッセージを改めて引き受けるとすれば、この自然のまなざしを、深い次元で理解できるか否かで、ＳＤＧｓが目指そうとする世界の実現の可否が決まると言わざるを得ない。

（1）例えば、蟹江憲史『ＳＤＧｓ（持続可能な開発目標）』中央公論新社、二〇二〇年。

（2）UN General Assembly, *Transforming Our World: the 2030 Agenda for Sustainable Development*, 21 October 2015, A/RES/70/1

（3）斎藤幸平『人新世の資本論』集英社、二〇二〇年：土佐弘之『ポスト・ヒューマニズムの政治』人文書院、二〇二〇年。

（4）UN General Assembly, *Report of the World Commission on Environment and Development: Our Common Future*, 1987,

A/42/427.

(5) *Ibid.*, para 27.

(6) Simon Dalby, *Security and Environmental Change* (Polity, 2009), p. 158

(7) こうした議論の代表的なものとして鶴見和子・川田侃編『内発的発展論』東京大学出版会、一九八九年がある。

(8) レイチェル・カーソン『センス・オブ・ワンダー』(上遠恵子訳) 新潮社、一九九六年。

(9) William E. Connolly, *Facing the Planetary: Entangled Humanism and the Politics of Swarming* (Duke University Press, 2017), pp. 9–10.

(10) Bruno Latour, *Facing Gaia: Eight Lectures on the New Climatic Regime*, translated by Catherine Porter (Polity, 2017), pp. 251–252.

(11) Cf. Bruno Latour, "On Recalling ANT," In J. Law and J. Hassard, eds., *Actor Network Theory and After* (Blackwell, 1999), pp. 15–25.

(12) 例えば以下を参照。Bruno Latour, *Politics of Nature: How to Bring the Sciences into Democracy*, translated by Catherine Porter (Harvard University Press, 2004), p. 37.

(13) William E. Connolly, *Climate Machines, Fascist Drives, and Truth* (Duke University Press, 2019), pp. 38–44.

(14) Rafi Youatt, "Interspecies Relations, International Relations: Rethinking Anthropocentric Politics," *Millennium: Journal of International Studies*, 43-1, 2014, pp. 207–223.

(15) Anthony Burke and Stefanie Fishel, "Power, World Politics, and Thing-Systems in the Anthropocene," In F. Biermann and E. Lövbrand, eds., *Anthropocene Encounters: New Directions in Green Political Thinking* (Cambridge University Press, 2019) pp. 87–108, pp. 92–93.

(16) *Ibid.*, p. 92, 97.

(17) 新木秀和「自然の権利とラテンアメリカの資源開発問題：エクアドルとボリビアの事例を中心に」、『人文研究』一八四号、二〇一四年、四一―七二頁。

(18) Veronica Strang, "The Rights of the River: Water, Culture and Ecological Justice," In H. Kopnina, and H. Washington, eds., *Conservation: Integrating Social and Ecological Justice* (Springer, 2020), pp. 105–119.

(19) Rafi Youatt, "Personhood and the Rights of Nature: The New Subjects of Contemporary Earth Politics," *International Political Sociology*, 11-1, 2017, pp. 39–54.

(20) Donna J. Haraway, *When Species Meet* (University of Minnesota Press, 2008 [『犬と人が出会うとき：異種協働のポリティクス』(高橋さきの訳) 青土社、二〇一三年])

(21) David Harvey, *The Urbanization of Capital: Studies in the History and Theory of Capitalist Urbanization* (Johns Hopkins University Press, 1985 [『都市の資本論：都市空間形成の歴史と理論』(水岡不二雄監訳) 青木書店、一九九一年]).
David Harvey, *Spaces of Capital: towards a Critical Geography* (Routledge, 2011); Saskia Sassen, *The Global City: New York, London, Tokyo*, 2nd edn. (Princeton University Press, 2001).

(22) Mike Davis, *Planet of Slums* (Verso, 2006 [『スラムの惑星』(酒井隆史監訳、篠原雅武) 丸山里美訳、明石書店]), Ch.1.

(23) United Nations, Department of Economic and Social Affairs, Population Division, *The World's Cities in 2018—Data Booklet*, New York: UN ST/ESA/ SER.A/417, 2018, p. 3.

(24) IPCC, "Summary for Policymakers," In O. Edenhofer et al., Climate Change 2014: Mitigation of Climate Change,

Contribution of Working Group III Contribution to the Fifth Assessment Report of the Intergovernmental Panel on Climate Change (Cambridge University Press, 2014) pp. 1–31.

（25）Peter Dauvergne, *The Shadows of Consumption: Consequences for the Global Environment* (MIT Press, 2008).

（26）David Satterthwaite, “Cities’ Contribution to Global Warming: Notes on the Allocation of Greenhouse Gas Emissions,” *Environment and Urbanization*, 20-2, 2008, pp. 539–550.

（27）アンドレアス・ベルナルト『金持ちは、なぜ高いところに住むのか：近代都市はエレベーターが作った』（井上周平、井上みどり訳）柏書房、二〇一六年。

（28）Stephen Graham, *Vertical: the City from Satellites to Bunkers* (Verso, 2018).

（29）Rob Nixon, *Slow Violence and the Environmentalism of the Poor* (Harvard University Press, 2011)

（30）Katharyn A. Duffy et al., “How Close are We to the Temperature Tipping Point of the Terrestrial Biosphere?” *Science Advances*, 7-3, 2021. eaay1052. DOI: 10.1126/sciadv.aay1052

（31）田中克『森里海連環学への道』旬報社、二〇〇八年と関連研究を参照。加えて、「京都大学森里海連環学教育研究ユニット」の活動を参照されたい。

（32）中村哲『天、共に在り――アフガニスタン三十年の闘い』ＮＨＫ出版、二〇一三年。

（33）中村哲『希望の一滴 中村哲、アフガン最期の言葉』西日本新聞社、二〇二〇年、六〇頁。

（34）Arjun Appadurai, *Modernity at Large: Cultural Dimensions of Globalization* (University of Minnesota Press, 1996［『さまよえる近代：グローバル化の文化研究』（門田健一訳）平凡社、二〇〇四年］)

（35）福岡伸一『動的平衡』木楽舎、二〇〇九年。

（36）なお、ラブロックの様々な議論の中には、原子力発電の擁護や再生可能エネルギーへの否定的立場、さらに人間が遺伝によって他の生物を捕食対象とみるようプログラムされているといった議論など、エネルギー政策論争や人種主義をめぐる論争という観点からも大いに検討すべき論点があるが、本稿では紙幅の関係上、地球の生理システムを理解するという観点に絞る。

（37）National Research Council, *Basic Research Opportunities in Earth Science* (The National Academies Press, 2001), p. 38.

（38）ジェームズ・ラブロック『ガイアの復讐』（竹村健一訳）中央公論新社、二〇〇六年、五七頁。

（39）ジェームズ・ラブロック『ＧＡＩＡ（ガイア）：生命惑星・地球』（糸川英夫監訳）、ＮＴＴ出版、一九九三年、三四頁。

（40）ラブロック、前掲書、二〇〇六年、六四頁。

（41）ラブロック、前掲書、一九九三年、四六頁。

（42）同上、八二頁。

（43）同上、四〇頁。

（44）木村秋則・石川拓治『土の学校』幻冬舎、二〇一五年、六二頁、九二―九三頁。

（45）ラブロック、前掲書、一九九三年、一五二―一五三頁。

（46）同上、一七六―一七七頁。

（47）ラブロック、前掲書、二〇〇六年、一一六頁。

（48）同上、一二二―一二三頁。

（49）同上、一五三頁。

（50）ラブロック、前掲書、一九九三年、一九二頁。

（51）ラブロック、前掲書、二〇〇六年、六七頁。

（52）同上、九七頁。

（53）ラブロック、前掲書、一九九三年、一三頁。

（54）Bruno Latour, *Down to Earth: Politics in the New Climatic Regime*, C. Porter Translated (Polity, 2018［『地球に降り立つ：新

気候体制を生き抜くための政治』（川村久美子訳・解題）新評論、二〇一九年]), pp. 82–89 [一二七—一三八頁].
（55）ラブロック、前掲書、二〇〇六年、四八—四九頁。
（56）Latour 2018. *op.cit.*, p. 84 [一三一頁].
（57）Latour 2017, *op.cit.*, pp. 252, 263, 266.
（58）中村哲、前掲書、二〇二〇年、一五一頁。

（まえだ　ゆきお　創価大学）

日本国際政治学会編『国際政治』第208号「ＳＤＧｓとグローバル・ガバナンス」（二〇二三年一月）

ＥＳＧ投資を通じた機関投資家のＳＤＧｓへの貢献

御代田　有　希

はじめに

ＳＤＧｓに取り組む様々な主体の中でも特に、資金源の動員の観点から、企業によるＳＤＧｓへの取り組みに期待が寄せられている(1)。だが、企業がＳＤＧｓに取り組むにあたっては、二つの障壁が存在すると考える。第一に、ＳＤＧｓは法的拘束力を持たず、主体の自主的な取り組みに依拠している。第二に、ＳＤＧｓのような環境・社会課題への取り組みは企業の収益に必ずしも貢献するとは限らない、という認識が根強いことである(2)。

第一の点に関して、ＳＤＧｓは、目標によるガバナンスがとられている。ガバナンス戦略としての目標設定の利点は、各国が道義的責任を負い、野心的な規範の導入が可能になることである。また、規範の普及および違反者への制裁のための公式な制度的メカニズムの基盤となり得る(3)。他方で、法的拘束力のない目標設定に懐疑的な見解もある(4)。

こうしたＳＤＧｓの特徴をふまえ、国家間の条約上の枠組みに限らず、例えば森林管理協議会（ＦＳＣ）等のプライベート・スタンダードや認証によるＳＤＧｓ実施を具体化するための手法に期待する声もある(5)。また、グローバル・ガバナンスにおいて「指標化」が活発化してきていることが指摘されている(6)。しかしながら、環境・社会に関する企業の認証、指標、格付はいずれも、公表したとしてもそれが消費者の購買活動、企業の株価や優秀な人材の採用等に寄与しない場合があり、そうなると必ずしも情報公開によるガバナンスが機能しないため、限界がある。

第二の点に関して、ＳＤＧｓに取り組むことはコスト以上に、さまざまな事業機会について見直すチャンスにもなりうると企業が認識を変えない限り、企業は動かない。

以上二点の障壁のレベルを下げる方策として、本稿では、企業行動に影響を及ぼすＥＳＧ投資とそのメカニズムに焦点をあてる。ＥＳＧ投資とは、「ＥＳＧ課題」と言われる環境（Ｅ）、社会（Ｓ）、コーポレート・ガバナンス（Ｇ）に配慮した投資である。

本稿では企業、そして企業行動に密接に関与する投資家に焦点を当て、ＥＳＧ投資による株式市場を通じた企業の規律づけのメカニズムを提示し、企業によるＳＤＧｓの取り組みに関して、ＥＳＧ投資がどのような影響を与えているのかについて論じる。[7]

ＥＳＧ投資は、市場による企業行動の規律づけであり、「市場の影のもと」に期待するものであるが、[8]その効果は限定的であるとの見方が大半を占めていた。このことは、ＥＳＧ投資に先立って一九二〇年代から続く広範な投資行動である、社会的責任投資の時代から先行研究において指摘されてきた。[9]だが本稿では、国連が支援する責任投資原則（**Principles for Responsible Investment**：以下ＰＲＩとする）が二〇〇六年に設立され、ＥＳＧ投資が始動・拡大し、ＳＤＧｓに対して実効性を高める手段になってきていることを、具体的事例を示すことで主張する。

以下では、第一にＳＤＧｓとＥＳＧ投資の関係性を整理したうえで、第二に、企業によるＳＤＧｓへの取り組みに対し、実効性を高めるＥＳＧ投資のメカニズムを提示し、第三に、ＥＳＧ投資が実際にＳＤＧｓ達成に貢献している事例を示し、第四に事例の意味づけとして、事例の評価とＥＳＧ投資のメカニズムが機能する条件を考察する。

一　ＳＤＧｓとＥＳＧ投資の関係性

ＳＤＧｓとＥＳＧ投資は、ともに国連主導で生み出され、浸透してきた共通点がある。「ＥＳＧ」という用語は、二〇〇六年当時の国連事務総長であるコフィー・アナン氏が主導したＰＲＩの提唱及び組織化の準備にあたり、二〇〇四年に発行された報告書において、世界で初めて使用された。[10]ＰＲＩは組織名と、投資家が考慮すべき責任投資に関する六つの原則の名称を兼ねている。[11]

その後、ＳＤＧｓが策定された二〇一五年には、日本の公的年金である年金積立金管理運用独立行政法人（**Government Pension Investment Fund:** 以下ＧＰＩＦとする）がＰＲＩの原則に署名し、日本の「ＥＳＧ投資元年」となり、[12]日本では両者が時期を同じくして広まった。これらが要因の全てではないが、日本ではＳＤＧｓとＥＳＧ投資が混同される場合がある。ＳＤＧｓとＥＳＧ投資の関係性はどうなっているのだろうか。ＥＳＧ投資は、投資からの儲けである投資リターンのみならず、社会的リターンを視野に入れているが、その中身は「ＥＳＧ課題」への配慮である。本節では、ＥＳＧ課題とＳＤＧｓの関係性を目標、手段および主体、評価の観点から比較し、整理する。

先ず、目標の観点からＳＤＧｓをＥＳＧ課題に対応させてみる。

ヨハン・ロックストロームによる「SDGsウェディングケーキモデル」では、17の目標を「生物圏」「社会圏」「経済圏」に分類し、それらを下から順に積み重ねた三つの層で表している[13]。「経済圏」に属する目標がすべて企業のガバナンスに直結するわけではないが、これはESG課題におけるGに対応させることができよう[14]。残りの「生物圏」と「社会圏」に関わる目標は、それぞれEとSに対応している。

一方、環境省は、17の目標のうち、直接的にEに関連する目標は、13あるとする[15]。残りは、1：貧困、5：ジェンダー、10：不平等、16：平和と公正の四つであり、これら四つの目標はSの要素を強く含むと考えられることからSに対応させることができよう。このように、環境（E）・社会（S）・企業のガバナンス（G）を枠組みとして、三つの箱の中にSDGsの目標を入れようとすると、どこかに収めることができる。

他方で、各目標のどこを強調するかによって対応のさせ方は変わる。また、複数箇所に入る場合もある。SDGsはそれぞれの目標間の連関（inter-linkage）を意識したものであるためである[16]。何れにしてもSDGsの17の目標はE・S・Gに対応させることができる。

次は反対に、ESG課題をSDGsに対応させようとすると、ESG課題のほうが広く、ESG課題はSDGsの17の目標を包含していることがわかる。そして次の二つの相違点が見いだせる。第一に、ESG投資の前身である社会的責任投資の時代から、E・S・Gの具体的な中身は、その時代の社会課題を反映し、取り組む主体やそれを取り巻く環境により変遷してきた。たとえば、一九六〇年代以降特に国際社会からのアパルトヘイトに対する批判が強まり、一九八九年に原油タンカーが座礁した際には生物多様性や環境被害についての認識が高まり、一九九〇年代に服飾メーカーによる児童労働が問題となった際にも、投資家はそれらに対応してきた。すなわち、E・S・Gの枠組みは変わらないが、中身は変化する。対してSDGsは、二〇一五年から二〇三〇年のうちに優先すべきであると二〇一五年の時点で各国政府が合意した重点課題である。換言すれば、SDGsはいわば期間限定の固定的課題であり、一方、ESG課題は可変的である。

第二に、SDGsにおいては人類にとって到達すべき目標が示され、それに対しギャップを埋める方策が取られている一方で、ESG課題は、投資家が企業にとり優先事項であり、実現可能であるとみなす課題を扱っているといえる。すなわち、ESG投資が拡大したからといって、SDGsの全目標が達成されるわけではない[17]。

とはいえ、企業が自社の重点課題を決定する際に、SDGsを参考にする機会が増えている。SDGsの知名度が高まり、社会にアピールしやすくなったためであると考えられる。したがって、二〇三〇年までは少なくとも、SDGsとESG課題の重複はより顕著になっていくと考えられる。実際、日本の公的年金を運用しているGPIFは、どのような社会課題に投資資金が振り分けられているかについて、二〇二一年よりSDGsの目標に沿って整理し公表するようになった(18)。

続いてそれぞれを達成する手段および主体の観点からみると、ＳＤＧｓは企業以外にもすべてのステークホルダーによる取り組みがなされ、投資家はステークホルダーの一つである。ＳＤＧｓを達成する手段は、教育を通じた啓発によるゴミ削減努力や差別に対する意識変革といった個人レベルから、自治体や政府としての取り組みもある。他方、ＥＳＧ投資は、「投資」とつくとおり投資家が行うものである。

最後に評価の観点でいえば、ＳＤＧｓの達成度は、国単位で評価されている。一方、ＥＳＧ投資は企業単位である。いずれも競争原理を導入して行動を促進するものであるが、ＳＤＧｓは国家同士が、ＥＳＧ投資は企業同士が競うものと特徴付けることができよう。ＳＤＧｓは達成できなかった場合の罰則のみならず、（同じ二〇一五年に採択されたパリ協定とは異なり）国別達成目標の公約もない。それに対して、ＥＳＧ投資の評価は、評価の結果が投資に直結するため、企業はより影響を受ける。ＥＳＧ投資は、各企業のＥＳＧ課題への取り組み度合いを評価するだけでなく、その情報をもとに投資判断を行うものであるからだ。

以上を整理すると、ＳＤＧｓとＥＳＧの中の具体的な諸課題は、企業の立場に立つと、それぞれの対応については違いが生じるだろうが、企業を取りまく課題であるという観点からは、ほぼ同一である。このことから、ＳＤＧｓとＥＳＧ投資の関係性は、ＳＤＧｓがゴールであるのに対して、ＥＳＧ課題に配慮するＥＳＧ投資は、ＳＤＧｓを促進する手段の一つであると捉えることができる。すなわち、ＥＳＧ投資を実施することにより、投資家は結果的にＳＤＧｓの目標達成に貢献することができる。では、ＥＳＧ投資はどのようなメカニズムでそれを可能にしているのだろうか。

二　企業行動変革のためのＥＳＧ投資のメカニズム

ＥＳＧ投資は、既に存在している株式市場のメカニズムを使い、その上でＥＳＧ課題を投資判断に組み込む投資手法である。通常の投資では、投資先を選ぶ際にベンチマーク（基準）となる指数を決定し、投資先を選定しポートフォリオを作成する。さらに、投資後は株主として投資先企業に目を光らせ、議決権行使等の株主の権利を行使している。これらはＥＳＧ投資でも同じである。

ＥＳＧ投資が通常の投資のメカニズムと異なる新しい点は、二点ある。第一に、これまで計測されてこなかった、「非財務情報」の一部である企業のＥＳＧ課題に対する取り組みを、指標化・データ化したことである。指標化・データ化は、ＦＴＳＥ社やＭＳＣＩ社等の指数会社やＥＳＧ評価会社が行っている（図1参照）が、投資先企業のＥＳＧ課題への取り組みをどのように評価・計測し、スコアにするかは容易ではない。実際、それはＥＳＧ評価・指数会社間で異なっている。また、投資先企業側がＥＳＧに関する取り組みを開示しなければ、評価会社は評価ができないという課題もある。だが、この指標化・データ化により、財務に加えて、ＥＳＧの観点から企業を比較評価することが可能になった。

第二に、この指標化・データ化された情報を投資家が活用するようになったことである。ＥＳＧスコア、評価会社が作成している評価レポート、指数を使い、ＥＳＧ評価の高い企業銘柄を選び、株主行動を行うようになったのである。このようにＥＳＧ投資が手法として確立し、主流となった現在では、ＥＳＧ投資家が企業の行動や株価に影響を与えることが可能になってきている。(19) ＥＳＧ投資のメカニズムを機能させることによって、投資家は企業がＥＳＧ課題、さらにはＳＤＧｓに取り組むインセンティブを企業に与えている。

換言すれば、企業が社会から高い評価を得るためのルールが変わり、その新しいルールを、投資家が企業に伝え、企業を先導しているといえる。かつては、株式市場において短期的に収益をあげる企業が評価されたが、(20)評価の期間が長期になってきている。長期間の運用で非財務情報が重視されるようになったのは、過去の財務情報からだけでは、変化に富む不確実な環境下における企業のリスクやビジネス機会を正確に把握できないと、投資家が考えるようになったことがあげられる。(21)また、ＥＳＧと投資リターンに関する実証研究が積みあがってきたことも影響している。(22)

図１は、投資のバリューチェーンにおいて、ＥＳＧ情報が投資先企業から吸い上げられる様子を表している。投資の資金は逆に、資産保有機関から運用会社、そして投資先企業へと上から下に流れる。したがって、資産保有機関が投資判断の起点となり重要である。ＥＳＧ投資を提唱・始動させたＰＲＩは、戦略として、資産保有機関を重視した。その中でも、年金基金や保険会社は投資期間が長期で資金規模が大きいため、主な署名の対象とした。(23)しかし、年金基金や保険会社は、投資リターンを犠牲にできない受託者責任を有する。(24)そこで、これらの年金基金や保険会社がＰＲＩに署名することができるよう、ＰＲＩは、ＥＳＧ投資

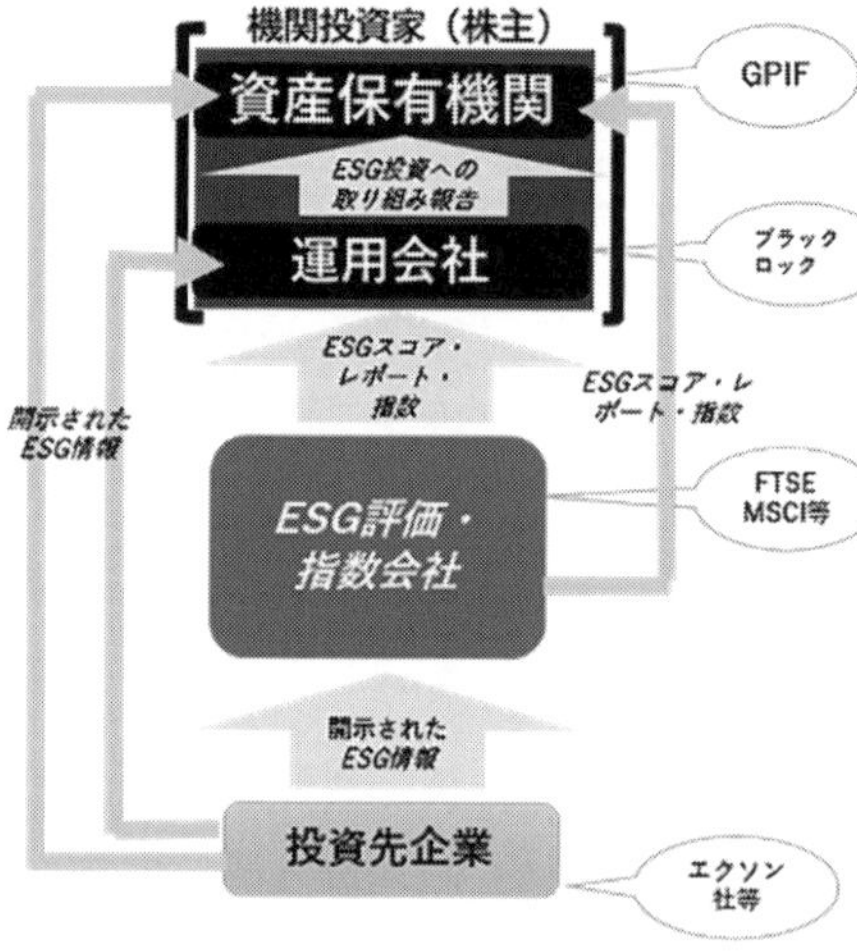

図１　ＥＳＧ情報の流れ

出所：夫馬 2020 年、125 頁を一部修正。右側に本稿第三節の事例で取り上げている主体を追記した。なお、機関投資家とは資産保有機関と運用会社のことを指す。資産保有機関とは年金基金、保険会社、財団等の資金を保有している主体を指す。図１では自家運用を考慮せず、資産保有機関が運用委託契約により運用会社に資金を運用させる場合を想定している[i]。

---

[i] 夫馬賢治『ＥＳＧ志向　激変資本主義 1990―2020、経営者も投資家もここまで変わった』講談社、2020 年、125 頁。

がそれまでの社会的責任投資と異なり、投資リターンを犠牲にしないことを明確にした。そしてＰＲＩは、ＥＳＧ課題に配慮することと受託者責任の関係性について、政策担当者に法的な整理を求めてきた。[25]

また、ＰＲＩは、署名機関がＥＳＧの取り組みについて年次報告を事務局に対し提出することを義務とし、それに対して事務局側から、いわば成績表といえる評価が返ってくる仕組みを整えた。この成績表は一般には非公開であるが、運用会社は顧客である資産保有機関にこの成績表を見せ、ＥＳＧ投資への取り組みを報告することができるようになった。

こうしたＥＳＧ投資を機能させる戦略に先立って、ＰＲＩは、設立にあたり投資家が取るべき行動を六つの「原則」に定めている。そのうち投資手法に直接関わる原則は、原則一のＥＳＧの組み入れ（ESG incorporation）「投資分析と意志決定のプロセスにＥＳＧ課題を組み込む」および、原則二の積極的な所有（Active Ownership）「積極的な所有者になり、所有方針と所有慣習にＥＳＧ課題を組み込む」である。[26]

原則一を具現化する投資手法は複数あるが、ＥＳＧ指数を使うことで、ＥＳＧ課題に対する取り組みに優れた企業に投資することができる。一九九〇年にはＥＳＧ指数の前身といえる社会的責任投資の指数が登場し、企業のガバナンスのみならず、武器、アルコール、タバコ産業などには投資せず、一方で環境やダイバーシティ、製品安全性などに配慮する投資が容易になった。[27] その後、ＥＳＧ指数が登場し、社会情勢の変化や企業に対する考え方の変化などを反映するよう評価項目が改訂され、今ではＳＤＧｓの目標により合致する指数が指数会社により開発されている。[28]

次に原則二では、エンゲージメント、[29] 株主総会での株主提案・議決権行使等の株主行動の際にＥＳＧ課題を考慮する積極的な所有（Active Ownership）をすることが期待されている。ＥＳＧに関する株主行動は、一九六九年のダウ・ケミカル社の枯葉剤製造に反対する株主提案から今日に至るまで、株主が企業に対しＥＳＧ課題に配慮するよう求める手段として活用されてきた。[30]

三節では事例を通じて、これらの手法によりＥＳＧ投資がいかにＳＤＧｓの実効性を高めているかを検証する。

三　ＥＳＧ投資が企業によるＳＤＧｓの実効性を高めている事例

以下では、資産保有機関であるＧＰＩＦによるＥＳＧ指数を用いた運用、および運用会社であるブラックロックの株主行動を事例として取り上げる。株式市場での影響力が大きいこれらの二機関による取り組みを、ＳＤＧｓの実効性を高めているかに注視し、分析する。

(1)　ＧＰＩＦによるＥＳＧ指数を用いた運用

ＧＰＩＦは二〇一七年に、国内株式を対象としたＥＳＧ統合型指数二つと女性活躍指数一つを採用しており、それを公表している。[31] 後者は、女性活躍の観点で大手企業のダイバーシティ情報が整理された厚生労働省のデータベースを活用して作成された指数である。

ＧＰＩＦが女性活躍指数を採用した理由は、ジェンダー・ダイバーシティを推進する企業は、将来的な労働人口減少による人材不足リスクにより良く適応できるため、長期的に持続的な収益を提供すると考えたためである[32]。ジェンダー・ダイバーシティはＳＤＧｓの目標５に対応している。ＧＰＩＦはその後、二〇一八年に国内とグローバルのカーボンエフィシェント指数を二つ、二〇二二年三月には国内の総合型指数を一つ採用した。前者は、温室効果ガス（以下ＧＨＧとする）排出量データを用いて、各企業の炭素効率を一〇段階で評価し、評価の高い企業に重点投資する指数である。ＧＰＩＦは、同指数採用により、様々な企業による炭素効率性の向上や情報開示へのきっかけになることを期待するとしている[33]。後者に関しては、その特徴として「環境負荷の大きさ、企業の気候変動リスクや機会に対する経営姿勢も評価する」と明記されている[34]。したがってこれらの指数は、気候変動問題に配慮したものであり、ＧＰＩＦがＳＤＧｓの目標13の達成に貢献する手段になっている。ＧＰＩＦのＥＳＧ指数に連動する運用資産額は、二〇一七年七月時点で約一兆円だったものが、二〇二一年三月時点では約一〇・六兆円に拡大している[35]。

ＧＰＩＦにより採用された指数は、運用会社への委託を通じて運用で使われている。ＧＰＩＦには法的な制約があり、投資先企業の活動に対し直接影響を与えることができないためである[36]。したがって間接的ではあるが、ＧＰＩＦは委託先の運用会社がＥＳＧ投資を実施するよう様々な工夫をしている。例えば、ＧＰＩＦはその取組方針において、ＰＲＩの原則への署名状況について報告を求め、署名していない場合にはその理由を説明するよう求めている[37]。ＧＰＩＦの委託先は全て公開されており、筆者が突合したところ、二〇二一年時点では全委託先がＰＲＩに署名していた[38]。ＧＰＩＦは委託した運用会社にＰＲＩによる評価（ＥＳＧの取り組みに関する成績表）を報告させ、運用会社のパフォーマンスを見る際に参考にしていると考えられる。

一方企業側の反応を見ると、ＧＰＩＦのＥＳＧ投資の取り組みは、対象候補の企業に大きな影響を与えている。それは、ＧＰＩＦが採用したＥＳＧ指数の公表時の企業の反応によく表れている。筆者が実施したインタビューで、指数会社大手の元ＥＳＧ担当者は、次のように述べている。すなわち、二〇一七年、一つのＥＳＧ指数にＧＰＩＦが五千億円以上投資しているという事実が公表されたことで[39]、そのうち一％のウェイトがその企業に入っていると仮定しても単純に五〇億円が投資されているということが可視化され、企業側の意識変革が実感できたという。また、指数会社と企業の対話において、従前はＣＳＲ部のみで対応されていたものがＩＲ部・経営企画部、あるいは取締役以上が窓口として出てくるようになったと述べている[40]。

さらに、ＧＰＩＦのアンケートによれば、ＧＰＩＦが採用したＥＳＧ指数の構成銘柄から外れた約八割の企業がそのことについて社内での議論の場を設けた[41]。指数に含まれなかったために企業行動を改め、後に指数に含まれるようになったとされる企業には、三菱商事やファーストリテイリングなどがある。[42] これらの指数は、ジェンダー・ダイバーシティ（目標５）や気候変動（目標13）を基準にしているため、同指数に選ばれるために企業が行動を変えたということは、これらの企業は、ＳＤＧｓの達成に向けて努力しているとみることができる。

(2)　ブラックロックの気候変動に関する宣言と株主行動

ブラックロックのラリー・フィンクＣＥＯは長年、企業が環境・社会的責任を果たす必要性を唱えてきた。[43] しかし、実際には同社は、気候変動問題に対し企業側に情報開示や行動変革を求める株主決議には反対票を投じ、[44] 化石燃料や森林破壊を行う企業への最大の投資者であることが指摘されてきた。[45]

しかし、二〇二〇年一月にラリー・フィンクの年次書簡とは別に送付された書簡にて、同社は「持続可能な投資の世界的なリーダーになる」と宣言した。[46] そして気候変動に関し、重点的に行動変革すべき企業に対して機関投資家が対話を呼び掛ける「Climate Action 100+」に参加した。[47] それ以降、同社は資産運用の目標や運用プロセスを大きく変更した。

同社は年始に宣言を出してから、二〇二〇年の株主総会において は、事前に二四四社に気候変動に対する取り組みが不十分であると通知し、五三社に反対票を投じた。残りの一九一社については監視対象とし、進展がなければ二〇二一年に是正を促す投票行動をするとしていた。[48] 同社が二〇二一年に公表した報告書によれば、その間（二〇二〇年から二〇二一年六月三〇日までの一年間）、気候変動と自然資本に関する対話を企業幹部との間で二千三百回以上実施した。改善が見られなかった企業に対しては、二〇二一年、前年比の四倍にあたる二五五人の取締役選任決議案に反対票を投じた。さらに、気候変動が論点となった取締役選任決議や株主提案に関しても、前年比の五倍である三一九社に対して、企業側の推奨と反対側の立場で議決権を行使した。[49] 特に同社が反対票を投じたのはエネルギー業界に対してである。ブラックロックが関わった中で二〇二一年に象徴的だった株主行動は、米国の石油会社であるエクソンモービル社の事案である。以下では同社の事例について述べる。

ａ　エクソンモービル社への株主提案に対する議決権行使

同社の株主総会では、企業側が推薦した現職取締役一二人のうち、三人が株主投票で再任を阻まれた。代わりに、アクティビスト・ファンドであるエンジン・ナンバーワン側が推薦した四人の環境派候補のうち、三人が選出された。[50] これまでも同様の株主提案はなされてきたが、可決には至らなかった。今回はエンジン・ナンバーワンの持ち株比率が僅か〇・〇二％のみであったにも関わらず、ブラックロック社をはじめ、バンガード社、ステートストリート社の米国三大運用会社と公的年金（カリフォルニア州教職員退職年金基金、カリフォルニア州職員退職年金基金、ニューヨーク州退職年金基金）といった大手機関投資家の賛同を得たことで得票数があがった。[51] 気候変動関連の機関投資家団体「Climate Action 100+」が呼びかけた対話に対し、英国のＢＰ等の欧州系の石油メジャーが応じる姿勢を見せたのに対し、エクソンモービル社は拒み続けたことが同提案に結び付いたとされる。[52]

b　エクソンモービル社のネットゼロ宣言

同社は新取締役体制になって二〇二一年夏頃から社内で気候変動対策に関する検討を重ねてきたとされ、二〇二二年一月一八日に、二〇五〇年までに一部事業のGHGをネットゼロとする宣言を出した。[53]ネットゼロとは、GHGの排出量と吸収量を均衡させて、排出量を実質ゼロにすることを指す。[54]

エクソンモービル社がGHGの排出量の削減に向け長期的な目標を掲げたのは初である。二〇二七年までに一五〇億ドル以上を投資し、二酸化炭素の回収や貯留、水素やバイオ燃料などにも資金をまわすとしている。石油業界による大気汚染の大半を占めるガソリンやジェット燃料など、同社の製品を顧客が使って排出する分は今回の計画の対象としていないため課題は残るが、同社の気候変動問題に対する取り組みの第一歩と考えられる。

四　事例の意味づけ

(1)　GPIFとブラックロックによる取り組みの評価

企業にとってESG指数の構成銘柄に組み入れられることが目的になってしまうと、評価メソドロジーを読み込み、対策を立てて点数をあげるようになり、本質的ではないとの指摘もある。[55]

しかしながら、特に日本においては、GPIFは多大な影響を持っているため、GPIFがESG指数を用いてESG投資に乗り出したことが上場企業に広く知れ渡り、企業がESG課題を意識して行動するようになったという点で、企業によるSDGsへの取り組みを加速させたといえる。

ESG投資が企業によるSDGsを推進していることは、企業による統合報告書にも表れている。同報告書の発行企業数は二〇二〇年一二月末時点で五九一社であり、東証一部上場企業に占める割合は二七%と高くはない。しかし、二〇一七年の三四一社からは確実に増加しており、[56]八〇・二%の企業が統合報告書のなかでSDGsへの貢献に言及している。[57]同報告書はESG投資判断に使用され、実態と乖離した場合は投資家やNGOから批判を受けるため、企業によるSDGsへの取り組みは、相当程度は実行に移されると考えられる。

続いて、ブラックロックの事例では、大規模な運用資産額を保持しながらも、従前は後ろ向きだった同社がESG課題に関する株主行動に積極的になった意義は大きいが、エクソンモービル一社を動かしたからといって、全世界がパリ協定に整合的な目標に到達できるわけではない。しかし、石油メジャーに対する圧力が増していること、株主が実際に株主行動を通じてその意思を反映することができるということが改めて広く認識されたという意味で、象徴的な事案であったといえる。ブラックロックが関与した株主提案において決定された新体制下で、実際にエクソンモービルが二〇五〇年までのネットゼロを宣言したことは、SDGsの実効性を投資家が高めていると見ることができる。

(2)　ＥＳＧ投資のメカニズムが機能する条件

本稿では、主に財務情報を分析して投資する従来の投資手法とは異なるＥＳＧ投資のメカニズムの特徴を論じてきたが、同メカニズムがあるだけで自動的に企業によるＳＤＧｓの実効性が高まるわけではない。投資家が以下の二つの条件を持つときに、ＥＳＧ投資のメカニズムが機能する傾向が強まり、ＳＤＧｓの目標達成に貢献すると考えられる。

第一に、投資家の資金規模が大きいことである。資金規模が大きいと、他の投資家や企業に対しての影響力が強くなるからである。先行研究でも指摘されている通り、大規模かつ先進的な取り組みを実施している投資家は、他の投資家のオピニオンリーダーとなりやすい[58]。ＥＳＧ投資の拡大要因は、各国・地域により異なるが、日本の場合はＧＰＩＦが動いたことが決定的であった[59]。だが、ＧＰＩＦの資産規模が小さければこのような変化は起きなかったであろう。

また、投資家が行う企業へのエンゲージメントにおいても、資金規模が大きく、持ち株数が多いと企業への影響力は強くなる[60]。企業の重要事項が決定される株主総会において、議決権は原則として一株一票であるため、多数決がものを言うからである。今後も、ブラックロックをはじめとする大規模な機関投資家が投資先企業に対しＥＳＧ課題に関する株主行動を積極的に実施することで、ＳＤＧｓの目標達成により貢献すると思われる。

第二に、投資家が提起するＥＳＧ課題が時代に即し、かつそれが対象企業の事業モデルと関連していることである。投資家は、企業に強制的に何かを実施させることはできないため、投資家が企業に対して課題を提起し、企業自身もそれに取り組むことが合理的であると社内で納得した場合に、実効性のある取り組みができる。そのためには、投資家側が出す提言が、社会課題と企業課題の両方を捉えている必要がある。

投資家が社会課題への解決を期待しすぎるあまり、理想のみを掲げ、企業では実現ができないような要求をしても、企業は動かないか、体裁を整え形式ばかりに終始してしまう。投資家は提言をすることはできるが、汗をかいて実際の改革を実施するのは企業なのである。このため、ＥＳＧ投資家は、より先進的・専門的なＮＧＯの意見を参考にしつつ、それが将来的な企業価値の向上に繋がり企業にとって時間と水準に照らして実現可能かという観点でＥＳＧ課題を選定し、企業にエンゲージメントすることで、よりＥＳＧ投資の実効性は高まる。

だが、それだけでは十分ではない。企業が、その社会課題等の解決に貢献することが企業収益の追求と整合的であると判断する必要がある。しかも、その判断において、「短期的」だけでなく「長期的」な視点が考慮されることが重要である。また、これまでは計測されて来なかった「非財務情報」が投資判断に使用される実態となったことを踏まえ、企業側が社会的な評価や社会的責任をこれまで以上に考慮するようになることも重要である。

ＥＳＧ投資がＳＤＧｓの目標達成の可能性を高めるための条件の第二は、ＮＧＯ／ＮＰＯの立場からすれば生ぬるく聞こえてしまうだろう。確かに、短期のみならず長期的に見ても収益につながらず企業価値を向上させないのであれば、企業がSDGsに取り組む必然性は減る。収益を追求していかないと、企業は存続できないからである。しかし、少なくとも短期的に収益を定義しようとする企業の体質は、ESG投資の影響を受け変わってきているのではないか。すなわち、「非財務情報」の可視化等により、ESG評価が企業・投資家双方から重視されるようになり、それが長期的に見て企業価値に資するとの判断を下した企業が、SDGsにも真剣に取り組むようになってきたと考える。

また、投資家側もESG投資に取り組んでいるというだけでは、最初の一歩に過ぎない。重要な一歩ではあるが、その先にある、例えば、実際にGHG排出量がどれだけ削減されたかどうかや、女性取締役比率があがったかどうか等のインパクトを測り評価することがより重要である。インパクトを重視しなければ、表面的であると言わざるを得ない。

ESG投資のメカニズムが以上のような条件で機能することで、ESG投資がSDGsの実効性をより高めるようになるだろう。

(3) 投資家の役割

GPIFとブラックロックは投資家であるため、そもそも気候変動をはじめとするSDGsへの取り組みは、主に政府が取り組むべきことであり、投資家の影響は限られているとの批判もあるだろう。確かに、SDGsは前身であるミレニアム開発目標（MDGs）のように政府が推進するもの、という意識もまだ一部にはある。しかし、徐々に企業・投資家が推進するものという意識に変わってきている。実際、国連グローバル・コンパクト・ネットワークジャパン（GCNJ）と地球環境戦略研究機関がGCNJ会員の企業・団体を対象として、二〇一五年から二〇一八年に年次で計四回実施したアンケートによれば、「SDGs推進に一番影響力のあるセクターはどこだと考えるか」という問いに対し、「政府・政府系団体」と回答した割合は、二〇一五年に五八％だったのに対し、二〇一八年には二四％にまで下がっている。逆に、「企業」の割合は二〇一五年の一〇％から二〇一八年には一九％に、「株主・投資家」の割合はゼロから一二％へと上がっている[61]。このように株主・投資家の役割がより認識されるようになっている。

おわりに

ESG投資のメカニズムにおいては、従来困難であるとされた非財務情報の指標化・データ化とその情報の投資への統合・加味が鍵となっている。非財務情報は将来に財務情報となりえることから、「将来財務情報」と呼ばれることがあるが[62]、より正確には「将来価値財務情報」であると考える。「将来」には、長期的な視点に立った投資判断に必要な情報であること、そして「価値」には企業価値向上につながる情報であるという意味が込められている。投資の判断と運用に「長期的」視点が組み込まれていること、そして非財務情報には「将来価値財務情報」という意味が内包されていることは、図1（32頁参照）には顕在化していない。だがこのメカニズムを通じ、ＳＤＧｓの実効性は、企業の競争原理を利用して確保されるようになってきた。企業によるＳＤＧｓの取り組みに関して、ＥＳＧ投資はそれを牽引する役割を果たしているといえる。

最後に、本稿の事例で取り上げたＧＰＩＦというと、機関投資家であり、個人との繋がりが希薄なように感じるが、実際には国民の年金を運用しており、真の最終的な資産保有者（アセットオーナー）は国民である。したがって、一人一人がＳＤＧｓへの取り組みをより求めるのであれば、そうした声をＧＰＩＦに届けることで、ＧＰＩＦはより前向きに委託先の運用会社を通じて、ＳＤＧｓの達成に向けたＥＳＧ投資の取り組みを強化することができるだろう。ＥＳＧ投資を通じたＳＤＧｓの推進に当たり、個人の力は決して小さくはない。

※　本稿で引用した文献等のＵＲＬは、全て二〇二一年五月三一日が最終アクセス日である。

（1）潘基文国連前事務総長は「企業は、ＳＤＧｓを達成する上で、重要なパートナーである。企業は、それぞれの中核的な事業を通じて、これに貢献することができる。私たちは、すべての企業に対し、その業務が与える影響を評価し、意欲的な目標を設定し、その結果を透明な形で周知するよう要請する」と述べている。ＧＲＩ（グローバル・レポーティング・イニシアチブ）、国連グローバル・コンパクト、ＷＢＣＳＤ（持続可能な発展のための世界経済人会議）「**SDGs Compass**：ＳＤＧｓの企業行動指針――ＳＤＧｓを企業はどう活用するか――」、二〇一六年、四頁、**https://sdgcompass.org/wp-content/uploads/2016/04/SDG_Compass_Japanese.pdf**。

（2）Milton Friedman, "The Social Responsibility of Business Is to Increase Its Profits," *New York Times Magazine*, (September 1970), pp. 122–126.

（3）蟹江憲史「第九章　二一世紀の新グローバル・ガバナンス戦略――目標設定によるガバナンスとＳＤＧｓ」蟹江憲史編著『持続可能な開発目標とは何か：二〇三〇年へ向けた変革のアジェンダ』ミネルヴァ書房、二〇一七年、一八〇頁：Norichika Kanie and Frank Biermann, eds., *Governing through Goals: Sustainable Development Goals as Governance Innovation* (MIT Press, 2017), p. 5.

（4）蟹江、同上。

（5）蟹江、同上：阪口功「第六章　市民社会――プライベート・ソーシャル・レジームにおけるＮＧＯと企業の協働」『コンストラクティヴィズムの国際関係論』有斐閣、二〇一三年、一六三―一六九頁：ＦＳＣに関しては、山田高敬「公共空間におけるプライベート・ガバナンスの可能性――多様化する国際秩序形成」『国際問題』五八六号、二〇〇九年、四九―六一頁。

（6）内記香子「書評論文　増加する『指標』とグローバル・ガバナンス」『国際政治』一八八号、二〇一七年、一一八―一二八頁。

（7）ＥＳＧ投資には、株式以外にも、債券、不動産、オルタナティブ等への投資があるが、本稿では最も伝統的であり規模も大きい株式に焦点をあてる。

（8）松尾弘・清水真希子・佐藤泉・齋藤民徒「〔座談会〕ソフトローを通じた法形成の展開と課題」『法学セミナー』七七六号、二〇一九年、一八―一九頁。

（9）デービッド・ボーゲル『企業の社会的責任（ＣＳＲ）の徹底研究――利益の追求と美徳のバランス　その事例による検証』一灯舎、二〇〇七年、七一―七四頁：谷本寛治『ＳＲＩと新しい企業・金融』東洋経済新報社、二〇〇七年、二四六―二四七頁：伊藤隆敏、「ＥＳＧ投資」は名ばかりか　その問題点を考える」フォーブスジャパン、二〇二〇年三月七日、https://forbesjapan.com/articles/detail/28951/1/1/1?s=ns 等でSRIおよびESG投資の限界が議論されている。

(10) International Finance Corporation, "Who Cares Wins — Connecting Financial Markets to a Changing World," 2004, https://www.ifc.org/wps/wcm/connect/topics_ext_content/ifc_external_corporate_site/sustainability-at-ifc/publications/publications_report_whocareswins_wci_1319579355342.

(11) 本稿では「原則」と明記していない限り組織としてのPRIを意味する。

(12) 田瀬和夫・SDGパートナーズ『SDGs思考 二〇三〇年のその先へ 17の目標を超えて目指す世界』株式会社インプレス、二〇二〇年、一四三頁。

(13) Stockholm Resilience Center, "Contributions to Agenda 2030" n.d., https://www.stockholmresilience.org/research/research-news/2017-02-28-contributions-to-agenda-2030.html.

(14) 目標10：人や国の不平等については、企業のガバナンスの問題と遠いように考えられるかもしれないが、租税回避や取締役の給与等、ガバナンス（G）の問題とも結びついている。

(15) 環境省「持続可能な開発のための二〇三〇アジェンダ／SDGs」日付不明、https://www.env.go.jp/earth/sdgs/index.html.

(16) このことを「ネクサス」という新たな概念でとらえ、分析している研究もある。例えば、田崎智宏・遠藤愛子「第四章 ネクサスとSDGs——環境・開発・社会的側面の統合的実施へ向けて」蟹江憲史編著、前掲書、八九頁—一〇五頁：Lisa Sanderink, Philipp Pattberg, Oscar Widerberg, "Mapping the Institutional Complex of the Climate-Energy Nexus," in Fariborz Zelli, Karin Bäckstrand, Naghmeh Nasiritousi, Jakob Skovgaard and Oscar Widerberg, eds., *Governing the Climate-Energy Nexus: Institutional Complexity and Its Challenges to Effectiveness and Legitimacy* (Cambridge: Cambridge University Press, 2020), pp. 43–98.

(17) 太田珠美「企業がSDGsに取り組む意義——将来も社会から必要とされる企業であるために今何をするべきか」大和総研、二〇一九年、五頁、https://www.dir.co.jp/report/research/capital-mkt/esg/20190827_020998.pdf.

(18) この分析では、GPIFの株式ポートフォリオの構成企業について、Trucost社の定義に基づいて、SDGsに貢献する製品やサービスによる収益が総収益に占める割合を求め、ポートフォリオにおける構成比で加重平均した収益エクスポージャを「SDGsポジティブインパクト」とし、SDGsに貢献している企業へのエクスポージャを測定している。GPIF「二〇二〇年ESG活動報告」二〇二一年、六九頁、https://www.gpif.go.jp/investment/GPIF_ESGReport_FY2020_J.pdf.

(19) より詳細には、企業の将来価値を現在の株価と比較して計算し（推定）、現在価値に割り戻すのがバリュエーション（Valuation）の計算方法であるが、ESGを考慮する場合には、この通常の計算方法に加えて、ESGの要素が加わり、株式のバリュエーションが算定される。こうした投資家が増えることで、結果として株価形成に影響を与えることになっていると考えられる。

(20) 金融機関が短期志向を是正するよう声をあげるようになった理由としては、二〇〇八年の世界金融危機において、規模の大きい金融機関が税金により救済されたこと（例えば米国政府によるEmergency Economic Stabilization Act of 2008がある。）、また過度な短期志向が市場システム自体を壊しかねないという危機感が募ったことがある（Sheila Bair, Lessons of the Financial Crisis: The Dangers of Short-Termism, *Harvard Law School Forum on Corporate Governance & Financial Regulation*, (July 2011), https://

corpgov.law.harvard.edu/2011/07/04/lessons-of-the-financial-crisis-the-dangers-of-short-termism/）。より直近では、気候変動問題が金融システムに与える影響がより直接的に認識され、二〇一五年に金融安定理事会により気候関連財務情報開示タスクフォースが設置されたこと（Task Force on Climate-related Financial Disclosures (TCFD), n.d. https://www.fsb-tcfd.org/）が影響していると考えられる。

（21）Baruch Lev and Feng Gu, *The End of Accounting and the Path Forward for Investors and Managers*, (John Wiley & Sons, Inc., 2016).

（22）例えばCasey Clark, CFA and Tensie Whelan, Ulrich Atz, "ESG and Financial Performance: Uncovering the Relationship by Aggregating Evidence from 1,000 Plus Studies Published between 2015–2020," *NYU Stern Center for Sustainable Business*, (February 2021) がある。

（23）一九八〇年代以降顕著にみられる「機関化現象」により、運用資産額が増加し主要な主体となったのが、年金基金や保険会社である。その特徴は、投資リターンの回収までの期間が長期間なことである。（Abe de Jong, Dirk Schoenmaker, Mike Gruenwald, and Azra Pala, "Large Shareholders in Corporate Governance," Research for the Monitoring Committee Corporate Governance on the role of large shareholders in corporate governance in the Netherlands commissioned by the Ministry of Economic Affairs, *Erasmus University, Rotterdam*, (January 2018).）

（24）ディアーク・シューメイカー、ウィアラム・シュローモーダ、加藤晃（監訳）『サステナブルファイナンス原論』一般社団法人　金融財政事情研究会、二〇二〇年、九五—一二六頁。

（25）Principles for Responsible Investment, "Fiduciary Duty in the 21st Century Final Report," 2019, https://www.unpri.org/fiduciary-duty/fiduciary-duty-in-the-21st-century-final-report/4998.article.

（26）Principles for Responsible Investment, "What are the Principles for Responsible Investment?," n.d. https://www.unpri.org/about-us/what-are-the-principles-for-responsible-investment.

（27）MSCI, "MSCI KLD 400 Social Index (USD)," 2022, https://www.msci.com/documents/10199/904492e6-527e-4d64-9904-c710bf1533c6.

（28）ニュージーランドスーパーによるＭＳＣＩカスタム低炭素指数等がある。Douglas Appell, "NZ Super shifts its 40% passive global equities allocation to low-carbon index," 2017, https://www.pionline.com/article/20170815/ONLINE/170819946/nz-super-shifts-its-40-passive-global-equities-allocation-to-low-carbon-index.

（29）日本版スチュワードシップ・コードでは、建設的な「目的を持った対話」と訳される。企業年金連合会「エンゲージメント」日付不明、https://www.pfa.or.jp/yogoshu/ae/ae06.html。

（30）株主行動が企業のガバナンスの課題を解決するための手段からＥＳＧ課題全般に対して使われるようになった契機については、水口剛『責任ある投資——資金の流れで未来を変える』岩波書店、二〇一三年、三五—四七頁が詳しい。

（31）ＧＰＩＦ「平成二八年スチュワードシップ活動報告」二〇一七年、https://www.gpif.go.jp/operation/committee/pdf/kanri02iinkai1132.pdf。

（32）ＭＳＣＩ「ＭＳＣＩ日本株女性活躍指数（ＷＩＮ）」日付不明、https://www.msci.com/msci-japan-empowering-women-index-jp。

（33）ＧＰＩＦ「グローバル環境株式指数を選定しました」二〇一八年、https://www.gpif.go.jp/investment/esg/20171101.html。

（34）具体的には、総合的なＥＳＧ評価の後に、①売上高あたりのＧＨＧ排出量の低さ及び②ＧＨＧ排出量の管理や、低炭素経済への移行に関するリスクと機会への対応の質を評価したスコアを考慮して最終的な採用銘柄が決定されている。GPIF「国内株式を対象としたESG指数を採用しました」二〇二二年、https://www.gpif.go.jp/esg-stw/20220330_esg_adopt_jp.pdf。

(35) GPIF「二〇二〇年度ESG活動報告」二〇二一年、四頁、https://www.gpif.go.jp/investment/GPIF_ESGReport_FY2020_J.pdf。

(36) GPIF「年金積立金管理運用独立行政法人法（平成一六年法律第一〇五号第二一条等）」二〇一七年、https://elaws.e-gov.go.jp/document?lawid=416AC0000000105_20171001_428AC0000000114。

(37) GPIF「国連責任投資原則への署名について」二〇一五年、三頁、https://www.gpif.go.jp/investment/pdf/signatory-UN-PRI.pdf。

(38) GPIF「二〇二〇年度の運用状況」、二〇二一年、https://www.gpif.go.jp/operation/last-years-results.html およびPRI, "Signatory directory," n.d., https://www.unpri.org/signatories/signatory-resources/signatory-directory を参照。

(39) GPIF「ESG指数を選定しました」二〇一七年、一三頁、https://www.gpif.go.jp/investment/esg/pdf/esg_selection.pdf。

(40) 二〇二〇年七月一〇日、大手指数会社の元ESG投資担当者に対する筆者によるインタビュー（於・東京）。

(41) GPIF「第三回機関投資家のスチュワードシップ活動に関する上場企業向けアンケート集計結果」二〇一八年、二四頁、https://www.gpif.go.jp/operation/board/pdf/keieiinkai_1002.pdf。

(42) Rebecca Henderson, George Serafeim, Josh Lerner and Naoko Jinjo, "Should a Pension Fund Try to Change the World? Inside GPIF's Embrace of ESG," *Harvard Business School Case 319-067*, (January 2019), p. 12.

(43) 例えば、フィンクが投資先企業のCEOに向けた二〇一八年の年次書簡（和訳）を参照。ラリー・フィンク「LETTER TO CEO 2018――A Sense of Purpose」二〇一八年、https://www.blackrock.com/jp/individual/ja/about-us/ceo-letter-2018。

(44) 二〇一九年度に過半数の支持を得た株主決議は一〇二件のうち一五件あったが、否決された八七件のうち一七件は、もしブラックロック、バンガード、ステートストリートの三社（ビッグスリー）のうち一社以上が賛成していたとしたら可決されていたとされる。ShareAction, "Voting Matters 2020 Are asset managers using proxy voting for action on climate and social issues?", 2020, p. 20, https://api.shareaction.org/resources/reports/Voting-Matters-2020.pdf を参照。

(45) Sustainable Brands「変化する金融（三）：ブラックロック、気候変動の取り組み遅れる二〇〇社以上に通告」二〇二〇年、https://www.sustainablebrands.jp/news/us/detail/1197503_1532.html。

(46) ブラックロック「Blackrock's Letter to Clients サステナビリティをブラックロックの投資の新たな基軸に」、二〇二〇年、https://www.blackrock.com/jp/individual/ja/blackrock-client-letter。

(47) Climate Action 100+, "News" n.d., https://climateaction100.org/news/.

(48) 伴百江「米ブラックロック、五三社の環境対応にノー　エクソンなど」日経新聞電子版、二〇二〇年七月一五日、https://www.nikkei.com/article/DGXMZO61523980V10C20A7000000/。

(49) BlackRock, "Pursuing long-term value for our clients investment- BlackRock Investment Stewardship- A look into the 2020-2021 proxy voting year," 2021, p. 20, https://www.blackrock.com/corporate/literature/publication/2021-voting-spotlight-full-report.pdf.

(50) ブルームバーグ「エクソンの年次総会、物言う株主推薦の取締役選出――CEOに痛手」二〇二一年五月二七日、https://www.bloomberg.co.jp/news/articles/2021-05-26/QTQCS6T1UM0Y01。

(51) Richard J. Grossman Neil P. Stronski, "What the Exxon Mobil

"Shareholder Votes Mean," 2021, https://www.skadden.com/en/insights/publications/2021/06/the-informed-board/what-the-exxon-mobil-shareholder-votes-mean.

(52) ルポ迫真「『これで終わりではない』エクソン総会、〇・〇二%の衝撃――新常態の株主総会（二）」日経新聞電子版、二〇二一年六月二九日、https://www.nikkei.com/article/DGXZQOGD21CN50R20C21A6000000/。

(53) ブルームバーグ「エクソン、一部事業の温暖化ガス排出を2050年までに実質ゼロ目指す」二〇二二年一月一九日、https://www.bloomberg.co.jp/news/articles/2022-01-18/R5WYL6T1UM0W01。

(54) Intergovernmental Panel on Climate Change (IPCC), "Climate Change 2021: The Physical Science Basis," 2021, p.TS-5, https://www.ipcc.ch/report/ar6/wg1/.

(55) Henderson et al, *op. cit.*, p. 8.

(56) ＫＰＭＧ「日本企業の統合報告に関する調査二〇二〇」二〇二一年、https://home.kpmg/jp/ja/home/insights/2021/03/integrated-reporting-20210330.html。

(57) （株）ディスクロージャー&ＩＲ総合研究所「統合報告書発行状況調査二〇一八中間報告」二〇一八年、https://rid.takara-printing.jp/res/report/cat1/2018/post715.html。

(58) Julian F. Kölbel, Florian Heeb, Falko Paetzold, and Timo Busch, "Can Sustainable Investing Save the World? Reviewing the Mechanisms of Investor Impact," *Organization and Environment*, 33-4 (June 2020), pp. 565–566.

(59) 御代田有希「国際比較を通じたＥＳＧ投資の拡大要因：推進主体に着目して」『一橋法学』二〇巻三号、二〇二一年一一月、三一九―三八〇頁。

(60) そのため投資家が連合体を組む重要性も指摘されている（シューメイカー他、前掲書、一三二―一四九頁）。

(61) 回答企業数は、毎年増加しており、二〇一五年で一三四社、二〇一八年で一八〇社となっている。一般社団法人国連グローバル・コンパクト・ネットワークジャパン（ＧＣＮＪ）・公益財団法人地球環境戦略研究機関（ＩＧＥＳ）「主流化に向かうＳＤＧｓとビジネス――日本における企業・団体の取組み現場から――」二〇一九年、https://www.iges.or.jp/jp/publication_documents/pub/policyreport/jp/6722/190219+%E3%80%90%E5%AE%8C%E6%88%90%E7%89%88%E3%80%91SDGsbiz%E3%83%AC%E3%83%9D%E3%83%BC%E3%83%88web.pdf。

(62) 森澤充世「ＰＲＩの取り組み」ＰＲＩ主催イベント「グリーン・ファイナンスへの理解向上を目指して」での講演、二〇一七年三月一三日、於在日仏大使館。

〔付記〕本稿執筆にあたり特定非営利活動法人日本サステナブル投資フォーラム会長荒井勝氏に貴重なコメントをいただいた。ここに記して謝意を表したい。

（みよだ　ゆき　一橋大学大学院）

日本国際政治学会編『国際政治』第208号「ＳＤＧｓとグローバル・ガバナンス」（二〇二二年一月）

ビジネスの平和への貢献
——ＳＤＧｓを推進するコミュニティ形成——

片柳真理

はじめに

「平和のためのビジネス（Business for Peace; B4P）」というビジネスリーダーシップのプラットフォームは、潘基文国連事務総長が確立し、その目的を「民間部門が平和を支援する活動を拡大し深化させること」としている。[1] Ｂ４Ｐの実践が進むにつれて、ビジネスがいかに平和に貢献できるのかは重要な学術的問いを形成し、Ｂ４Ｐ研究が発展しつつある。Ｂ４Ｐより広く知られているのが「ビジネスと人権（Business and Human Rights; BHR）」の取組みである。人権規範の浸透と企業の社会的責任（Corporate Social Responsibility; CSR）という概念の普及が重なり、またグローバリゼーションに伴う経済活動の展開から、多国籍企業による人権侵害に厳しい目が向けられるようになった。そのためにＢＨＲの議論は法学の側面から活発化し、企業側がＣＳＲとして取り組む問題は、人権活動家からは法的責任を問うべき人権問題として注視されてきた。Ｂ４Ｐ研究では、平和を実現するためには人権が保護される必要があると認識してＢＨＲを重視し始めている。[2]

平和の課題は持続可能な開発目標（Sustainable Development Goals; SDGs）にも反映されている。ＳＤＧｓとミレニアム開発目標（Millennium Development Goals; MDGs）にはいくつかの大きな違いがあり、そのうちの一つは、ＳＤＧｓに平和に関する目標（目標16）が含まれていることである。もう一つの違いは、ＳＤＧｓが民間部門による参加を重視していることである。[3] 目標16は、「持続可能な開発のための平和で包摂的な社会を促進し、すべての人々に司法へのアクセスを提供し、あらゆるレベルにおいて効果的で説明責任のある包摂的な制度を構築する」とされ、政治的・社会的側面に焦点が当てられている。他方、国連事務局はＳＤＧｓ策定のプロセスに積極的に民間企業を巻き込んできたことで知られ、[4] 民間部門のＳＤＧｓへの参画は、目標17のパートナーシップに示されている。この二つの目標の組み合わせから、企業が平和に関わるアクターとなる可能性が見えてくる。

また、ＳＤＧｓはビジネス、人権、平和を繋ぐ役割を果たすものとして期待されている。ＳＤＧｓは人権に直接言及しているわけではないが、その策定には人権団体なども参加しており、かつてＭＤＧｓと人権が交わることなく語られることが批判された状況とは異なっている。[5] 二〇一五年一月一八日には、一〇の人権条約の監視機関の長が共同声明を発表し、国際社会に対して二〇一五年以降の開発目標に人権保護義務を統合するよう求め、また開発のプロセスに人権に関わる国内および国際機関を巻き込むよう要請した。[6] その後、人権条約諸委員会はその勧告や所見の中で幾度もＳＤＧｓに言及し、[7] 人権の分野から開発課題への関心を明らかにしている。

他方、Ｂ４Ｐ研究では理論化の試みが始まっている。本稿は、それを踏まえ、Ｂ４ＰとＳＤＧｓおよびＢＨＲとの関係を念頭に、近年のＢ４Ｐ事例研究による成果を比較検討し、ビジネスによる平和への貢献の新たな視点を提示することを目的とする。

本稿はまずＢ４Ｐ研究の展開をたどり、それにＢＨＲがどのように関係してきたかを説明する。次に、Ｂ４Ｐ研究に対してどのような批判があり、その批判は現時点でどのように評価できるのかを検討し、その上で、Ｂ４ＰとＳＤＧｓおよびＢＨＲとの関係を考察する。さらに、最近のＢ４Ｐ分野における事例研究の成果を比較考察し、Ｂ４Ｐの活動としてコミュニティがＳＤＧｓを推進できる能力を高めるという役割があること、またビジネス・ネットワーキングによるコミュニティ形成が平和に資する可能性があることを論じる。

一　Ｂ４Ｐ研究の展開

Ｂ４Ｐの研究は、経営学分野の「商業を通じた平和（Peace through Commerce）」に関する研究の影響を受けて発展してきた。この研究の先駆者であるティモシー・フォート（Timothy Fort）によれば、当初、ビジネスと平和を繋ぐ議論はあまり歓迎されなかったが、九・一一を契機に急速に関心が高まったという。[8] 通常のビジネス活動が平和に貢献することもあると論じる商業を通じた平和研究は、平和に貢献する主な活動として次の五つを挙げる。すなわち、経済開発の推進、法の支配と外部評価の原則、コミュニティ形成、トラック２外交、そして紛争に配慮した実践とリスク評価である。[9] 経済開発の推進は雇用の創出、地域への投資、地元の人々による経済発展の享受や技術移転をもたらし、さらに平和の恩恵は社会の安定を求めることに繋がると論じられる。[10] 法の支配は汚職の撲滅、監査などを通じた透明性の確保をもたらす。また、企業の行動指針となる規範も重要だとされる。[11] コミュニティ形成はビジネスが社内においても、関係者との関わりにおいても、信頼を確立することを意味する。その具体的方策には、ＣＳＲの活動によって地域の信頼を得ることや、[12] 社員が意思決定に参加できる環境を整えることなどが含まれる。トラック２外交は、宗教団体、大学、ＮＧＯなど非政府機関が紛争解決などの仲介を果たすことで知られ、商業を通じた平和研究ではこの役割をビジネスが果たすことを期待する。[13] 紛争に配慮した実践とリスクの評価については、例えば採取産業透明性イニシアティブを挙げることができる。こうした配慮や評価は、ビジネスが事業を行う社会に悪影響を与えること、また企業自体のリスクをも防ごうとするものである。[14] 商業を通じた平和研究で特定されてきたこれらの活動は、B4P研究全般においても基本的活動として言及されている。

商業を通じた平和の研究では、ビジネスの事業活動は平和に貢献している場合があると論じた。これに対し、B4Pはより積極的にビジネスが平和に取り組む枠組を想定している。初期の事例研究は学術研究というより実践の分野で行われ、特にインターナショナル・アラート（International Alert）は多数の事例を編纂した。[15] その後、オスロー平和研究所（Peace Research Institute of Oslo; PRIO）[16] や米国平和研究所（United Sates Institute for Peace; USIP）などが研究を展開し、最近では経営学と平和研究の両分野の研究者による共同研究も見られるようになっている。[17]

商業を通じた平和で特定された前述の五つの分野を出発点に、ブライアン・ガンソン（Brian Ganson）は、ビジネスの平和構築のアクターとしての関わりを三点に整理している。第一に、社会・経済的な影響であり、ビジネスのプレゼンスや事業活動を管理することによって、紛争を助長する資源を低減させ、平和を促進する資源を増加することができるとする。第二に、ビジネスの社会政治的な影響として、時には市民社会との協力により政治の透明性を高めることができ、またBHRの規範を適用することによって社会に積極的な動態をもたらすと考える。第三に、ビジネスは平和創設の促進に効果をもたらすことができるとする。事例としてはコロンビアやキプロスの商工会議所が行った和平への働きかけを挙げている。[18]

ガンソンの第二点に関しては、BHRの規範に関する若干の説明を要する。民間部門の人権規範は、コフィ・アナン国連事務総長が二〇〇〇年に開始した、人権、労働基準、環境、汚職撲滅の四分野にわたる一〇の原則を掲げる国連グローバル・コンパクトによって大きく発展した。二〇〇五年には、ジョン・ラギー（John Ruggie）が人権と多国籍企業の問題に関する特別代表に任命され、二〇〇八年の報告書で「保護・尊重及び救済に関する国連枠組」を発表した。さらに、二〇一一年には、「ビジネスと人権に関する指導原則：国際連合『保護、尊重及び救済』枠組実施のために」（以下「指導原則」）[19] が採択された。指導原則は、枠組に従って、企業については人権を尊重する責任を規定している。その責任は、第一に「自らの活動によって人権に対する負の影響を引き起こしたりこれに加担したりしないようにし」、そうした影響が発生した時にはこれに対応し、第二に自らが関係しないとしても自らの事業、製品、サービスに直接関係のある負の影響をビジネスの関係者が及ぼすことを防止し、そのような影響を緩和させるように求めるものである。[20] そして、企業はその規模や状況に応じて適切な政策と手続き（プロセス）を持たなければならない。このプロセスは人権への影響を特定し、負の影響を防止し緩和し、説明責任を果たすデュー・デリジェンスと、救済を可能にするプロセスで構成される[21]。ビジネスが平和構築のアクターとなるのであれば、このようなＢＨＲの規範は基本的に順守されるべきものとなる。

事例研究を通じたＢ４Ｐ理論化の試みも、数は限定的ながら進みつつある。商業を通じた平和の研究や、次節で検討するＢ４Ｐ研究への批判がほぼ多国籍企業を念頭に置いているのに対し、注目すべきＢ４Ｐの事例研究はローカル・ビジネスに関するものが多い。最近の事例研究の一部については、後に改めて検討する。

二　Ｂ４Ｐ研究に対する批判とその検討

Ｂ４Ｐ研究に対する批判は、主に五つの点に整理することができる。第一に、ビジネスが平和に貢献するという主張は、十分に検証されていないということである[22]。従ってビジネスが平和に貢献し得る文脈や条件を研究し、理論化することが求められている。

第二に、ビジネス・アクターは政治的アクターであることを認めるべきだという議論である[23]。ビジネス・アクターを政治的アクターと認めることは、ＣＳＲの分野で政治的ＣＳＲ（political CSR）が論じられているのと同じ観点であり[24]、ビジネスは経済的アクターにとどまらず、政治的影響力を持つと捉える。

第三に、Ｂ４Ｐはビジネスが紛争を助長することを度外視しているとも指摘される[25]。Ｂ４Ｐ研究がビジネスによる平和への積極的な貢献に注目するあまり、ビジネスの負の影響にあまり触れないことが問題視されているのである。

第四に、Ｂ４Ｐのような言説や取組みは、「民間のアクターに不当なレベルの公的権限を与えてしまう」という懸念が指摘される[26]。国際社会を構成する諸国家が、ドナー国として直接的にまたは国際機関を通じて間接的に平和構築に関わってきたのに対し、民間企業が外国の政治に直接関与することを奨励するリスクが問題となる。

最後に、Ｂ４Ｐ研究はリベラル・ピースビルディング批判を考慮していないとの指摘もある[27]。リベラル・ピースビルディングに関しては、欧米諸国が平和構築のアクターとして欧米型の制度やイデオロギーを被支援国に対して押し付けるという、支援国と被支援国の力関係が批判されてきた[28]。強力な外部アクターによる平和構築の問題は、強大な経済力を持ち、政治的アクターともなりうる大手多国籍企業にも当てはまるという見方である。

次に以上の五つの批判の妥当性を検討する。第一の批判である理論化が必要だという指摘は的を射ている。後述するように、Ｂ４Ｐについては正に理論化を進めるために実証研究が展開されている段階にある。

第二にビジネスを経済のみならず政治的アクターとして捉えるべきという点については、近年の研究では既に取り組みが見られる[29]。また、商業を通じた平和の研究においても、トラック２外交への貢献は、政治的アクターとしての活動に他ならない。

第三のビジネスによる負の影響については、これまでの紛争研究で、鉱山採掘や木材伐採などの企業による活動が武装勢力に原資を与え、紛争を助長する影響を及ぼした事例が複数指摘されているのにもかかわらず、[30]そうした負の影響を度外視しているとの指摘である。B4P研究を弁護するならば、負の影響については既に研究されてきているために、逆に、企業に平和構築に貢献するアクターとしての可能性を見出そうとしていると説明できる。企業の積極的役割に焦点を当てることによって、一面的とも見える研究があるとしても、後に詳述するように、企業を取り巻く複雑な環境を視野に入れた研究が近年増加している。

第四の民間アクターにどこまでの公的権限を認めるのかという問題提起は重要であろう。特に当該アクターが大規模な多国籍企業である場合、紛争影響国の経済規模と大多国籍企業との経済力を比較すれば、そこに自ずと一定の力関係が存在することは明らかである。この点は、リベラル・ピースビルディングで指摘される外部アクターのヘゲモニーという第五の批判にも関連している。しかし、例えばジョリヨン・フォード（Jolyon Ford）は、ビジネスの平和構築アクターとしての正当性を吟味する必要性を主張しつつ、平和構築を名目上の公共圏と認識し、公権力が独占するものではないと考えれば、公私の区別はあまり問題ではなくなるかもしれないと示唆する。[31]特に第四と第五の問題は、外部アクターでありかつ強大な影響力を持ち得る多国籍企業と、国内アクターであり比較的小規模な場合が多いローカル企業を分けて検討していく必要もあろう。

三　B4PとSDGsおよびBHRとの関係

B4P研究はSDGsに注目しており、ミクリアンらによれば、SDGsは今日の企業がソーシャルワークを行うにあたって「最も重要な枠組」となっており、「平和と開発における民間部門の役割」に直接関連する。[32]SDGsにおいて民間部門が直接言及されているのは、目標17のほかに目標8（労働と経済成長）や目標9（産業、イノベーションおよびインフラストラクチャー）であるが、その他の目標においても民間部門の貢献は大きい。また、SDGsの多くの目標の達成は平和に貢献する可能性が高いと考えられる。

商業を通じた平和の研究で特定され、B4Pの基礎ともなっているビジネスによる平和への貢献の五分野をSDGsに照らすと表1のように考えられる。しかし、表に示したのはあくまでも直接的に特に関連する目標であり、例えば経済開発の推進は目標4の教育や目標6の安全な水とトイレ

表1　ビジネスの平和への貢献とSDGs

ビジネスの貢献	SDGsの特に関連する目標
経済開発の推進	目標1（貧困をなくす）、目標2（飢餓をなくす）、目標8（働きがい・経済成長）
法の支配と外部評価の原則	目標16（平和と公正）
コミュニティ形成	目標9（インフラ）、目標11（地域社会）、目標17（パートナーシップ）
トラック2外交	目標17
紛争に配慮した実践とリスク評価	目標10（不平等を減らす）、目標16

の普及に繋がる。包摂的な社会、司法へのアクセス、説明責任を果たす包摂的な制度の三要素から考察することができる目標16は重要であるが、民間部門の平和への貢献はこの目標に限定されるわけではない。

他方、目標16に注目することが重要な側面もある。例えば、後述するイラクの事例では、研究に協力した地元企業から、汚職が蔓延する社会でトラック２外交に関わればかえって汚職を疑われるため、企業がこれを実施するのは困難だとの見方が示された[33]。この場合、企業がトラック２外交に関わる可能性を否定するより、汚職の撲滅を進めることが望ましい。それには、ＳＤＧｓの目標16を推進することが有効になる。このように、目標16、さらには他のＳＤＧｓとＢ４Ｐを連携させて考えることにより、企業の活動に一定の指針や評価基準をもたらすことになり、企業による平和への貢献の可能性を高められよう。

同様に企業の評価基準として期待されているのがＢＨＲの規範である。カリン・ブーマン（Karin Buhmann）らは、企業がＢＨＲ、特に指導原則におけるデュー・デリジェンスの経験を活かすことにより、ＳＤＧｓに積極的に貢献する機会を特定できると論じる[34]。人権に関するデュー・デリジェンスでは潜在的または実質的な害を特定するが、そのプロセスを通じて社会のニーズを特定し、どのようにＳＤＧｓへの貢献が可能かを明らかにできるとする。

しかし、指導原則のデュー・デリジェンスについては批判もある。まず、一般的に企業にとっての社会的リスクとは企業が負うリスクのことであり、人権リスクとは異なるというのが主な批判である[35]。また、逆に企業側からの批判として、要求が過大であるとか、すべてのビジネスに適用されるわけではないとの主張がある[36]。さらに、指導原則のデュー・デリジェンスは経営プロセスとしてのものなのか、法的営為なのかが明らかではないとの指摘もある。マーク・Ｂ・テイラー（Mark B. Taylor）はこの不明確さゆえに二つのリスクがあると説明する。一つ目は、人権デュー・デリジェンスの実施のみによってあたかも企業が人権尊重の責務を果たしたかのような誤った印象を与えることである。二つ目は、人権デュー・デリジェンスが国内での企業活動の規制においてどのような役割を果たすのかが指導原則によって明確にされていないため、人権への影響をどのように企業の責任として扱うことができるのか、混乱を生む恐れがあるというものである[37]。ブーマンらが論じるように、企業が積極的にデュー・デリジェンスをＳＤＧｓへの貢献につなげることによって、これらのデュー・デリジェンスの限界に対する懸念を一部解消できる可能性もあろう。

Ｂ４Ｐの文脈においては、デュー・デリジェンスの解釈自体に一層の議論が求められる。ジョン・Ｅ・カツォス（John E. Katsos）とヤス・アルカファージ（Yass AlKafaji）は、イラクで事業を行う企業の研究において、ＩＳＩＳの支配下に入り、何も利益がない中で事業を続ける企業家は、事業の継続を従業員に対する道徳的義務と認識しているというインタビュー結果を報告している[38]。同様の問題はタリバン政権が成立したアフガニスタンや軍事クーデターが起こったミャンマー、他の独裁政権下でも起こり得る。人権侵害に抗議して事業を引き揚げれば、従業員の生存すら危うくなるかもしれず、人権を重んじるために具体的に取るべき行動が何であるのか、容易に答えを出すことができない状況も存在する。

Ｂ４ＰではＳＤＧｓおよびＢＨＲの重要性が指摘されながら、企業の活動とＳＤＧｓ、ＢＨＲとを直接結びつけて議論することは稀である。ＳＤＧｓにおいても人権、さらにはＢＨＲの規範が内面化されていないと指摘されるように[39]、Ｂ４Ｐの理論の中に直接ＳＤＧｓとＢＨＲを組み入れていく必要があると考えられる。

四　Ｂ４Ｐの実践から理論へ

本節ではイラク、コロンビア、ネパール、ミンダナオ（フィリピン）、ボスニア・ヘルツェゴビナに関する先行研究がＢ４Ｐ理論化にもたらす点を確認する。そして、これらの五事例を合わせて検討することにより、ＳＤＧｓとＢＨＲの視点を組み入れたＢ４Ｐ理論化の可能性を考察する。まず、これらの先行研究が和平プロセスのどの時点に関するものであるかを確認する。イラクは筆者らが戦争中の地域（war zones）と位置付けており[40]、コロンビアとミンダナオは和平プロセスの初期段階、ネパールは和平プロセス開始から数年、ボスニア・ヘルツェゴビナは和平合意から二五年以上経過している。

(1) イラク

カツォスとアルカファージが行ったイラクの事例研究では、企業の平和への貢献として、キャパシティ・ビルディング、法の支配、社会的結束、地域へのコミットメントという四つの分野を特定している[41]。キャパシティ・ビルディングの方法は社内のチーム・ビルディングと紛争解決研修、そして下請会社を中心とした関係者を対象とする同様の研修である[42]。法の支配に関しては最大の課題が汚職であり、次に明確な規則がないこと、そして政府が監視の役割を果たすのではなく民間部門から利益を引き出そうとしていることが指摘されている。筆者らは、こうした課題に直面して企業が汚職を拒否することが、法の支配への貢献になるとする[43]。社会的結束については、多くの調査対象企業がその推進を平和への貢献としてあげ、例えば宗教、宗派、政治的問題について職場で議論しないという公式の方針を定めている会社が三社存在した。同様に指摘されたのは非差別の方針である[44]。地域へのコミットメントに関しては、イラク企業が外資系企業による外国人労働者の導入をこれに反するものと考えるのに対し、外資系企業は人材不足を理由にしている。また、外資系企業は警備に関し、本国のデュー・デリジェンスに照らしてイラク人を雇用するのはほぼ不可能だと回答している。さらに、イラク企業は、利益を事業や慈善活動を通じて地元に還元することを重視しており、それは愛国心や宗教上の義務として説明される一方、多国籍企業はＣＳＲの活動を行っているものの、これをビジネス・コストと捉えているという、視点の違いを指摘している[45]。

カツォスとアルカファージは、地域へのコミットメントとキャパシティ・ビルディングはこれまでのＢ４Ｐ研究では明示されていなかった企業の平和への貢献だと論じる。[46] この点がこれまで指摘されてこなかった理由として、何が平和への貢献かという意識が外資系企業と国内企業では違うのではないかと考察している。そして、外資系企業より地域との結束が固い地元の中小企業の方がはるかに平和企業家（peace entrepreneurs）になる可能性が高いとする。[47]

先行研究で示されている紛争リスクの評価による平和への貢献が、この研究では企業の貢献として現れなかったことについては、その意味を明確にできないとしながら、文化的・宗教的理由の可能性を指摘する。[48] すなわち、将来を決定するのは神であるから、リスクを測ることはしないという説明になる。トラック2外交に関しては、この研究の文脈ではイラク政府とＩＳＩＳの間を取り持つことと解釈され、もしそのような活動をするとしたらそれは利益のためであって、汚職に関わることになると、この研究に参加した企業は理解している。汚職が蔓延する社会では、トラック2外交は企業が行う平和への貢献にはなりにくい可能性があることを筆者らは指摘している。[49] このようにカツォスとアルカファージの研究は、平和への貢献における外資とローカルのビジネスの違いを文化的側面を含めて指摘した。

(2)　コロンビア

ミクリアンとファン・パブロ・メディナ・ビッケル（Juan Pablo Medina Bickel）によるコロンビアの研究では、「平和のための足跡（Footprints for Peace; FOP）」という平和構築プロジェクトの効果を分析している。[50] このプロジェクトは五十万人を擁するコーヒー生産者協会（Federación Nacional de Cafeteros de Colombia; FNC）が二〇一一年から二〇一五年に実施したものである。[51] ＦＯＰは経済、環境、社会という三領域にわたり、経済ではコーヒー生産の技術指導など、環境では水資源に関する研修など、社会ではコミュニティの紛争解決訓練を行った。[52] この事例では、ＦＮＣが既に信頼を得ている組織だったことがプロジェクトの成功につながったと評価されている。

理論的成果としては以下が示されている。第一に、プロジェクトの効果は暴力の低減というより長期的なコミュニティの再生にある。特に、心の持ちよう（マインド・セット）が変わること自体がプロジェクトの意図するところであり、個人の態度の変化が人間関係の改善につながるとする。[53] 第二に、コミュニティ自体がプロジェクトに投資するほど成功の可能性が高くなる。第三に、ビジネスと国際開発アクターとの協力が成功につながる場合がある。第四に、ＦＮＣがローカルな権力構造の中で既に存在を認められていたことが重要な役割を果たした。ＦＮＣはコロンビア革命軍（Fuerzas Armadas Revolucionarias de Colombia; FARC）と交流があったわけではないが、ＦＮＣがコミュニティにおいて信頼される存在だったために、ＦＡＲＣはその活動を認めたのである。第五に平和のためのプロジェクトがビジネスにもたらす利益として、コミュニティとの関係、評判、経済的利益が確認された。この点については、ＦＯＰがＣＳＲとしてではなく事業に組み込まれた活動であったことが特記されている。[54]

この研究のもう一つの貢献は、プロジェクトの分析から今後の三つの研究課題を導き出したことである。まず、企業の評判や規模など、企業自体の特性は平和のための活動の成功にどう関係するのか、第二にプロジェクトの成功をどのようにその後の平和構築に生かせるか、第三に平和と平和構築の実態とその認識の間にはどのような関係があるのか、という課題である。三つ目の点は、FOPのプロジェクトが直接紛争当事者を巻き込むことなく平和構築に取り組んだことから、ビジネスによる平和のイニシアティブを検証するには平和と平和構築の解釈、そして当事者によってその解釈に照らし実態がどのように認識されるかを問う必要性があるとの考察に至ったものである。[55]

(3) ネパール

ネパールの事例を研究したD・B・スベディ(D. B. Subedi)は、個人的側面と構造的側面を検討することによって、政治的に不安定な状況や紛争から利益を得ようとする企業家(conflict profiteers)と、平和のイニシアティブを支援しようとする企業家(pro-peace entrepreneurs)とを区別している。[56] 個人的側面は個人の利益、動機、コミットメントであり、構造的側面は政治的不安定さ、治安の悪化、シャドー・エコノミーの存在などを指す。ネパールにおいてはイデオロギー、政治、民族分断などの紛争要因が民間部門にも反映しており、民間部門全体が同質なものではないというのがスベディの強調する点である。民間部門が平和に関心を持つかどうかは、二つの要素によるとする。一つは平和運動の多様化の度合いであり、もう一つは平和のコミュニティとビジネス・コミュニティが交流と意思疎通を続けるかどうかである。[57]

この事例では、平和に貢献する活動として、企業団体による民間部門と他の部門との対話の推進、啓発活動、訓練(紛争解決、コミュニケーション、CSRなど)、責任を果たす企業活動に関する話し合い、警察の能力強化のための協力、ローカルな紛争の仲裁等が特定されている。[58] 企業がコミュニティとの良好な関係を築くことが企業にとってのリスク回避にもなることが認識されており、企業は恵まれない子供たちに奨学金を支給する、地元の人々の雇用を優先する、寺院を建築するなどの活動を通じて地元の信頼を得ている。[59] 実際には行われていないながら、スベディが平和に貢献する潜在性を認めている活動として、社会的に分断されている人々を雇用によって結びつけること、公民連携(PPP)などがある。[60]

(4) ミンダナオ

ミンダナオの事例研究は、紛争中から和平プロセスが進展しつつある時期までの企業家とコミュニティの関係に注目している。[61] キリスト教徒が八〇パーセントを越えるフィリピンの中央政府と、イスラム教徒というアイデンティティをベースにした武装勢力との間の紛争において、企業家はそれぞれ武装勢力との距離を選択している。[62] その選択は、企業家がリスクと機会をどのように認識するかに基づいている。興味深いのは、紛争によるリスクを現地にいる企業家がどのように捉えるかは、外部から見た一般的認識とは異なるという点である。例えば、一九七二年に戒厳令が敷かれて戦闘が激しくなった時期においても、倒産を避けるために事業を継続した企業家は、空爆はあっても地域に直接的被害はなかったと記憶している。[63] 武装勢力の戦闘員は交替制で、任務にないときには企業の従業員として雇用され、経営者も戦闘員と知りながら雇用に問題はないと考えていた。その背景には、企業家が紛争をどのように理解していたかが関わっている。インタビューに答えた一企業家によれば、紛争は反政府運動ではなく、不正義に対する憤懣の表明であって、攻撃が文民に向けられることはなかった。さらに、武装勢力の基地の存在は治安をもたらしていたと説明する。なぜならば、問題が起これば警察や軍隊が介入するため、それを防ぐために武装勢力が努力していたという。[64]

この研究において唯一、平和構築を会社の目的として挙げているのは二〇一六年に設立された社会的企業である。平和構築に加えて、持続可能な開発を中核とするビジネス・モデルを標榜している。女性、先住民族、障害者などを支援するこの会社は、疎外されている人々を支援することによって、暴力的な過激主義を予防することを考えている。[65]

この研究では、ビジネスがコミュニティと良好な関係を築く方法として、雇用、特例としてコミュニティ・リーダーの雇用、基本的サービスの提供（井戸掘りなど）、どの武装勢力とも距離を保ち中立であることを特定している。[66] 戦闘員を特別視しないことが信頼関係の確立に大きな意味を持つと推定される。ある企業では、戦闘員は銃を持って出勤してきたが、それを特に禁止することはせず、時間をかけて彼らが他の従業員と同じであって銃を持ち歩く必要はないと納得させることにより、銃を携帯しないようにした経験がある。[67] ソーシャル・ビジネスの場合は目的が明確であるために、ＮＧＯや国際機関など外部アクターとの連携を作り上げ、また、支援対象者を他のコミュニティとつなぐ役割を果たし、これによって二つの異なるアイデンティティ集団間に平和的な関係を築いた例もある。[68] この研究はＢ４Ｐ研究においてビジネスが平和に貢献する一つの方法とされるコミュニティ形成の多様な実態を明らかにしたといえる。

(5)　ボスニア・ヘルツェゴビナ

現在、筆者が行っているボスニア・ヘルツェゴビナの研究はローカル企業を対象にしている。同国は和平合意から二五年以上経過しても、政治的にはボシュニアク（イスラム教徒）、セルビア系（セルビア正教）、クロアチア系（カトリック）の三民族の対立が継続している。制度上は国家が二つのエンティティ（ボスニア・ヘルツェゴビナ連邦とセルビア人共和国）と一つの特別区で構成されるが、近年この分断を越える経済的なネットワークの形成が見られる。例えば、手作りのニット製品を製造・販売する会社は、全国に広がる女性の契約製作者のネットワークを形成している。ラズベリー生産者の間には全国的な協会を設立し、独占に対抗する活動を行おうとする動きが存在したが、制度上、両エンティティをまたがる組織を登録する方法がなく、実現が難しくなっている。このイニシアティブの代表者は、政治的な妨害を受けていると述べていた。民族を越える連携の広がりは、政治的エリートにとって望ましくないためと考えられる。企業家のネットワーク形成の動きもあり、そのリーダーはそれぞれ異なる民族の三名の青年実業家である。若手起業家の全国ネットワーク形成を通じて、国の発展のために変化を起こすことを目的としている。メディアでの露出を増やし、国際機関の評価を受け、政治家が無視できない存在になろうとする一方で、政治には関わらないとする新しい取り組みである。[69]平和に反する政治的分断に対抗するこのようなネットワーキングは、これまでのＢ４Ｐ研究ではほとんど取り扱われてこなかった平和への貢献を示している。[70]ネットワーキングは企業の枠を越えるコミュニティ形成と考えることもできるが、集団間の和解を推進する活動として新たな分野と位置付けることもできる。

(6) コミュニティの平和を志向するビジネス

これまでのＢ４Ｐ研究は、事例によって得られた知見を比較検討する段階に達していなかった。ローカル・ビジネスを中心とした上記の五つの事例からは、Ｂ４Ｐ理論化の重要な示唆が得られると考えられる。まず、以前の先行研究で指摘されていなかった新たな活動として、紛争解決などの訓練を含むキャパシティ・ビルディングや啓発活動、地域へのコミットメント、政治的影響力を持ち得るネットワーキングが見出された。

キャパシティ・ビルディングは、ＳＤＧｓの目標17のターゲット17・9に発展途上国への国際的支援として示されている活動であるが、多国籍企業が紛争影響国で行うこの種の活動は、その範囲に含まれるであろう。キャパシティ・ビルディングの結果として、他の目標達成に貢献する可能性もある。啓発活動は、その内容によって目標16や人権推進、紛争解決などに効果を持ち得る。

次に地域へのコミットメントについては、企業がコミュニティの平和に貢献できる内容かどうかを問う必要がある。興味深いのは、五つの事例研究のいずれにおいてもコミュニティが一つの鍵となっていることである。商業を通じた平和の研究でも、企業を中心として外部に広がるコミュニティ形成が企業による平和への貢献の一つのあり方だと指摘されてきた。五つの事例研究では、企業がコミュニティとどのような関係をもつのかに関し、複数の民族の雇用、武装勢力の成員の雇用、コミュニティ・リーダーの雇用、複数の武装勢力に対して中立の位置を保持すること、インフラ整備などコミュニティのための活動の実施等、多様な関わりがあることが明らかになった。企業がコミュニティと、または武装勢力と、どの程度の距離を保ち、どのように関わるかは、紛争の原因、内容や状況によって異なるであろう。ネパールの研究では、平和に関わるコミュニティからの企業に対する働きかけが平和貢献の動機を促進することを示唆している。ミンダナオの研究では、治安が悪化しても一度始めた事業を閉鎖することが難しい場合が示され、また、コミュニティとの良好な関係が築かれた場合には、企業がコミュニティから守られる効果があることもわかる。この点についてはコロンビアの事例でも同様である。企業がＢＨＲの規範を遵守し、ＳＤＧｓの推進に繋がる活動を行ってコミュニティの発展に貢献すると、コミュニティからの信頼が構築され、平和にも貢献する可能性は高まる。

他方、ネパールの事例研究で示されたように、総じて政治的に不安定で治安が悪く、シャドー・エコノミーが広がる環境において、その状況に乗じて利益を得ようという動機があれば、企業は平和への貢献とは反対方向の活動、ＳＤＧｓの目標16達成を阻む行為を行うことになる。それによって企業の社会的評価が下がるとしても、状況に変化がなければ利益を得続けることを優先する可能性がある。企業がこのような方針をとる場合、ＢＨＲの規範に反し、ＳＤＧｓの推進にも貢献しないことになる。

第三にビジネス上のネットワーキングは、先述の通り一つのコミュニティ形成でもある。国家の政策が社会を分断する作用を持つ場合、新たな社会的結束が政治による分断を凌駕する可能性を有していることは、今後のＢ４Ｐ研究においても注視すべき点であろう。

加えて、カツォスとアルカファージの研究で初めて指摘された文化的影響にも留意する必要がある。それ以前の先行研究では企業の平和への貢献と考えられていたリスク評価が、イラクでは文化的・宗教的に適合しない可能性が指摘されている。

これまでの検討から、ビジネスが平和に貢献するためには、コミュニティとの関係を重視すべきことが明らかになった。ビジネスは、事業を行うコミュニティがＳＤＧｓを推進できる能力を高める役割を果たすことによって地域の平和に貢献し得る。その一つの方法は雇用であり、ＳＤＧｓの目標８、人権では働く権利に該当する。雇用の対象は戦闘員である場合も考えられ、この場合、戦闘員がコミュニティに対して害を及ぼさないことが条件となる。もう一つの方法は紛争解決の訓練などによるコミュニティの能力強化である。研修は教育の一環としてＳＤＧｓの目標４や教育を受ける権利に繋がるが、その内容によって様々な開発目標や人権と関連すると考えられる。さらに、ビジネス・ネットワーキングは、そのネットワークが平和に資する社会的結束の性質を持つ場合、平和への貢献と言えよう。社会的結束はＳＤＧｓの目標16と関連するが、ネットワークによりもたらされる効果はＳＤＧｓの様々な目標および人権の実現にも影響すると考えられる。したがって、ビジネスの平和への貢献をＳＤＧｓの観点から見るならば、目標16、17、そして目標８を入り口として、特にコミュニティ内で他の目標を推進する貢献が考えられる。逆に、ビジネスの平和への貢献をＢＨＲの規範に照らし、またＳＤＧｓへの直接・間接の貢献から評価することも検討できる。

おわりに

本稿では、ＢＨＲを取り入れながら発展しているＢ４Ｐ研究の動向を、Ｂ４Ｐ研究に対する批判を含めて見直した。さらに、近年の事例研究を比較検討することで、特に企業とコミュニティの関係がＢ４Ｐにとって重要な視点であることを明らかにした。ビジネスは雇用やキャパシティ・ビルディングを通じて、事業を実施しているコミュニティがＳＤＧｓ達成に向けて行動する能力を高めることが可能であり、それによって平和に貢献し得る。また、ビジネス・ネットワーキングも、形成されるコミュニティの性質によっては平和に貢献し得る。従って、B４PにBHRとSDGsを組み込み、人権に基づく平和と開発の枠組として形成していくことには大きな意義がある。

本稿ではSDGsが企業の平和への貢献を検討する際に一つの指標になるという立場をとった。そのSDGsの中で目標16は平和の目標とされるが、これに関して、法の支配と人権の安全保障化（securitization）を顕著に示すものだとの重要な指摘がある。(71) リオラ・ラザルス（Liora Lazarus）によれば、この傾向は二〇〇〇年のブラヒミ報告書から始まっている。一九九〇年代の国連平和維持を含む国連の平和と安全保障に関する活動を見直したブラヒミ報告書は、その後の国連平和活動に大きな影響を与えた。(72) 以来、安全保障に結び付けた法の支配は、数多くの国連の報告書で主流化していることが指摘される。ラザルスが問題とするのは、法の支配が脆弱国における国家権力の拡大と犯罪抑止という強制力に焦点を当てるものとなっていることである。(73) 国家権力が反体制勢力をテロリストとみなして抑圧するとしたら、名目上の法の支配は社会を平和にする方向に向かわせることはできない。第三節で指摘したように、ビジネスの平和への貢献は目標16に限定されるものではなく、むしろ他のSDGsの達成に近づくような貢献をコミュニティに対して行うことが期待される。

最後に今後の課題を再確認したい。本稿で検討した最近の事例研究は、コミュニティ・レベルでのB４Pの重要性と可能性を示しているが、そこに国家との関わりはほとんど現れていない。例えばミャンマー国軍との取引はクーデター後の国家権力の強化に直結するため、企業の採るべき選択に難問を突き付けており、BHRのデュー・デリジェンスは十分なガイダンスを提供していない。B４P研究は、今後このような事態における民間部門の行動についても検討していくことが求められる。また、多様な文脈におけるB４Pの可能性を理解するために、さらなる事例研究の蓄積が必要である。

（1） UN Global Compact Office, "Business for Peace" (June 2015).

（2） 例えば Jason Miklian, Rina M. Alluri and John E. Katsos, "What's old is new again," in Jason Miklian, Rina M. Alluri and John E. Katsos, eds, *Business, Peacebuilding and Sustainable Development* (Routledge, 2019), pp. xxiii–xxiv; John E. Katsos, "Business, Human Rights and Peace: Linking the Academic Conversation," *Business and Human Rights Journal* (2020), pp. 1–20.

（3） 平和と安全保障をSDGsに加えるか否かについては、主に二つの理由から長い論争があったと言われる。一つは開発が「安全保障化（securitization）」されるのではないかという一部の発展途上国の懸念である。安全保障化は西側ドナーの開発援助に対する条件付けにつながるものと考えられた。もう一つは、平和と安全保障をSDGsに加えることによって、政府開発援助（ODA）が紛争影響国に向けられることを中所得国が恐れたことである。Alexandra Ivanovic, Hannah Cooper and Athena M. Nguyen, "Institutionalisation of SDG16: More a trickle than a cascade?," *Social Alternatives*, 37-1 (2018), pp. 49–57.

（4） Lou Pingeot, "In Whose Interest? The UN's Strategic Rapprochement with Business in the Sustainable Development

Agenda," *Globalization*, 13-2 (2016), pp. 188–202. ピンジョーは、国連事務局と企業家との接近について、総会がこれを監視できない問題を指摘している。グローバル・コンパクトは通常予算外の資金で運営されているため、加盟国の意図が必ずしも反映されない。一九四頁参照。

（5）Philip Alston, "Ships Passing in the Night: The Current State of the Human Rights and Development Debate Seen through the Lens of the Millennium Development Goals," *Human Rights Quarterly* (2005), pp. 755–829. しかし、後述するように、人権、またＢＨＲの規範は必ずしもＳＤＧｓの取組みにおいて考慮されていない、または回避されている可能性があることに留意する必要がある。

（6）*Joint Statement of the Chairpersons of the UN Human Rights Treaty Bodies on the Post-2015 Development Agenda*, U.N. OHCHR (18 January 2015).

（7）Nicola Jägers, "Sustainable Development Goals and the Business and Human Rights Discourse: Ships Passing in the Night?," *Human Rights Quarterly*, 42 (2020), pp. 145–173. 同論文によれば、二〇一六年から二〇一七年の二年間だけで三三回の言及が確認されている（p. 153）。

（8）Timothy L. Fort, "Peace Through Commerce: A Multisectoral Approach," *Journal of Business Ethics*, 89 (2010), pp. 347–350.

（9）Jennifer Oetzel, Michelle Westermann-Behaylo, Charles Koerber, Timothy L. Fort, and Jorge Rivera, "Business and Peace: Sketching the Terrain," *Journal of Business Ethics*, 89 (2010), pp. 351–373, p. 353. この五分野は多くの研究者が言及するものの、五番目の紛争に配慮した実践とリスク評価に触れない研究者もいる。

（10）*Ibid.*, pp. 362–364.

（11）*Ibid.*, pp. 364–365.

（12）*Ibid.*, pp. 365–366.

（13）*Ibid.*, pp. 366–367.

（14）*Ibid.*, pp. 367–368.

（15）Jane Nelson, *The Business of Peace: The Private Sector as a Partner in Conflict Prevention and Resolution* (International Alert, Council of Economic Priorities, The Prince of Wales Business Leaders Forum, 2000).

（16）ＰＲＩＯでＢ４Ｐ研究を牽引しているのがジェイソン・ミクリアン（Jason Miklian）である。

（17）Jennifer Oetzel and Jason Miklian, "Multinational Enterprises, Risk Management, and the Business and Economics of Peace," *Multinational Business Review*, 25-4 (2017).

（18）Brian Ganson, "Business and Peace: A Need for New Questions and Systems Perspectives," in Miklian et al., *op. cit.*, pp. 7–9.

（19）United Nations, Guiding Principles on Business and Human Rights: Implementing the United Nations "Protect, Respect and Remedy" Framework, HR/PUB/11/04, 2011.

（20）*Ibid.*, Principle 13.

（21）*Ibid.*, Principle 14.

（22）Ganson, *op. cit.*, pp. 8–12.

（23）Jolyon Ford, "Beyond Rhetoric or Reactivity on SDG 16," in Miklian et al., *op. cit.*, p. 85.

（24）例えば次を参照。Andreas Georg Scherer and Guido Palazzo, "The New Political Role of Business in a Globalized World: A Review of a New Perspective on CSR and its Implications for the Firm, Governance, and Democracy," *Journal of Management Studies*, 48-4 (2011), pp. 899–931; Jedrzej George Frynas and Siân Stephens, "Political Corporate Social Responsibility: Reviewing Theories and Setting New Agendas," *International Journal of Management Reviews*, 17 (2015), pp. 483–509.

（25）Ganson, *op. cit.*, p. 12.

（26）Ford, *op. cit.*, p. 86.

（27）*Ibid.*, pp. 88–89. この批判は、大手多国籍企業を念頭に置き、外資系中小企業やローカルな企業も平和構築のエージェントとなり得ることを考慮していないと考えられる。

（28）例えば次を参照。Oliver P. Richmond, "The Problem of Peace: Understanding the 'Liberal Peace'", *Conflict, Security & Development*, 6-3 (2006), pp. 291–314.

（29）例えば次を参照。Florian Wettstein and Judith Shrempf-Stirling, "Business, Peace, and Human Rights: A Political Responsibility Perspective," in Miklian et al., *op. cit.*, pp. 27–43; Jason Miklian, "Contextualising and Theorising Economic Development, Local Business and Ethnic Cleansing in Myanmar, " *Conflict, Security & Development*, 19-1, (2019), pp. 55–78.

（30）例えば次を参照。Karen Ballentine and Heiko Nitzschke, "The Political Economy of Civil War and Conflict Transformation," *Berghof Research Center for Constructive Conflict Management*, 3 (2005); Michael L. Ross, "What Do We Know About Natural Resources and Civil War?," *Journal of Peace Research*, 41-3 (2004), pp. 337–356.

（31）Ford, *op. cit.*, pp. 96–97.

（32）Miklian, et al., *op. cit.*, p. xxiv.

（33）John E. Katsos and Yass AlKafaji, "Business in War Zones: How Companies Promote Peace in Iraq," *Journal of Business Ethics*, 155 (2019), p. 51.

（34）Karin Buhmann, Jonas Jonsson and Mette Fisker, "Do No Harm and Do More Good Too: Connecting the SDGs with Business and Human Rights and Political CSR Theory," *Corporate Governance*, 19-3 (2019), pp. 389–403.

（35）Mark B. Taylor, "Human Rights Due Diligence in Theory and Practice," in Surya Deva and David Birchall, eds, *Research Handbook on Human Rights and Business* (Edward Elgar Publishing Limited, 2020), pp. 103–104.

（36）*Ibid.*, p. 104.

（37）*Ibid.*, pp. 104–105.

（38）Katsos and Alkafaji, *op. cit.*, p. 52.

（39）Jägers, *op. cit.*

（40）Katsos and Alkafaji, *op. cit.* 二〇一九年の論文であるが、オンラインの発表が二〇一七年、調査は二〇一五年末から二〇一六年にかけて行われている。企業家、国際機関、政府関係者合計四五人をインタビューしている。

（41）Katsos and Alkafaji, *op. cit.*

（42）*Ibid.*, pp. 46–48.

（43）*Ibid.*, pp. 48–49.

（44）*Ibid.*, p. 49.

（45）*Ibid.*, pp. 49–51.

（46）*Ibid.*, p. 50.

（47）*Ibid.*, p. 50.

（48）*Ibid.*, p. 51.

（49）*Ibid.*, p. 51.

（50）Jason Miklian and Juan Pablo Medina Bickel, "Theorizing Business and Local Peacebuilding Through the 'Footprints of Peace' Coffee Project in Rural Colombia," *Business & Society*, 59-4 (2020), pp. 676–715.

（51）*Ibid.*, p. 678.

（52）*Ibid.*, pp. 689–690.

（53）*Ibid.*, p. 698.

（54）*Ibid.*, pp. 697–700.

（55）*Ibid.*, pp. 700–703.
（56）D. B. Subedi, "Pro-Peace Entrepreneurs' or 'Conflict Profiteer'? Critical Perspective on the Private Sector and Peacebuilding in Nepal," *Peace & Change*, 38-2 (2013), pp. 181–206, pp. 183–184. この研究では四〇人の企業家のほかに、一五人の政府関係者、一五人の市民社会および政党関係者をインタビューしている。
（57）*Ibid.*, pp. 190–191.
（58）*Ibid.*, pp. 194–196.
（59）*Ibid.*, pp. 196–197.
（60）*Ibid.*, pp. 197–198.
（61）Harmond Pedrosa Marte and Mari Katayanagi, "Private Sector Involvement in Bangsamoro Peace Agenda," *Hiroshima Peace Science*, 42 (2020), pp. 81–101. この研究はより大きな研究の一部であり、四人の企業家のインタビューを中心にしている。
（62）外務省フィリピン共和国基礎データによればキリスト教徒が八三パーセントである。フィリピン基礎データ｜外務省（mofa.go.jp）（二〇二二年七月一六日最終閲覧）
（63）*Ibid.*, p. 89.
（64）*Ibid.*, p. 90.
（65）*Ibid.*, pp. 92–94.
（66）*Ibid.*, pp. 94–97.
（67）*Ibid.*, p. 95.
（68）*Ibid.*, pp. 97–98.
（69）片柳真理「平和のためのビジネス（Ｂ４Ｐ）理論の批判的考察――クロアチアおよびボスニア・ヘルツェゴビナの事例をもとに――」『国際開発学会第31回全国大会　大会報告論文集Ｎｏ．１　Ａ１～Ｆ３』二〇二〇年、一一一―一一五頁。
（70）同業者のネットワークではなく、一つの事業の関係者がつながるネットワークが民族を越える関係性を形成するというスリランカの研究事例がある。Amina Yoosuf and S. P. Premaratne, "Building Sustainable Peace through Business Linkages among Micro-Entrepreneurs: Case Studies of Micro-Enterprises in the North of Sri Lanka," *Journal of Peacebuilding & Development*, 12-1 (2017), pp. 34–38.
（71）Liora Lazarus, "Securitizing Sustainable Development? The Coercive Sting in SDG 16," in Markus Kaltenborn, Markus Krajewski, and Hike Kuhn, eds, *Sustainable Development Goals and Human Rights* (Springer 2020), pp. 155–169.
（72）Report of the Panel on United Nations Peace Operations, A/55/305–S/2000/809, 21 August 2000.
（73）Lazarus, *op. cit.*, p. 162.

〔付記〕本稿はＪＳＰＳ科研費JP19K01526の研究成果の一部である。貴重なコメントを頂いた二名の匿名の査読者に感謝申し上げる。

（かたやなぎ　まり　広島大学）

日本国際政治学会編『国際政治』第208号「ＳＤＧｓとグローバル・ガバナンス」（二〇二三年一月）

人身取引と女性の安全保障からみる買春問題、およびスウェーデンの買春禁止法の影響と課題

真島　啓

はじめに

　ＳＤＧｓの開発目標「ジェンダー平等を実現しよう」は九つのターゲットからなる。（1）本論文は「あらゆる場所におけるすべての女性および女子に対するあらゆる形態の差別を撤廃する」「人身売買や性的、その他の種類の搾取など、すべての女性および女子に対する、公共・私的空間におけるあらゆる形態の暴力を排除する」という視点を特に重視し、買春の問題を扱う。

　男女の賃金格差や、アンペイドワークが女性に偏って押し付けられる慣習など、社会には女性に対するさまざまな構造的暴力が存在している。ＳＤＧｓの開発目標は、これら女性への構造的暴力をひとつひとつ排除する必要性を提唱する。なぜなら、構造的暴力によって女性は貧困や差別などの長期的・慢性的な苦しみを受け、さらに特に立場の弱い女性は暴力や搾取に晒されるからだ。

　人身取引は、国連に世界三大犯罪に指定される深刻な国際犯罪であり、二〇〇〇年に採択された「国際的な組織犯罪の防止に関する国際連合条約を補足する人（特に女性及び児童）の取引を防止し、抑止し及び処罰するための議定書」（以下、議定書）によって明確に禁じられている。人身取引研究は二一世紀に入り集中的に進んだ分野であり、（2）法学・社会学・国際関係論などの分野で行われてきたが、研究領域の難しさからいまだに多くなく、特に日本語文献は乏しい。国際関係論においては、非伝統的安全保障と人間の安全保障という二つの位相で捉えられてきた。（3）本論文では「誰も取り残さない」というＳＤＧｓの基本理念に沿って、人間の安全保障の観点か

らこの問題を扱う。さらに、ティックナー（Tickner）らが牽引してきたフェミニスト国際政治・ジェンダー国際関係論の視座を参考にしたい。[4][5]これは英語圏を中心に一九九〇年代から発展した分野であり「人間の安全保障」さらには「女性の安全保障」の概念の再考に力を入れてきた。林の解説によると以下のとおりである。

一九九四年の同報告書は、[6]「男性に保障される安全や平等が、女性にも同様に保障される社会はない。個人的な安全に対する脅威は、生涯彼女たちにつきまとう」（UN Development Program 1994）と記している。そこには、女性と男性とは異なった形で脅威を経験するがゆえに、それぞれの異なる脅威（女性の場合であれば、女性に対する直接的暴力や構造的暴力）から安全を保障するには異なる対応策が必要だという含意がある。人間の安全保障に関するジェンダー間の格差こそがフェミニスト研究者たちが注視する問題であり、「人間の安全を保障するとは、いったい誰の安全をどのような脅威から守ることを意味するのか」という問いがフェミニズムから探る人間の安全保障論の中核にある。[7]

筆者は本論文で、買春に関する規範形成の重要性を訴えているが、国際社会の規範が社会や個人に重大な影響を与えると考える点でコンストラクティビズム（社会構成主義）の視点も念頭に置いている。ビルギット（Birgit）は、構成主義者とフェミニストは、規範、規則、アイデンティティ、制度といった概念を中心とした共通の研究対象を持つことを指摘している。[8]

女性の人身取引においては、セックス・トラフィッキングは大半を占める。UNODCの二〇二〇年の報告書によれば、[9]二〇一八年に一一五カ国で検出された被害者のうち、五〇％がセックス・トラフィッキングの被害者であり、その内の九二％が女性・女児である。また、一〇六カ国で検出された人身取引の女性被害者の七七％、女児被害者の七二％がセックス・トラフィッキングの被害者である。欧州委員会によると、二〇一七年から二〇一八年の間にEU加盟二七カ国において一万四一四五人の人身取引被害者が登録され、[10]六〇％がセックストラフィッキングであった。被害者の七二％は女性であり、女性被害者の九二％がセックストラフィッキングにより搾取されている。被害者全体の四九％がEU市民であり、登録された被害者数が最も多かったのは、フランス、イタリア、オランダ、ドイツ、ルーマニアである。さらに、被害者の二二％は子どもであり、そのうち七四％がEU市民である。子どもの被害者の六四％がセックストラフィッキングの被害者であった。なお、子どもの被害者全体の七八％が女児で、EU以外の国籍を持つ子どもの被害者に限定すると、ほぼ四分の三（六九％）が女児である。

人身取引は国際犯罪であるためその対策には地域協力が不可欠であり、欧州連合はその好例と言える。羽場は、EUが反トラフィッキングの地域的な制度作りのために、人権・女性の権利、反暴力、ジェンダーの平等、反奴隷という四つの規範を重視していること、さらに実行に際して国際レベル、地域レベル、国家レベルの連携を重視していることを指摘している[11]。ビルギットはコンストラクティビズムの観点から、EUの反トラフィッキングの規範形成の研究を行っている[12]。欧州では、冷戦構造の崩壊と経済のグローバル化の進展に伴い一九九〇年代から西欧諸国における人身取引が増加した。さらに欧州連合の東方拡大により人の移動が激増する中で人身取引が一層蔓延していった[13]。欧州では、国連の議定書が採択されるより早くから人身取引の問題意識の共有とその対策への努力があったが、その背景をビルギットは、コンストラクティビズムの考え方が出てくることによって規範重視の視点が機能しはじめたことが重要であったと指摘している[14]。

セックス・トラフィッキングの主な行為主体は、トラフィッカー（人身取引業者）、被害者（多くが女性）、買春者である。被害者はトラフィッカーによる搾取や暴力を受け、さらに買春者によって性暴力を受ける。多くの国で犯罪者と被害者に重点を置く政策が重視される一方で、需要の抑制へのアプローチは十分ではない[15]。

林は、フェミニズムの視点から人間の安全保障を再考する際に「意思決定過程におけるジェンダー不平等」[16]と「行為主体としての女性」への着目が重要であると指摘しているが、筆者はセックス・トラフィッキング研究には上記に加えて「行為主体としての男性」の分析も重要であると考える。フェミニズム研究は、これまで重視されなかった女性の主体性に光を当て、既存の枠組みや分析を問い直してきたが、性売買の議論において売る側の女性の主体性に着目することは、買う側である男性の問題を透明化する側面がある。男性は様々な意思決定の行為主体として権力を独占してきたが、こと性売買に関連する問題では売春側に焦点を当てられることが多く[17]、男性は行為主体として注目されぬよう沈黙を貫いてきた。ジェンダー国際関係論は「女性の不在」を問うところから始まったが、この問題においては「男性の不在」こそ問われる必要がある。女性のエンパワーメントのためにも性的搾取や性暴力、そして性売買に関する議論は重要であるが、行為主体としての男性に着目し問題を指摘することは、これまでどの分野においてもタブー視されてきたのではないだろうか。女性への傾聴を重視するにとどまらず、これまで男性が沈黙してきたことについて、彼らに語らせ責任を持たせることも重要なフェミニズム研究であるだろう。これは国際関係論に限らずあらゆる分野で、今後ますます重要な視点である。

これまで学術の場であまり論じられてこなかった買春の問題を扱う本論文は、国際関係論やフェミニズムなど既存の枠組みからはみ出る、挑戦的な問題提起を行っている。人間の安全保障という概念を構築する中でジェンダー国際関係論が重視してきた「誰の安全をどのような脅威から守ることを意味するのか」[18]という問いは重要であり、特に女性の安全保障を構築するためには、何が女性にとっての脅威であるかを検討する必要がある。性売買に女性の脅威が潜んでいることは明らかであるが、本論文ではさらに踏み込んで「買春が女性にとって脅威であるか」という問いに着手したい。ティックナーによると、フェミニストの観点からは、問われる問い、さらには、問われない問いが、発見できる答えと同様にプロジェクトの妥当性を決定する。[19] 女性の脅威としての買春に着目すること自体に意義があり、買春禁止政策の妥当性を論じることでセックス・トラフィッキングの防止と女性の安全保障の強化につながるのであれば、これは国際政治学における重要なプロジェクトであると確信する。本論文では、一章で買春問題をセックス・トラフィッキング防止の観点から指摘するとともに、女性への差別と暴力という視点から捉え直す。続く二章ではスウェーデンの事例研究を行い、この二つの観点から買春禁止法が与えた影響について調査・分析を行う。

本論文における人身取引の定義は、議定書の規定するものを使用することとし、その内容は以下の通りである。

> (a)「人身取引」とは、搾取の目的で、暴力その他の形態の強制力による脅迫若しくはその行使、誘拐、詐欺、欺もう、権力の乱用若しくはぜい弱な立場に乗ずること又は他の者を支配下に置く者の同意を得る目的で行われる金銭若しくは利益の授受の手段を用いて、人を獲得し、輸送し、引き渡し、蔵匿し、又は収受することをいう。搾取には、少なくとも、他の者を売春させて搾取することその他の形態の性的搾取、強制的な労働若しくは役務の提供、奴隷化若しくはこれに類する行為、隷属又は臓器の摘出を含める。(b)(a)に規定する手段が用いられた場合には、人身取引の被害者が(a)に規定する搾取について同意しているか否かを問わない。(c)搾取の目的で児童を獲得し、輸送し、引き渡し、蔵匿し、又は収受することは、(a)に規定するいずれの手段が用いられない場合であっても、人身取引とみなされる。(d)「児童」とは、十八歳未満のすべての者をいう。[20]

右記の「他の者を売春させて搾取することその他の形態の性的搾取」はセックス・トラフィッキングと同義である。同議定書によって人身取引の世界共通の認識に基づく問題意識がうまれたが、人身取引は脅迫、搾取の形態、リクルートの方法や移動の手段に至るまで様々なバリエーションがあり、[21] 正確な定義付けが困難であるため、概念をめぐる議論は絶えず存在している。[22]

また、論文中で使用する「買春」「性産業」「セックスワーカー」といった言葉の定義についても触れておく。これらの言葉が指す具体的な内容が、文脈によって使い分けられる特性を持つためである。本文中の「買春」とは、性的サービスを購入する行為を指す。性的サービスとは、性行為だけでなく性的類似行為を含める。「性産業」は、性的サービスが売買されるマーケット全体を指す。「セックスワーカー」は、性的搾取・性暴力を受けない性的サービスの提供者という意味で使用するが、この言葉のイデオロギーについては注意深く検討されなければならない。これについては本論の中で触れる。

一　買春禁止の妥当性

(1)　先行研究

筆者は買春問題を、人身取引と女性の安全保障の観点から指摘する。従来の人身取引研究で買春に着目した研究は、特に日本語文献では乏しいが、買春がセックス・トラフィッキングの需要であることを指摘する先行研究は少なくない。吉田は人身取引の要因について、送り出し国側のプッシュ要因と受け入れ国側のプル要因の双方へのアプローチの重要性を指摘しているが[23]、買春者の存在はプル要因に該当する。中村は、ジェンダー理論やナショナリズム理論を用いて、セックス・トラフィッキングが男性による女性差別、外国人差別、さらに富者の貧者に対する差別意識から生ずると分析しており、買春者に人身取引を犯罪として認識する意識や、差別の自覚を促す必要があると述べている[24]。山田や羽場も同様に、人身取引対策の視点から先進国は需要への取り組みを強化すべきであると指摘している[25]。

さらに、買春の問題は人身取引の需要となるのみならず、女性への暴力と捉えられるとファーリー（Farley）は指摘する[26]。デンプシー（Dempsey）は、法学の観点から買春禁止アプローチの妥当性を主張しており[27]、フェミニズムの視座を取り入れながらも、害悪アプローチによる分析を行っている。また、売買春関連法とセックス・トラフィッキングの関連性について、実態調査と経済学的分析を行ったチョウら（Cho, et al.）の貴重な定量的研究[28]を参考にした。

以上の先行研究から、買春に問題があることはいくつかの先行研究で指摘されているものの、買春問題についての踏み込んだ議論は乏しい。したがって筆者はこれらを踏まえて、買春を禁止する妥当性を明らかにしていく。

(2)　セックス・トラフィッキングに関連する買春問題

性産業には、買春者、性産業従事者（売春者）、仲介者が関わる。仲介者は、性産業の斡旋や運営などの業務を行うものの総称とする。性産業従事者は、セックスワーカーや人身取引被害者など、性的サービスを提供する者全てを指す。性産業は莫大な利益をあげていると言われており[29]、買春者が支払う金銭は性産業従事者だけでなく、仲介業者の利益にもなっている。仲介業者は従事者から金銭を要求することもある。性産業とは女性の体を使って仲介者が儲かるシステムであり、儲けているのは産業を運営する組織である。それらの組織が暴力団やマフィアである可能性についても、すでに広く知られているはずである。買春はこのような産業を支えているという事実から目を背けてはならない。

セックス・トラフィッキングに関わる一つめの買春の問題は、その需要を生み出すことである。性産業を隠れ蓑にして蔓延するトラフィッキングの構造を図1に示す。性産業従事者の中には国内のトラフィッキング被害者や、A国やB国などから移動させられた被害者が紛れ込んでいる。トラフィッカーは彼女たちを国内外から移動させ、仲介業者に売り渡す。トラフィッカーが直接仲介業を行う場合もある。被害者たちは、騙され、脅され、家族の借金の肩代わりや

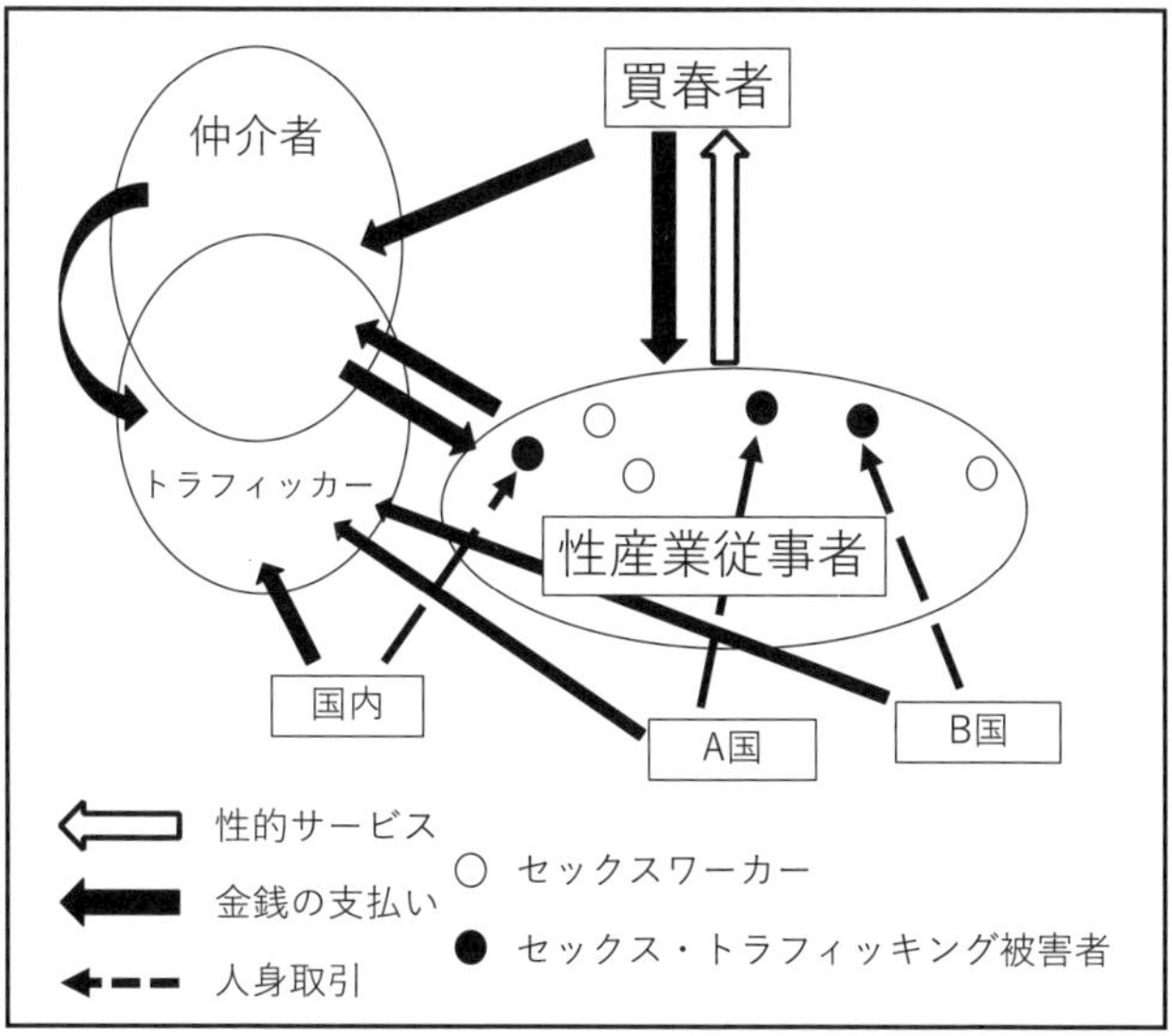

図１　性産業と人身取引の図（筆者作成）

偽の借金を背負わされるなどして、性産業に従事させられ、性暴力を受けながら搾取されている[30]。買春者の支払う金銭は、トラフィッカーの資金源になっている。

二つ目の問題は、トラフィッキング被害者の買春である。この場合は「性的サービスの購入」ではなく、彼女たちへの性暴力と理解されるのが正しい。多くの場合買春者はセックスワーカーと被害者を区別できないと考えるのが妥当であるため[31]、被害者への暴力の可能性は、全ての買春から排除することができない。デンプシーは法学の観点から、この危険性を根拠に買春を危険行為とみなし法的に取り締まる正当性があると主張している[32]。

(3)　女性の安全保障の観点から捉え直す買春

買春問題は、前項で指摘した人身取引問題との関連に限られるものではなく、買春が女性差別によって肯定され、女性の身体的・精神的な健康と安全を脅かし続けているという点でも問題である。女性に対する暴力と差別の視点から買春という行為を捉え直すことは、女性の安全保障を考える上で重要であるが、全ての買春を暴力と捉えるべきか、それとも暴力を伴わない買春が存在すると考えるべきか、という問いは買春問題を考える上で大きな争点となる。

売春を多様な職業の一つと捉えるセックスワーク論は近年ますます注目されているが[33]、この理論の前提には暴力を伴わない買春の存在の肯定がある。買春自体に暴力性はなく、人身取引のような違法行為によって性産業従事者を調達・搾取することが問題であると考えるため、強制と搾取に対する取り組みを重視するが買春は否定せず、労働環境などの改善と性産業の維持を目指している。

筆者は買春を、人身取引との関わりだけでなく、女性差別を助長する行動であると捉え、規制を支持する立場である。性行為は、妊娠・出産という女性の身体的リスクを伴う生殖行為であり、他の性的サービスに関しても感染症などのリスクが大いにある。このような身体侵襲性が高いサービスを売買可能な商品とすることは認められるだろうか。また、性産業に従事することで深刻なＰＴＳＤ（心的外傷後ストレス障害）を発症するリスクについても世界中で報告されている。[34] これらは女性の安全と健康を軽視しない限り無視できない深刻な問題であるが、回避する手段は現在のところ確立していない。想定される身体的・精神的リスクが著しく女性に偏っている事実があり、そのリスクを回避する手段がない現状で、その全ての不利益を性産業従事者の「主体性」や「自己責任」に押し込めることはできない。特に男女の賃金格差の解消も男女平等社会の実現も達成されていない社会では、たとえ女性が報酬に甘んじてリスクの高い職業を選ぶとしても、「個人の判断」や「自己責任」で済ませてはならない女性への構造的暴力の問題である。筆者は暴力とはみなされない買春が存在する可能性について懐疑的な立場であるが、国際的にコンセンサスの取れた立場が確立していないことは考慮すべきであり、この議論に決着をつけることは本論文の範疇を超えるため筆者の考えを述べるにとどまる。

少なくとも買春は、セックス・トラフィッキング問題に関連しており、女性への暴力の可能性を排除できない危険な行為である。いずれも買春行為への対処を必要とする根拠であるが、それにも関わらず多くの国で買春は容認されており、このこと自体が女性の安全や尊厳を軽視している証左である。買春に寛容な国や社会はこのような女性差別を温存する態度を改めるべきである。

(4) 買春禁止政策以外の可能性

筆者はセックス・トラフィッキングに関連する買春問題と、女性の安全保障の脅威としての買春問題を指摘しており、その対処として買春禁止政策を支持しているが、買春問題へのアプローチとして、禁止政策などの買春規制以外の方法で人身取引を抑制し、買春行為を減らすことは可能だろうか。売春禁止は人身取引被害者を、助けを求められない状況へと追い込んでしまうため近年では不適切な処罰として認識されており、[35] 斡旋禁止に関しては、斡旋業者やブローカーの手口が巧妙化しているため取り締まりが難しい。

トラフィッキング受け入れ国の中には、ドイツやオランダのようにセックスワークを合法化した国もある。合法化は買春者に合法的な性的サービスの利用を促し、その結果としてトラフィッキングの需要が持続しなくなることが期待されたが、実際にそのような変化は起こらなかった。チョウらの研究によると、合法化した国では「違法な産業が合法の産業に代替される効果」よりも「産業の規模が大きくなる効果」が勝り、その結果、性産業の拡大に伴い人身取引被害者の流入増加と買春行為の増加が明らかになっている。[36] 欧州委員会の報告においてもドイツとオランダは被害者の数が多いと指摘されている。[37]

また、非犯罪化は現在アムネスティ・インターナショナルが支持するモデルであることで注目を集めている。非犯罪化を支持する主な論点は、暴力を減らし、より一貫したコンドームの使用を可能にすることによってＨＩＶやその他の性感染症を減らし、売春者に警察の保護を提供し、スティグマを減らし、売り手に病気休暇や労災などの雇用利益を与えることができ、性を売ることを選ぶ権利を実現することができる、というものである。しかし、期待に反して非犯罪化・合法化は、一様に安全な環境、セックスワーカーの組合の成功、脱スティグマ化、人身取引被害者の減少、売春者の満足度の大幅な上昇をもたらすものではなかった。[38]

なぜ合法化・非犯罪化による代替効果が期待通りでなかったのか。この問いについて、以下の買春の動機に関する研究も役立つと考える。[39] ワイツァー（Weitzer）が行った二〇〇五年の国際調査によると、買春の動機の中には「特定の身体的特徴（人種やトランスジェンダーなど）を持つ相手との性体験への欲求」「多様な性的体験への欲求」があげられている。アンダーソンとダビッドソン（Anderson, Davidson）によれば、買春者の七五％が二五歳以下を好み、二二％が一八歳以下を好む。[40] また、ハグステッドらは人身取引被害者の買春につながりやすい個人的要因として、「年齢や人種にこだわる姿勢」「女性と再会するリスクの低減を望むこと」「人身取引に関する知識の欠如」などをあげている。[41] 特定の身体的特徴を持つ女性や若い女性への性的欲求を動機とする買春は、人身取引被害者の買春につながりやすい。買春者は明示的に人身取引された女性を好むわけではなくても、暗黙のうちに好む可能性がある。例えば、低価格の買春や外国人の買春などを好むことで、被害者の買春の可能性が高まる。さらに、多くの買春者は毎回異なる女性の買春を好むが、これは頻繁な女性の入れ替えにつながり人身取引のリスクを高める。買春者の好みの多くが、人身取引の指標にもなりうるということは大きな問題である。また、買春者の多くが人身取引に関して無知であり、女性への性暴力に無関心であり、さらに彼らは性的サービスを受けたいという気持ちが強いため、目の前にいる女性は被害者であってほしくないという強い願望を持っており、これらは判断を鈍らせる危険性がある。加えて、避妊をしない性行為などのよりリスクの高い性的サービスの提供を求める買春者は多く、立場の弱い女性はこのような交渉に応じてしまう危険性がある。[42] このように、合法化や非犯罪化は買春者の好みや、無責任な姿勢と行動などを有効に制御できていない。

二　スウェーデンの買春禁止法

(1) スウェーデンの買春禁止法について

スウェーデンは一九九九年に世界で初めて買春禁止法を導入した。同法は、買春者を取り締まることにより性産業の縮小を狙っており、違反者への処罰は罰金刑と懲役刑である。[43] この法が国内の買春行為にのみ適用されることはたびたび批難されており、国外買春への適用についても議論されている。[44] 一九九八年に可決された同法案は、性産業が人身取引の原因のひとつであるとの認識が明記されていることからも、国内の人身取引防止策としても機能することが期待されている。さらに、同法案が「道徳、品位、公序良俗に反する犯罪」ではなく「性の不平等」のカテゴリーに位置付けられたことは特筆すべきである。[45] スウェーデンでは買春は女性と子どもに対する男性の暴力の一形態であると公式に認められており、[46] 男性が女性に暴力をふるうことは男女平等社会を目指す上で許されるものではないと記載されている。また、児童の性的虐待と売春には強い関連性があることも強調されている。スウェーデンは、男女平等社会の実現に向け高い意識を持って取り組むフェミニスト国家であり、その特色は法案にも反映されている。

(2) 買春禁止法の影響

a 国内の人身取引に与えた影響

買春は、それが合法の場所で最も多く、違法なところで最も少ない。[47] また、人身取引は性産業が合法の場所で最も多く、違法の場所ではより少ないことが明らかにされていることから、[48] 性産業市場の縮小は、人身取引市場に影響を与えると考えられる。スウェーデンでは性産業市場は縮小したのだろうか。買春禁止法導入前後の状況を比較するためにしばしば利用される全国の人口調査では、一九九六年には「買春したことがある」と答えた男性は一二・七％であったのに対し、二〇〇八年には七・六％にまで減少している。[49] これは、スウェーデンにおける性産業市場の縮小を意味する。さらに、同法により警察のリソースが確保され捜査が増えたことで、人身取引業者は被害者を頻繁に移動させるための複数の建物を用意し、携帯電話を頻繁に変更する必要に迫られた。[50] このことは警察による電話傍受、性産業従事者の証言、バルト三国の警察の報告書などの予備調査で裏付けられており、国家犯罪捜査局の電話傍受によると、人身取引業者はスウェーデンの性産業市場に対し、需要の減少とコストの増大の面で失望していることが明らかになっている。[51] ハグステッドらは、同国内の買春価格が上昇することで、さらなる需要の抑制につながると述べている。[52]

一方で、「スウェーデンでは買春禁止法の結果として売春が地下に潜り、暴力が増加し、売春者がより危険になった」という指摘は、同法の失敗として取り上げられる典型的な意見であるが、この主張を裏付ける証拠はなく、スウェーデン警察によって公式に否定されている。路上売春者が減少し、オンラインを通じた屋内売春が増加したことは事実であるが、これはスウェーデンに限らず世界中で起こっている変化であるため、同法のもたらした結果としてではなく、インターネットの普及による変化と捉えるのが妥当であろう。[53] ただし、スクーラー（Scoular）によれば、買春禁止法は最も立場の弱い状態にある路上売春者にとっては、より悪い状況を作り出している。[54] また、人身取引が国際犯罪であり、性産業市場も柔軟かつ国際的であることから、[55] 買春者が国外へ移動する可能性を根拠に、スウェーデンの買春の需要が減少したことに懐疑的な意見もあるが、国内の買春に比べ国外の買春にはより多くのコストがかかるため、やはり需要は抑制されると判断できるだろう。

b　女性の安全保障に与えた影響

女性の安全保障を考える上で差別の撤廃は急務であるが、社会通念や規範はこれに重大な影響を与える。買春する男性の数が減ったことは、スウェーデンの公式見解のように「買春が男性による女性と子どもへの暴力の一形態」とみなす上では良い変化と言える。しかし、約六三％の人々が買春禁止法を支持している一方で、約五四％の人々が売春も違法とすべきであると考えている。(56) このことは、国民が買春禁止法の背景にある重要なメッセージに共鳴していないことが表れている。

また、スウェーデン政府による報告書(57)では、買春の犯罪化によって売春に関連する社会的スティグマが高まったと報告する売春者の意見に対し、「法の目的が売買春の撲滅であることから、良い結果とみなすべきである」と結論づけている。政府は性産業従事者に対するスティグマと差別を放置しているが、これは彼女たちに対する当局のアプローチにも影響し、当局に対する不信感にもつながっている。その結果として、性産業従事者は保健・医療サービスへの連絡を躊躇うこと、さらにＨＩＶや性病の検査を受ける際に売春していることを隠す傾向にある。(58) これらは女性の健康と安全を著しく侵害する状況を生み出している。

さらに、警察官やソーシャルワーカーが、外国人女性とスウェーデン人女性を明確に差別していることも明らかになっており、(59) 性産業従事者が外国人である場合には国外追放されうるが、スウェーデン人女性であれば保護と支援が必要な対象とみなされる。法律がジェンダー、セクシュアリティ、国籍の点で中立であるにもかかわらず、スウェーデン当局が全ての売春に一様にアプローチしていないことを示している。このような政府の姿勢は、外国人女性を中心に、女性の安全保障上の脅威となっている。

また、買春禁止法の支持に関する調査では、法導入前の一九九六年には女性で四五％、男性で二〇％が賛成であるのに対し、一九九九年には女性の八一％、男性の七〇％が賛成、二〇〇二年には女性の八三％、男性の六九％が賛成、二〇〇八年には女性の七九％、男性の六〇％が賛成、二〇一二年には女性八〇％、男性五〇％が賛成である。(60) 法施行後の女性の賛成者の割合は安定して高いが、男性の賛成者の割合は年々低下している。この男性の変化は、必ずしも買春禁止法への反対派の増加を意味するわけではないが、同法の重要性に共鳴していないことの表れと言えるだろう。

(3)　考察

a　スウェーデンの買春禁止法と人身取引問題

スウェーデンの買春禁止法によるスウェーデン国内の人身取引の変化を図２に示す。買春者が減り、スウェーデン国内の性産業市場が縮小したことは、多くのトラフィッカーを失望させた。その結果として同国内への被害者の流入は抑えられていると推察できるが、人身取引は国際犯罪であるため、トラフィッカーは売買春が合法の国など需要が拡大している別の国を選択し、被害者たちを移動させることが可能である。トラフィッカーはその地域出身者であることが多いため、周辺国へ移動すると予想される。(61) このことは地域的・

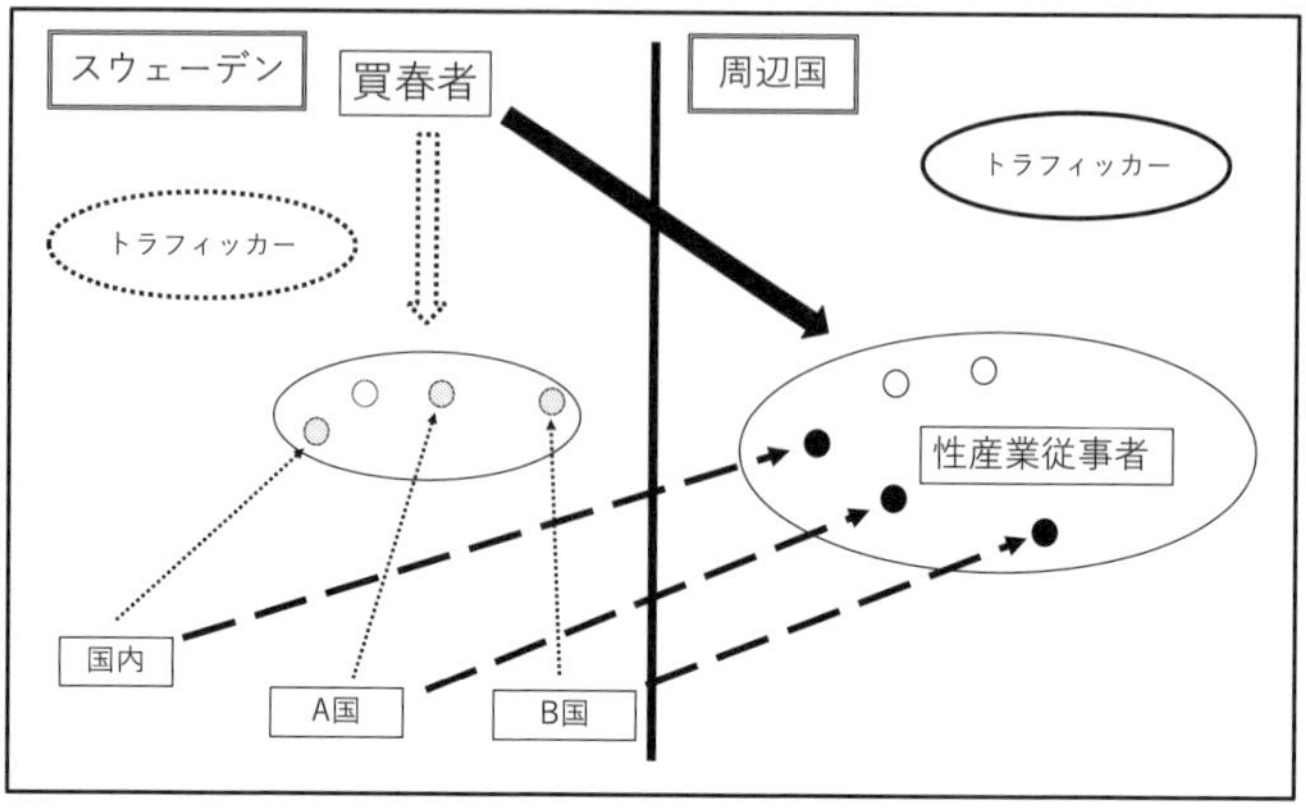

図２　スウェーデンの性産業市場の変化（筆者作成）

国際的な取り組みが重要である根拠となる。需要の抑制だけでなく、すでに多くの先行研究で指摘されているように被害者の保護やトラフィッカーの訴追が重要であることは言うまでもない。

結果として、スウェーデンにおける買春禁止法は、国内の人身取引のバリアとして機能していると言えるだろう(62)。議定書は先進国に対し需要の抑制の努力を要請しているが、同国はこれを遵守しており、先進国として大きな努力を行なっているといえる。

b　スウェーデンの買春禁止法と女性の安全保障問題

前述した通り、スウェーデン政府は、売春者がスティグマを負わされているという問題点を、同法のもたらした良い結果と捉え放置しており、さらに外国人売春者への差別をおこなっている。これは買春禁止法の悪用であり、外国人差別の助長に加担している。買春を女性と子どもに対する男性の暴力の一形態とみなすのがスウェーデンの公式見解であり、それは外国人売春者にとっても同じであるはずだ。スウェーデンでは、買春を犯罪化する一方で、売春をやめたい売春者へは様々なサポートを提供しているが、スウェーデン人に比べて外国人の売春者はこのようなサービスの利用が難しく、強制送還される可能性もある。彼女たちは外国人であるが故に暴力を受け続け、さらに当局によって強制送還される恐怖を抱えている。

このようなスウェーデンの矛盾した態度は、女性の安全と健康を軽視しない限り無視できない深刻な問題であり、女性の安全保障上の脅威である。前節で筆者は買春に寛容な国や社会に対し、女性の安全や尊厳を軽視し女性差別を温存する態度を批判したが、スウェーデンが外国人女性におこなっている同様の女性軽視と差別の温存についても批判する。フェミニズム国家を標榜するスウェーデンであるが、結局のところ自国の女性の安全保障にしか関心を持っておらず、外国人女性を中心とした売春者への差別的で懲罰的な態度は、懲罰主義的人道主義と批判される(63)。スウェーデンはただちに差別的な態度を改めなければならない。さもなければ、新型コロナウイルス感染拡大による世界経済の混乱やウクライナ危機による女性と子どもの難民増加などにより、さらなる深刻化が懸念されるセックス・トラフィッキング問題などに対し、今後ますます必要となる地域協力や国際協力にも支障をきたすだろう。

世界で初めて買春禁止法を導入したスウェーデンの挑戦的な取り組みは、多くの国で買春が再検討される機会をもたらした。これはジェンダー国際関係論の中で問われてきた女性の安全保障の議論の拡大とも評価でき、大きな意義がある。しかし、スウェーデンの買春禁止法の影響と結果を分析すると、人身取引防止には役立っているが、女性の安全保障問題の解決には不十分であり、新たな問題を生み出していることが明らかになった。

(4)　課題

買春禁止法が施行されて二〇年以上が経ち、同法はスウェーデンの多くの人々に買春を思いとどまらせているが、一部の男性はいまだに買春を続けている。ハグステッドらによる買春者へのインタビューによると、買春者は価格の安さと女性の容姿を重視しており、人身取引被害者を見分けられるという甘い考えを持っている(64)。インタビューに答えた買春者の半数は外国人女性の買春経験があり、彼らのほとんどが、自分が買春した女性は人身取引被害者ではないと信じている。これはしばしば被害者のステレオタイプが障害になっていることが考えられるが、自身の行動が人身取引の促進になっていると認めることは気が進まないという心理も関係していようにする。買春者の多くは、女性のバックグラウンドなどの情報を聞かないようにする。ハグステッドらは、買春の動機や買春者の好み、そして人身取引への知識の欠如が、人身取引の需要に直結していることを指摘しており、スウェーデン政府はこれらの課題に対し、人身取引の認知や正しい知識の普及などのためにさまざまなキャンペーンを行っている(65)。

また、スウェーデン人男性の買春の動機である「異国・異文化の女性に対する偏見」「強い反フェミニスト思想」(66)に注目したい。異国・異文化の女性に対する偏見を動機とする買春者は、買春旅行を行う傾向があり人身取引被害者への需要につながりやすい。また、「強い反フェミニスト思想」を動機として買春する男性の態度は、男女平等な社会を目指す国際社会にとって相容れないものであろう。買春行動に限らず、ＳＤＧｓの目標にも掲げられる女性の人権擁護や社会進出に対して敵意を抱く人々の存在は、それ自体が女性の脅威である。この深刻な問題にどう立ち向かっていくのかは、スウェーデンだけでなく全ての国の課題である。ＳＤＧｓの目指す男女平等社会の実現の大きな障壁であると、重く受け止めたい。

おわりに

最後に、パンデミックの影響と懸念について触れたい。米国国務省の二〇二一年の人身取引年次報告書(67)では、コロナウイルス感染症（ＣＯＶＩＤ―19）による人身取引への影響が強調されている。多くの国で被害者の保護など必要な公的サービスが減少し、一方で人身取引業者は脆弱性が増した人々をすぐに利用した。各国政府は拡大する健康問題や経済問題に焦点を当てるために優先順位を変更し、その結果として人身取引対策の取り組みから注意と資源を奪うという苦境に直面した。また、欧州委員会は二〇二一年から二〇二五年の「人身取引との闘いに関する新戦略」を発表した[68]。人身取引業者は世界で一年間に二九四億ユーロの利益を上げていると推定されており、搾取の需要は今後も続くと予想される。さらにパンデミックによって被害の増加が予想されることからも、同戦略ではEUとその加盟国が引き続き対応を強化するための方策を示している。本戦略で重点が置かれるのは、需要の削減と国際協力の推進である。EUで確認された被害者の半数がEU域外の市民であることから、人身取引に対処するための国際協力が重視されている。

　パンデミックの影響、さらにはウクライナ危機による女性と子どもの難民増加は、人身取引をさらに深刻化させる危険性がある。本研究は既存の国際政治学・国際関係論の領域からはみ出すテーマを扱っているが、サンドラ・ウィットワースが「国際政治が我々の生活に影響を与えるならば、その逆もまた可能である[69]」と述べているように、現在多くの女性たちを苦しめる状況を拾いあげるようにして国際政治を動かす、ボトムアップの動きも重要だと考える。SDGsが掲げる男女平等社会の実現のためにも、女性の人権擁護やエンパワーメントは不可欠であり、学術の場においても「人間の安全保障、特に女性の安全保障とは何か」が問われ続けなければならない。

　買春は人身取引の需要を生み出し続けており、特に弱い立場に置かれる女性を苦しめている。これまでの人身取引研究において買春はこの犯罪の需要を生み出すという点で問題視されてきたが、筆者はこれに加えて買春を「女性に対する脅威」という視点から再検討し、女性差別の問題であり男女平等社会の実現のための障壁であると主張する。現在、買春に関する地域的・国際的な規範が存在していないため、買春問題には国家レベルで取り組むしかない状況であるが、性売買を合法とする国と買春禁止の国との間で、人身取引の需要を減らすための共通の政策を打ち出すのは困難である。地域協力・国際協力を要するトラフィッキング対策のためにも、早期の規範の確立と各国の協調が求められる。

　また、本研究は世界で最初に買春禁止法を導入したスウェーデンの事例研究を行い、買春禁止法の影響と課題を整理した。買春する男性の数は減り、人身取引の需要の抑制につながっていることが推察できるが、一方で外国人を中心にいまだに売春を行う者に対しての懲罰的態度も指摘されており、女性の人権や安全保障の視点からは課題が目立つ。ただし、これはスウェーデン政府による同法の悪用によって生じている問題であり、買春禁止政策の妥当性を疑問視するものではない。本論文は単一事例研究であるため即座に理論化はできないが、スウェーデンと同様の法律を導入する他国の事例研究や買春に寛容な国との比較研究など、さらなる研究につなげたい。買春に関する研究はそれ自体が希少であるため、いまだ見逃されている問題も多いと考えられるが、スウェーデンの取り組みをきっかけに、世界中で買春についての議論が巻き起こっている。今後は日本においてもこの議論が活発化すること、さらには様々な分野において買春研究の必要性が認識されることを期待したい。

（1）グローバル・コンパクト・ネットワーク・ジャパン、http://

ungcjn.org/sdgs/goals/goal05.html（最終アクセス九月二〇日）

（2）羽場久美子「冷戦の終焉とトラフィッキング」人の移動特集、『歴史評論』七一三号、二〇〇九年九月、三三―四四頁。

（3）青木まき「人身取引問題をめぐる国際関係――東南アジアにおける地域的な人身取引対策協力の力学」山田美和編『「人身取引」問題の学際的研究――法学・経済学・国際関係の視点から――』、日本貿易振興機構アジア経済研究所、二〇一四年、一〇九―一三九頁。

（4）J・アン・ティックナー『国際関係論とジェンダー――安全保障のフェミニズムの見方』（進藤久美子・進藤榮一訳）岩波書店、二〇〇五年一一月。

（5）J. A. Tickner, "What Is Your Research Program? Some Feminist Answers to International Relations Methodological Questions," *International Studies Quarterly*, 49(2005), pp. 1–21.

（6）一九九四年の国連開発計画（ＵＮＤＰ）の『人間開発報告書（Human Development Report）』では、はじめて包括的な人間の安全保障の概念が取り上げられた。林、前掲論文、一〇五頁。

（7）林奈津子「国際政治学におけるジェンダー研究――アメリカの研究動向を中心として――ジェンダー研究」『お茶の水女子大学ジェンダー研究センター年報』第十号、書評論文、九九―一一〇頁。

（8）B. Locher, E. Prügl, "Feminism and Constructivism: Worlds Apart or Sharing the Middle Ground?" *International Studies Quarterly*, 45-1(2001), pp. 111–129.

（9）United Nations Office on Drugs and Crime (UNODC), *Global Report on Trafficking in Persons 2020*, March 2021, https://www.unodc.org/documents/data-and-analysis/tip/2021/GLOTiP_2020_15jan_web.pdf (2021/09/27)

（10）European Commission, *Data collection on trafficking in human beings in the EU* (September 2020), https://ec.europa.eu/anti-trafficking/system/files/2020-10/study_on_data_collection_on_trafficking_in_human_beings_in_the_eu.pdf (2021/09/27)

（11）羽場、前掲論文（二〇一〇）、一八四頁。

（12）B. Locher, *Trafficking in women in the European Union: norms, advocacy-networks and policy-change*, VS Verlag fürSozialwissenschaften, 2007.

（13）羽場、前掲論文。平野美恵子「欧州連合の人身取引に関する立法動向」『外国の立法同向』二二〇号、国立国会図書館、二〇〇四年、六三―七八頁。

（14）羽場久美子「グローバリゼーションとトラフィッキング――EU・日本に見る実態と戦略――（ジェンダーと政治過程）」『年報 政治学』六一巻二号、日本政治学会編、木鐸社、二〇一〇年、一七四―一九三頁。

（15）いわゆる3Pアプローチ。被害者の保護、犯罪者の訴追、予防を基本とする人身取引対策。

（16）林、前掲論文、一〇五頁。

（17）山田美和「『人身取引』問題の学際的研究の試み」、山田美和編『「人身取引」問題の学際的研究：法学・経済学・国際関係の観点から』、日本貿易振興機構アジア経済研究所、三一―三二頁。

（18）林、前掲論文、一〇五頁。

（19）Tickner, op. cit., p. 5.

（20）外務省、平成二九年七月二〇日、https://www.mofa.go.jp/mofaj/gaiko/treaty/pdfs/treaty162_1a.pdf（最終アクセス九月二九日）

（21）中村文子「性的搾取のトラフィッキング――男女、貧富、内外の権力格差と差別意識の理論的アプローチ――」日本国際政治学会編『国際政治研究の先端五』一五二号、二〇〇八年三月、一三二―一五二頁。

（22）山田美和「『人身取引』の定義における労働搾取型人身取引――パレルモ議定書は移民労働に何をもたらしたのか」山田美和編『「人身取引」問題の学際的研究：法学・経済学・国際関係の観点から』、

日本貿易振興機構アジア経済研究所、三三―五七頁。

（23）吉田容子「人身取引被害者の保護支援と被害防止」大久保史郎編『人間の安全保障とヒューマントラフィッキング』日本評論社、二〇〇七年

（24）中村、前掲論文、一四八―一四九頁。

（25）羽場、前掲論文（二〇一〇）、一八〇頁。山田美和「『人身取引』問題の学際的研究の試み」山田美和編『「人身取引」問題の学際的研究：法学・経済学・国際関係の観点から』、日本貿易振興機構アジア経済研究所、二〇一六年、三―三一頁。

（26）M. Farley, “Prostitution and the invisibility of harm,” *Women and Therapy*, 26(2003), pp. 247–280.

（27）M. M. Dempsey, “Sex trafficking and criminalization: In defense of abolitionism,” *University of Pennsylvania Law Review*, 158(2010), pp. 1729–1778.

（28）S. Y. Cho, A. Dreher, and E. Neumayer, “Does Legalized Prostitution Increase Human Trafficking?” *World Development*, 41(2013), pp. 67–82.

（29）European Commission, *Fighting trafficking in human beings: New strategy to prevent trafficking, break criminal business models, protect and empower victims*, April 2021, https://ec.europa.eu/commission/presscorner/detail/en/ip_21_1663 (2021/09/27)

（30）中村、前掲論文、一三四―一三五頁。

（31）J. Hagstedt, L. Korsell and A. Skagero, “In the Land of Prohibition? Clients and Trafficked Women in Sweden,” *Prostitution and Human Trafficking: focus on clients*, Eds. A.D. Nicola, M. Lombardi, A. Cauduro, and P. Ruspini, Springer (2009), p. 198.

（32）M. M. Dempsey, op. cit., pp. 1762–1769.

（33）Amnesty International, *Global movement votes to adopt policy to protect human rights of sex workers*, August 2015, https://www.amnesty.org/en/latest/news/2015/08/global-movement-votes-to-adopt-policy-to-protect-human-rights-of-sex-workers/ (2022/3/29)

（34）M. Farley, A. Cotton, J. Lynne, S. Zumbeck, F. Spiwak, M. E. Reyes, D. Alvarez, V. Sezgin, “Prostitution in nine countries: Update on violence and posttraumatic stress disorder,” *Journal of trauma practice*, 2.3-4 (2004), pp. 33–74.

（35）山田、全掲書、一二頁。

（36）S. Y. Cho, et al, op. cit., p. 75.

（37）European Commission, *Data collection on trafficking in human beings in the EU*, September 2020), https://ec.europa.eu/anti-trafficking/system/files/2020-10/study_on_data_collection_on_trafficking_in_human_beings_in_the_eu.pdf (2021/09/27)

（38）G. Ekberg, “The Swedish Law That Prohibits the Purchase of Sexual Services: Best Practices for Prevention of Prostitution and Trafficking in Human Beings,” *Violence Against Women*, 10(10) (2004), pp. 1187–1218; R. Moran, M. Farley, “Consent, coercion, and culpability: is prostitution stigmatized work or an exploitive and violent practice rooted in sex, race, and class inequality?” *Archives of sexual behavior, 48* (7) (2019), pp. 1947–1953.

（39）R. Weitzer, “New directions in research on prostitution,” *Crime, Law and Social Change*, 43(2005), pp. 211–235.

（40）B. Anderson, J. O'Connell Davidson, *Is Trafficking in Human Beings Demand Driven? A Multi-Country Pilot Study* (2003), International Organization for Migration.

（41）Hagstedt et al, op. cit., pp. 179–183.

（42）R. Moran, M. Farley, op. cit.

（43）Swedish Institute, *Prostitution Policy in Sweden – targeting demand*, February 2019, https://sharingsweden.se/app/uploads/2019/02/si_prostitution-in-sweden_a5_final_digi_.pdf (2022/3/10)

(44) ただし、児童買春は海外であっても違法である。

(45) M. Waltman, "Prohibiting sex purchasing and ending trafficking: The Swedish prostitution law," *Michigan Journal of International Law*, 33 (2011), p. 138.

(46) Ekberg, op. cit., p. 1189

(47) A. Kotsadam, N. Jakobsson, "Shame on you, John! Laws, stigmatization, and the demand for sex," *European Journal of Law and Economics*, 37(3) (2014), pp. 393–404.

(48) S. Y. Cho, et al, op. cit.; N. Jakobsson, A. Kotsadam, "The law and economics of international sex slavery: prostitution laws and trafficking for sexual exploitation," *European journal of law and economics*, 35(1) (2013), pp. 87–107.

(49) Waltman, op. cit., p. 148.

(50) Hagstedt et al, op. cit., p. 196.

(51) Waltman, op. cit., pp. 147–148.

(52) Hagstedt et al, op. cit., p. 196.

(53) C. Holmström, M. L. Skilbrei, "The Swedish sex purchase act: Where does it stand?" *Oslo Law Review*, 4(2) (2017), pp. 82–104.

(54) J. Scoular, "What's law got to do with it? How and why law matters in the regulation of sex work," *Journal of law and society*, 37(1) (2010), pp. 12–39.

(55) Holmström and Skilbrei, , op. cit., p. 91.

(56) N. Jakobsson, A. Kotsadam, *What explains attitudes toward prostitution?*, Working Papers in Economics 349(2009), University of Gothenburg, Department of Economics, p. 28

(57) Government of Sweden, *The Ban against the Purchase of Sexual Services. An evaluation 1999–2008*, November 2010, https://www.government.se/contentassets/8f0c2ccaa84e455f8bd2b7e9c557ff3e/english-translation-of-chapter-4-and-5-in-sou-2010-49.pdf (2022/03/28)

(58) Holmström and Skilbrei, , op. cit., p. 98.

(59) Holmström and Skilbrei, , op. cit., p. 99.

(60) Waltman, op. cit., pp. 147–148.; Holmström and Skilbrei, op. cit., pp. 91–92.

(61) United Nations Office on Drugs and Crime (UNODC), *Global Report on Trafficking in Persons 2020*, March 2021, https://www.unodc.org/documents/data-and-analysis/tip/2021/GLOTiP_2020_15jan_web.pdf (2021/09/27)

(62) Hagstedt et al, op. cit., p. 198.

(63) N. Vuolajärvi, Governing in the name of caring: migration, sex work and the Nordic model, Rutgers University-School of Graduate Studies, 2021, PhD Thesis.

(64) Hagstedt et al, op. cit.

(65) U.S. Department of States, *Office to Monitor and Combat Trafficking in Persons, 2021 Trafficking in Persons Report: Sweden*, https://www.state.gov/reports/2021-trafficking-in-persons-report/sweden/ (2021/9/26)

(66) S. A. Månsson, "Men's demand for prostitutes," *Sexologies*, 15(2006), pp. 87–92.

(67) U.S. Department of States, *Office to Monitor and Combat Trafficking in Persons, 2021 Trafficking in Persons Report*, June 2021, https://www.state.gov/reports/2021-trafficking-in-persons-report/ (2021/09/25)

(68) European Commission, op. cit.

(69) サンドラ・ウィットワース『国際ジェンダー関係論――批判理論

的政治経済学に向けて――』（武者小路公秀、野崎孝弘、羽後静子監訳）藤原書店、二〇〇〇年、二三八頁。

（まじま　けい　グローバル国際関係研究所／青山学院大学元院生助手）

日本国際政治学会編『国際政治』第208号「ＳＤＧｓとグローバル・ガバナンス」（二〇二三年一月）

持続可能な都市開発に関する規範の発展過程

——ＳＤＧ11、スマートシティ規範、データガバナンス——

内　記　香　子

はじめに——都市開発とスマートシティ——

本稿は、「持続可能な開発目標（ＳＤＧｓ）」[1]を国際規範と捉え、規範研究のアプローチからＳＤＧｓを扱う。具体的にはＳＤＧｓの目標11「包摂的で安全かつ強靭で持続可能な都市」（以下、ＳＤＧ11）という争点領域に着目し、それとスマートシティをめぐる規範の関係性を分析する。両規範がどのような関係性にあり、どのような発展過程をたどっているのか、検討する。

「都市」[2]が持続可能な開発の文脈おいて重要な役割を持つことは、一九七八年に設立された国連人間居住計画（ＵＮ-ＨＡＢＩＴＡＴ）の存在もあって、以前から国際社会で認識はされていたものの、具体的なアクションは進んでこなかったとされる。[3]しかし近年、都市は、人口増加・気候変動・エネルギー問題などの観点から、さらに重要な役割を担っている。[4]英語でUrban SDGと呼ばれるＳＤＧ11は（後で詳しく述べるように）ソフトローとして生まれ、その下部におかれているターゲットとグローバル指標という構造で機能している。

しかし、持続可能な都市開発に関する規範や指標は、ＳＤＧｓが策定される前から、そのほかにも存在していた。すなわち、スマートシティに関するものである。スマートシティの概念については未だ明確なものはないとされ、それはスマートシティが多目的で複合的な特性を持つところに由来している。スマートシティの概念自体も、持続可能性の側面が強調されるようになったのは近年になってからで、スマートシティ概念が登場した一九九〇年代には、ＩＣＴ（情報通信技術）を用いて交通や資源循環など都市インフラを改善することで都市生活の利便性や都市経済の効率性を向上させる、といった極めて技術的でビジネス中心の概念として使われていた。[5]それがしだいに、ローカルなスマートシティ政策は実はグローバルなエネルギー問題・気候変動問題の解決の鍵になる、という見方が強調されるようになったり[6]、スマートシティは大手ＩＴ（情報技術）企業のＩＣＴだけで実現されるものではなく高度にガバナンスの問題でもあるという理解が生まれたりして[7]、概念に変遷が見られるようになっている。

つまり、ＳＤＧ11は、スマートシティをめぐる既存の規範の中に投入されたのであり、都市開発をめぐる規範は複雑化してきている[8]。本稿ではこれを、規範の発展プロセスとして分析するが、結論を先取りすると、規範の複雑な発展の背景には、スマートシティが自治体と大手ＩＴ企業によるローカルな取り組みから、データガバナンスをめぐる国際的な関心対象へと変わってきたことが指摘できる。つまり、近年のデジタル化とデータ活用によって都市開発がますます多面性をもつ課題になっている現状があり、規範としてのＳＤＧ11もそうした中で機能することが求められている。なお、スマートシティの先行研究ではＳＤＧ11を焦点に議論されることが多く、本稿もそれを中心に扱うが、ＳＤＧｓ全体を俯瞰すればスマートシティに関連する目標はほかにも多くある。たとえば目標３の健康、目標４の教育、目標６の水、目標７のエネルギー、目標９の技術革新、目標16の公正さ（透明性や参加）、目標17のパートナーシップなどが関係し、スマートシティ・プロジェクトの推進はＳＤＧ11以外の目標の実現にも関わっている。

一　持続可能な都市開発に関する規範の生成

国際関係における規範研究は蓄積があり、日本の研究者にも人気のトピックである。本稿において国際規範とは、先行研究にならって「国際社会における適切な行為の基準・共通了解」という意味で用いる[9]。規範の動態（生成、伝播、実施、変容など）をめぐり、多様な事例研究が行われてきた。本稿は、都市開発という一つの争点領域における規範の生成・伝播の過程を扱う。また、規範をめぐる先行研究においては、規範の「複合性」が分析の視点となってきた。規範の複合性とは、規範をめぐって、複数のアイディア、複数の主体、複数のガバナンス・レベルなどが生じる現象を意味し、その関係性（競合性・補完性・階層性など）が研究されてきた[10]。本稿では、国際規範であるＳＤＧ11が、スマートシティの規範とどのような関係性を持ち、アイディアのレベルで複合的な現象を起こしているのか、検討するが、その前に本章では、それぞれの規範としての特徴を説明する。

(1)　国際規範としてのＳＤＧｓ

国際関係では、ＳＤＧｓは目標ベースのガバナンスでありルールベースのガバナンスとは異なるものと捉えられるが[11]、ＳＤＧｓは国際規範でもある。ＳＤＧｓは、国連総会決議による法的拘束力のないソフトローである[12]。本稿では、ＳＤＧｓ全体だけではなく、そのターゲットとグローバル指標も一体として一つの国際規範と捉える。ここではまず、ＳＤＧｓの目標、ターゲット、グローバル指標という構造を、規範の観点から捉えることとする。

都市に関する目標は、ＳＤＧｓの先駆けとなった八つのミレニアム開発目標（ＭＤＧｓ）には含まれておらず、唯一、関連するところとしては、ＭＤＧ7の「環境の持続可能性」に関する目標の中に、スラム居住者の生活改善というターゲットがあるだけであった。都市に関する目標は、ＳＤＧｓの交渉過程においても、当初、二〇一三年のハイレベルパネル報告書の中には含まれていなかったが、二〇一四年にオープン・ワーキング・グループによる合意形成プロセスに入ってから、一九の焦点領域の中の一つとなった[13]。そして、ＳＤＧ11が持続可能な都市になったことで、スラム問題の改善だけでなく多様な都市課題がカバーされ、持続可能な開発において都市が包括的に重要な役割を持つことを国際社会に強く認識させることになった[14]。

国連総会は二〇一七年にＳＤＧｓのグローバル指標を採択した[15]。近年の「指標」の機能に着目した国際関係論の研究によれば[16]、「指標」とは、課題に対する関連アクターによる取り組みの方法や効果を測るもの、とされる。とりわけ、関連アクター（国家あるいは非国家アクター）が課題解決に欠かせない役割を担っているとき、その課題に関する指標を策定し、その指標にそった行動がアクターに期待されることがある。そうした期待に沿うような形でアクターの行動に影響を与えるという意味で、指標とは、ルールやスタンダードと同じ機能を有しており、規範的な性格をもつ[17]。

つまり、ソフトローであるＳＤＧ11と、下位のターゲットとグローバル指標は、一体として、国際規範としての機能をもつとみることができる。ＳＤＧ11のターゲットとグローバル指標を見てみると、都市問題が多様な側面から捉えられていることが分かる。ＭＤＧｓからの懸念であった貧困層の問題としてはスラムの改善のほか災害による被害の軽減が挙げられ、環境の点からは大気汚染・ごみ問題のほか自然・文化遺産の保全が挙げられ、現代の地域的課題として公共交通へのアクセス・公共スペースの確保・防災戦略、さらに都市計画のあり方として市民社会の参加や農村部とのつながり等が挙げられている。

本稿では、ＳＤＧｓに関して、複数の「翻訳規範」が国際と国内レベルで作られ、理解を促進している、と理解する。「翻訳規範[18]」とは、ＳＤＧｓのような国際規範について、ローカルな現場の言語を使って、国際規範を詳しく説明し理解を促す、下位レベルの「規範的アイディア」（適切な行為の基準や共通了解となることを目的として作られているが、まだそこには至っていない段階のもの）を意味する[19]。とりわけＳＤＧｓについては、目標の実施方法は関連アクターに任されていることから、翻訳規範が生まれやすい環境にあると考えられる。ＳＤＧｓは既に、ターゲットとグローバル指標によって「翻訳」され、階層構造になっていると捉えられるが、さらにそれを「翻訳」するアクターが現れ、よりローカルな現場に即した分かりやすい「翻訳規範」を策定する動きが、国際レベルと国内レベルでみられる。たとえば企業へ指針を示すために、国際レベルでは **SDG Compass** が作られ[20]、国内レベルでは経済産業省の「ＳＤ

Gs経営ガイド」[21]が提示されている。本稿では、後述二においてSDG11に関連した翻訳規範を扱うが、SDGsの指標が策定される前の二〇一六年に、既にSDG11の指標案がUN-HABITATによって公表されており[22]、これも「翻訳規範」の例の一つと捉えられる。

(2) スマートシティ概念の規範化

SDGsが国連主導の国際規範として誕生したのに対して、スマートシティ規範は、もともとは、国家間の規範というよりも大手IT企業と自治体をアクターとした規範から出発している点に特徴がある。しかし後述のとおり、徐々に国際レジームでスマートシティが扱われるようになり、国際的な規範として発展していくプロセスがみてとれる。

スマートシティの概念は、前述のとおり、一九九〇年代に都市問題に対してICTの活用を焦点にあてたところから出発したが、その概念が世界的に拡大したのは、グローバルなIT企業がスマートシティ・ビジネスを展開するようになってからだとされる[23]。スマートシティ・ビジネスに早くから参入していた代表的な大手IT企業として、シーメンス、シスコ、オラクル、そしてIBMが挙げられることが多い。たとえばIBMについては、二〇一〇年から開始した「スマーター・シティーズ・チャレンジ[24]（Smarter Cities Challenge）」プログラムがよく知られている。これに選ばれた都市には、IBMの専門家チームが派遣され、その都市が希望する内容（行政サービス、交通、環境など）についてコンサルティング・サービスを受けることができる。たとえば日本の都市では、札幌・仙台・石巻・伊達・京都・新潟などの各都市がその支援を受けてきた[25]。

こうした大手IT企業による「技術・市場主導で、上からの（technology-driven, market-led, and top-down）[26]」スマートシティ・ビジネスが展開されていく中で、当時の先行研究は、スマートシティの概念が、大手IT企業が提供する技術とリンクしていることを懸念した。つまり、大手IT企業が提供するソリューションを自治体はそのまま受け入れてしまい、最先端のICTが都市の活動・経済を改善し発展させる、という側面だけが強調されていることを指摘、都市の（技術にとどまらない）社会的な課題や市民の参加が看過されている、と主張した[27]。

先行研究の中には、大手IT企業のスマートシティ・ビジネスを批判するだけでなく、スマートシティの定義を提示するものも数多くある。スマートシティに関する共通した定義を作ることで、目的や優先領域を特定し、それに向けた進捗状況を測定することが可能となるからである[28]。良く知られているものとして、欧州の中規模都市のランク付けを行ったウィーン工科大学の研究チームが、スマートシティの特性として六つの要素を提示している（Smart Economy, Smart People, Smart Governance, Smart Mobility, Smart Environment, Smart living）[29]。興味深いのは、企業主導のスマート・ビジネスで強調される Smart Mobility および Smart Economy のほかに、市民の多様性や創造性を捉えようとする Smart People、意思決定手続きの参加や透明性に関する Smart

Governance、健康・教育・居住空間に関するSmart Livingが含まれている点である。この六要素は、スマートシティの多面性をうまく捉えている。さらに、ＥＵのスマートシティの定義（working definition）は、「マルチステークホルダーによる、自治体ベースのパートナーシップの下、ＩＣＴを用いて、公的課題に取り組む都市」とされている。[30] マルチステークホルダー・プロセスに基づくとされている点が特徴的で、さらに、スマートシティと呼ばれるためには、上述の六要素のうち少なくとも一つの要素に関して取り組んでいること、ともされている。[31] ウィーン工科大学の定義およびＥＵの定義は、その多面性と包摂性の点から、現代的な規範要請を反映したスマートシティの定義形成の出発点となるものであったと言え、その後のスマートシティの指標化における多様な場面で参照されている。[32]

　また、スマートシティの定義を比較分析する先行研究の多くは、その概念に「ハードな面」と「ソフトな面」があることを認めている。ハードな面とは、ＩＣＴが解決策として重要な役割を持つ側面（たとえば交通、環境、建物、エネルギー分野）を指し、ソフトな面には、教育文化、社会的包摂、行政の透明性、政策的イノベーションの促進などが含まれる。[33] 言い換えると、スマートシティ構想には、ＩＣＴを中心としたアプローチと、人を中心としたアプローチの二つがある、とされる。[34] 最近は、スマートシティ・ビジネスを展開するＩＴ企業も、前者のアプローチの限界を認識し、人を中心としたアプローチの重要性を認識している、という。[35]

　さらに二〇一〇年代半ばには、「スマート・サステナブル・シティ（smart sustainable city）」という用語も多く使われるようになる。[36] 注目されるのは、国際電気通信連合（ＩＴＵ）の国際標準化部門がスマート・サステナブル・シティという用語を使い始め、そのパフォーマンス指標の標準化を始めたことである。二〇一六年には複数の勧告を採択して、その中でスマート・サステナブル・シティを「ＩＣＴやそのほかの手段を使って、生活の質、都市機能やサービスの効率性、競争力を高めると同時に、経済的・社会的・環境的・文化的な側面から、現在と将来世代のニーズの充足を確保する革新的な都市」と定義した。[37] スマート・サステナブル・シティの概念の問題として、サステナブルの定義が明確ではないという点が指摘されていたが、[38] ＩＴＵの定義は、「経済的・社会的・環境的・文化的な側面から、現在と将来世代のニーズを充足すること」として、従前からの持続可能性の概念に基づいた。さらにＩＴＵの勧告は、パフォーマンス指標の六要素として、「ＩＣＴ」「持続可能な環境」「生産性」「生活の質」「公平性と社会的包摂性」「物的インフラ」を挙げた。[39]「生産性（雇用、貯蓄、取引など）」「生活の質（教育、健康、安全など）」および「公平性と社会的包摂性（市民参加やガバナンスなど）」という、人を中心としたアプローチも含まれており、前述のスマートシティの現代的概念と方向性が一致していることも確認できる。

　このＩＴＵの定義は、他のレジーム、たとえば、ＯＥＣＤ（経済協力開発機構）、ＡＳＥＡＮ（東南アジア諸国連合）、ＩＳＯ（国際標準化機構）のスマートシティの定義にも影響を与え、これらのレジームではＩＴＵの定義に類似した定義が採用されている[40]。こうした動きは、スマートシティ概念が規範化するプロセスと言える。すなわち、スマートシティの概念の変遷には、デジタル化による利便性と、社会からの規範的要請という、二つの価値の相克がみてとれる。スマートシティをめぐる規範的要請とは、持続可能性の追求や人を中心とした生活の質の向上などがデジタル化の追求によって軽視されてはならないことを意味する。スマートシティの概念を語る過程で、こうした規範的アイディアが生成してきたのである。

二　ＳＤＧｓの登場と規範の接合

では、ＳＤＧ11（およびそのターゲット・指標）の誕生は、スマートシティ規範においてどのように受けとめられただろうか。スマートシティに関する先行研究では、ＳＤＧ11を、上位の国際規範として扱うのではなく、既存の多様なスマートシティの指標群と同列に扱い、その関係性について検討する立場の研究が多い[41]。ＳＤＧ11を既存のスマートシティ規範と関連づけようとする試みと思われるが、本来、スマートシティは、効率的な手法で都市の環境課題に取り組む等の意味において、持続可能性概念と親和性があるとも言え[42]、高い関連性が想定できる。

しかし、前述のＩＴＵのスマート・サステナブル・シティのパフォーマンス指標の六要素に照らして、ＳＤＧ11のターゲットおよび指標を分類してみると、ＩＴＵの概念に存在する、ＩＣＴの活用や経済的な観点からの生産性の向上といった視点が、ＳＤＧ11には完全に欠けていることが分かる。つまり、ＳＤＧ11とスマートシティは、都市開発に関する規範という点では一致するところがあるが、「スマート性」に関する規範という観点では不一致を起こしている、ということになる[43]。

そこで、ＩＴＵ・ＵＮＥＣＥ（国連欧州経済委員会）・ＵＮ-ＨＡＢＩＴＡＴが協働して、"United for Smart Sustainable Cities"（Ｕ４ＳＳＣ）というイニシアティブを二〇一六年に立ち上げる[44]。とりわけ二〇一七年に公表されたＵ４ＳＳＣのパフォーマンス指標は[45]、スマート・サステナブル・シティとＳＤＧｓを接合する、新たな「翻訳規範」と捉えられる。全体で九一個に上る大部なパフォーマンス指標は、経済的側面、環境的側面、社会・文化的側面の三要素で分けられ、とりわけ経済的側面の中に、ＩＣＴを用いた都市機能（インターネットアクセスの普及、ＩＣＴを用いたモニタリング、行政のデジタル化、ＩＣＴ産業の雇用拡大など）が含まれ、「スマート性」の概念が取り込まれた点が特徴的である（九一の指標のうち三〇個にＳＤＧ11が参照されている・図1参照）。

さらにＵ４ＳＳＣのパフォーマンス指標は、スマート・サステナブル・シティがＳＤＧ11以外の目標にも関連し、ＳＤＧｓ全体の実現に寄与することを示している。多いものでは、目標６の水に関する指標が一二個、目標７のエネルギーについての指標が一一個、目標３の健康に関する指標が一〇個、さらに目標９の技術革新や目標16の公正さ（透明性や参加）についてもそれぞれ六個の指標が関わっていることが示されている。

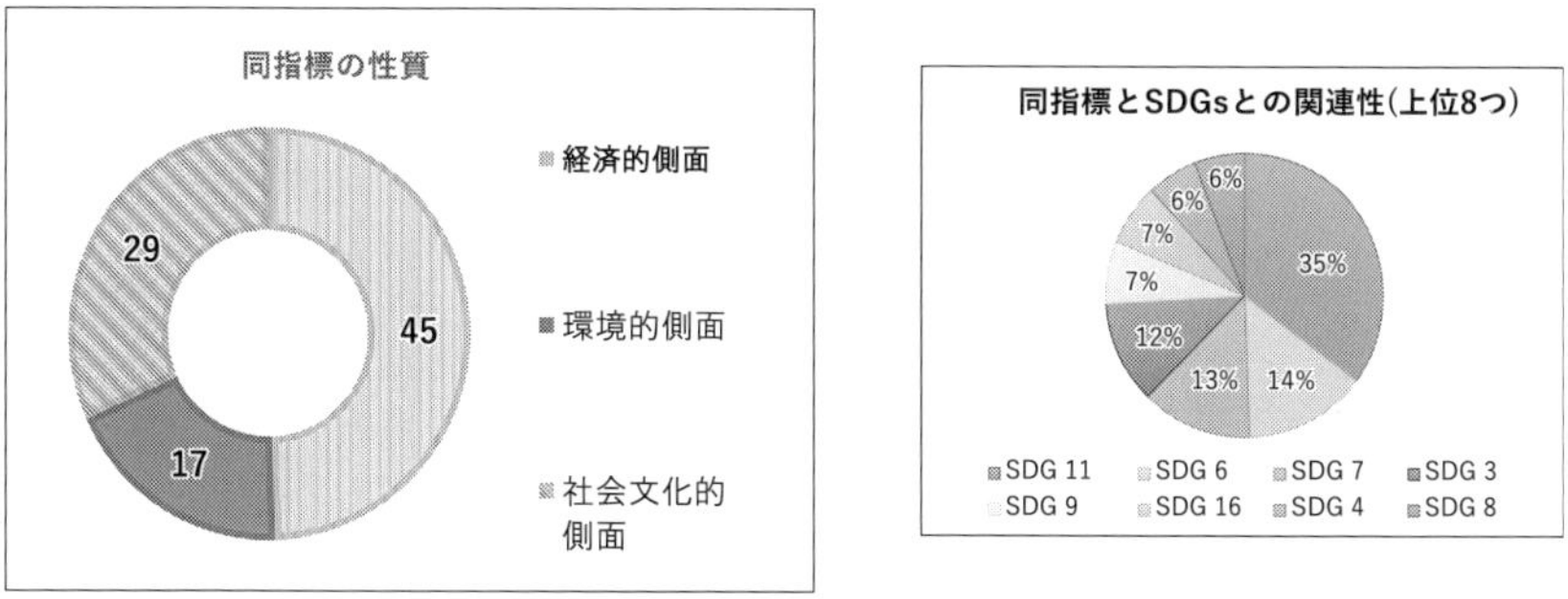

図1　U4SSCのパフォーマンス指標の構成

出典：<https://unece.org/DAM/hlm/documents/Publications/U4SSC-CollectionMethodologyforKPIfoSSC-2017.pdf>をもとに筆者作成

　この「翻訳規範」の登場によって、持続可能な都市の多面性とSDGs実現のためのツールがまとめられ(46)、これは、SDGsとスマートシティ規範の「複合規範(47)」として捉えることができる。つまり、このU4SSCによる翻訳規範は、「経済的側面」「環境的側面」「社会・文化的側面」の三要素を導入して「持続可能性」の概念を明確にした上で、その中に「スマート性」に関連する指標が含まれるという構造にすることで、「サステナブル」と「スマート」の二つの概念を接合したもの、と評価できる。

　こうしたITUやU4SSCの動きは、持続可能な都市開発の議論にとって重要なターニングポイントであったと言える。持続可能な都市開発の議論は、SDGsが登場する以前から、リオ宣言やヨハネスブルク宣言など「持続可能性」の概念の発展と共になされてきたが(48)、SDGsの登場は改めて持続可能な都市開発のあり方を考える契機となったのではないか。すなわち、SDGsの持つ特性から、都市問題をより「統合的」に捉え、未来への「変容」をもたらす課題解決に向けて、多様なアクターと共に取り組むアプローチへの後押しである(49)。SDGsとスマートシティの規範接合は、まさにそのような一つの形と言える。同時にここは、スマートシティ規範にとっても重要なターニングポイントであった。なぜなら、(国家間の規範というよりも)IT企業と自治体をアクターとした規範から出発したスマートシティ規範が、U4SSCの翻訳規範の登場により、国際的な課題に関する規範に変容してきたことである。つまり、国連レジームが関わるようになってきたことで、スマートシティ規範も国際規範化してくるわけであるが、それは次章でみるように、最近のデータガバナンスの議論により、ますます促進されていく。

三　新たな規範の出現——スマートシティをめぐるレジーム・コンプレックス?——

　前述のとおりスマートシティについては、一定の規範化が進んでいたが、多国間フォーラムで合意された国際規範のようなものは存在しなかった。それは、スマートシティが大手IT企業と地方自治体によるローカルな取り組みであって、国際的な課題とは認識されていなかったからであろう。しかし、近年のスマートシティ・プロジェクトは、初期のプロジェクトに比べて、ビッグデータやAI（人工知能）の活用を伴うようになり、都市によるデータの収集・管理・分析のあり方に関心が集まるようになってきた。[50]そのような折、二〇一九年六月の二〇カ国・地域首脳会議（G20）でスマートシティが初めてトピックとして挙がる。このとき日本が議長国を務め、G20大阪首脳宣言が採択された。同宣言の中に、「イノベーション　デジタル化、データ・フリー・フロー・ウィズ・トラスト（信頼性のある自由なデータ流通）」というパラグラフが入り、その最後に「スマートシティの開発に向けた都市間のネットワーク化と経験共有を奨励する」という文章が入った。[51]

「信頼性のある自由なデータ流通」という概念は、「データローカライゼーション」と呼ばれるデータ保護主義の動きに対抗するものである。データローカライゼーションとは、個人情報保護・サイバーセキュリティ・国家安全保障などを理由に、データの越境移動を制限することを指す。[52]他方、自由なデータ流通という概念は、データが生み出すイノベーションを促進しようという立場であるが、「信頼性のある」というように、個人情報の保護やセキュリティといった観点からの信頼性の確保も不可欠と考える。[53]現在、自由なデータ流通あるいはデータローカライゼーションのいずれの立場をとるかは、主要国によってかなり異なり、中国・インド・ロシア・インドネシアなどが過度なデータ流通規制を課しているとされる。スマートシティがこの文脈においてG20で取り上げられたことは、データの越境移転のあり方とスマートシティが強く関連づけられていることを示している。

このG20の会合で、「G20グローバル・スマートシティーズ・アライアンス（G20 Global Smart Cities Alliance）」が設立されることが決まり、[54]世界経済フォーラム（第四次産業革命日本センター）が事務局となって二〇一九年一〇月に活動を開始した。活動目的の一つにスマートシティに関する規範と価値を策定することがあり、五つの原則が二〇二〇年に作られた。すなわち、①（ICTアクセスビリティの）公平性・包摂性・社会的インパクト、②セキュリティとレジリエンス、③プライバシーと透明性、④オープン性と相互運用性、⑤（デジタルインフラ設備の整備について）財務面・運営面での持続可能性、である。[55]現在、三六都市がこの五原則を実践するプロジェクトを行っている（日本からは加古川・浜松・加賀・前橋の四都市が参加）。

この新たな規範の出現は、SDG11とスマートシティ規範が接合して発展してきた都市開発とは異なる文脈で生じており、それは、規範を生んだレジームの特質に依るものと言える。つまり、G20は、グローバル経済に関するレジームであり、とりわけG20グローバル・スマートシティーズ・アライアンスの設立が決まった二〇一九年六月のG20は、自由なデータ流通を志向する日本が議長国としてリーダーシップをとった。[56]こうしたレジームの志向が規範に色濃く反映され、スマートシティ五原則は、それまでの都市開発の文脈と異なって、「データガバナンス」を焦点として作られた。[57] これにより、スマートシティをめぐって、ＳＤＧ11を中心とした国連のレジームと、Ｇ20のレジームが共存する状況となった。

このような都市開発に関するレジーム状況はレジーム・コンプレックスということができる。[58] レジームは、規範が創出されたり再構成されたりする場であるが、レジーム自体にとっても規範は重要な要素とされてきた。レジームの定義は「ある問題領域における、原理・規範・ルール・意思決定手続の集合」とされ、[59] つまりレジームは、規範といった「観念的」な要素と、組織上のルールなど「物質的」な要素によって構成される。[60] とりわけレジームの規範的側面は、レジーム自体の特性を強く現すことになるので、スマートシティの多面性に照らせば、スマートシティ規範のどの部分を重視するかは、そのレジームの特性を相当程度、左右することになる。

スマートシティをめぐりレジーム・コンプレックスが出現しつつある中で、これらのレジームの規範が今後どのような関係性に発展するのかは、現在は不透明である。しかし、近年の先行研究ではレジーム・コンプレックスをポジティブな現象と捉えることも多く、たとえば「より有効なガバナンスのあり方を試行できるというメリットもあるため、革新的な解決策の模索に繋がる可能性も高い」[61] とも指摘される。レジーム・コンプレックスの関係性を決める重要な要因の一つは、レジームの規範の関係性にある。[62] とりわけ、Ｇ20グローバル・スマートシティーズ・アライアンスのスマートシティ五原則が、ほかのレジームの規範とどのような関係になるかが注目されるが、規範が「衝突」するかというと、対立関係にはならないだろう。Ｇ20グローバル・スマートシティーズ・アライアンスのスマートシティ五原則は、データやデジタル化に関するルールに焦点を絞っており、これも持続可能なスマートシティを推進していく上では必要なルールである。先行研究では、新たな規範が生まれるきっかけが既存の規範への挑戦や対抗といった事例が扱われることが多かったが、[63] 本事例の規範間にはそうした挑戦や対抗といった関係性はなく、むしろ、Ｇ20グローバル・スマートシティーズ・アライアンスは、既存の規範のデータやデジタル化に関する規範を強化した、と説明することができる。これまでも、グローバル・スマートシティーズ・アライアンスが志向するようなルールは存在しており、たとえばスマートシティ規範にも包摂性・公平性の視点は含まれていたし、Ｕ４ＳＳＣにもオープン・データやＩＣＴアクセスといった指標が存在していた。つまり、データガバナンスをめぐるルールは、完全に新規のアイディアというわけではないが、グローバル・スマートシティーズ・アライアンスの原則は、データガバナンスに関してより包括的なルールを提示した、と言える。最近のＵ４ＳＳＣの議論においても、都市課題におけるＡＩの活用を議論するグループが活動しており、データガバナンスの視点が重視されているようである。[64] 今後、これらレジームがより有効なスマートシティのガバナンスに向けてどのような相互作用を起こすか、注視していく必要がある。

まとめ

本稿では、持続可能な都市開発に関する規範の複雑な発展過程を追ってきたが、こうした規範の発展の背景には、近年のデジタル化によって都市開発がますます多面性をもつ課題になってきていることが指摘できる。まさに、スマートシティの多目的で複合的な特性が、規範の発展のプロセスに反映されており、二つの重要な発展の機会が認められた。

まず、SDG11がスマートシティをめぐる既存の規範の中に投入され、国連レジームにおいてSDGsとスマートシティ規範が接合されたことである。もともと、スマートシティ規範は、技術主導のアプローチから、持続可能な都市の実現というアプローチへ変遷してきたが、その背景には、大手IT企業による「技術・市場主導で、上からの」都市開発を批判する立場から、いかに社会からの規範的要請を都市のデジタル化のプロセスに加えていくか、という課題があった。スマートシティ規範は、IT企業と自治体をアクターとした規範として拡大していたが、SDG11の登場により、スマートシティ規範が国連レジームで扱われるようになって、国際規範化が進んだ。また、SDG11にとっても、スマートシティ規範との出会いによって「スマート性」の部分が埋められ、都市開発の規範として、より多面性を帯びることとなった。こうした関係は、ITUが国連機関であったことから、SDGsとスマートシティの規範接合に積極的に動いたことで生まれた。

近年のビッグデータやAIを使ったスマートシティの拡大と共に、スマートシティはさらに国際的な関心を集めるようになる。G20における新たなスマートシティ原則は、近年のデジタル経済をめぐる国家間の対立、とりわけ、データの自由流通とデータローカライゼーションをめぐる主要国の対立をめぐって、データガバナンスに関する国際ルール作りの必要性を背景にしている。(65) そうしたルール策定は、現在は、日本・米国・EU・中国・インド・ロシアなど、主要国それぞれのデータに関する規制の違いから簡単には合意できる状況にはない。G20におけるスマートシティに関するアクションは、デジタル経済およびデータ流通をめぐる国際状況をにらみつつ、スマートシティという一つの争点領域で、都市におけるデータガバナンスに関する原則を提示することで、データの自由流通の方向性に（都市にとどまらず）広く国家間の立場の違いを埋めていく試みだと捉えられる。

現在、都市開発の規範は、レジーム・コンプレックスのような状況にあるが、レジーム間の規範は対立関係にはなく、とりわけG20が、スマートシティのデータやデジタル化の規範を強化したとみることができる。まだ比較的新しいこのレジーム・コンプレックスの状況を、規範の発展の観点から今後も注目していく必要がある。

（1）United Nations, General Assembly, *Transforming Our World: The 2030 Agenda for Sustainable Development*, A/70/L.1 (18 September 2015). 本稿では外務省の仮訳に基づいた。外務省 <https://www.mofa.go.jp/mofaj/files/000101402.pdf> (accessed 30

September 2021).

（2）本稿の「都市（City）」の定義は、後の一（2）で紹介するITU勧告の「都市」の定義、すなわち「（一つまたは複数の）ローカルな政府と都市計画の当局が存在する都市地域のこと」とする（後掲註37参照）。

（3）Paula Lucci *et al.*, “Are Cities on Track to Achieve the SDGs by 2030?,” *Overseas Development Institute Report* 2016, p. 8.

（4）二〇三五年には世界の全人口の約六二%が都市に居住し、都市人口の増加の九六%がアジアやアフリカで生じると推測されている。UN-HABITAT, *World Cities Report 2020*, pp. 11–12.

（5）See, e.g., Robert G. Hollands, “Will the Real Smart City Please Stand Up? Intelligent, Progressive or Entrepreneurial?” *City*, 12-3 (2008), p. 307; Vito Albino *et al.*, “Smart Cities: Definitions, Dimensions, Performance, and Initiative,” *Journal of Urban Technology*, 22-1 (2015), pp. 4–5.

（6）Hurriet Bulkeley, *Cities and Climate Change* (Routedge, 2013); Peter Drahos, *Survival Governance: Energy and Climate in the Chinese Century* (Oxford University Press, 2021).

（7）Mattias Höjer and Josefin Wangel, “Smart Sustainable Cities: Definition and Challenges,” in Lorenz Hilty and Aebischer Bernard (eds), *ICT Innovations for Sustainability* (Springer, 2014), p. 346.

（8）Jacqueline M. Klopp and Danielle L. Petretta, “The Urban Sustainable Development Goal: Indicators, Complexity and the Politics of Measuring Cities,” *Cities*, 63 (2017), p. 93.

（9）たとえば、西谷真規子「国際規範とグローバル・ガバナンスの複合的発展過程」西谷真規子編『国際規範はどう実現されるか——複合化するグローバル・ガバナンスの動態』ミネルヴァ書房、二〇一七年、七頁；政所大輔『保護する責任——変容する主権と人道の国際規範』勁草書房、二〇二〇年、一四頁を参照。

（10）西谷、前掲書、八—九頁。

（11）Norichika Kanie and Frank Biermann (eds), *Governing Through Goals: Sustainable Development Goals as Governance Innovation* (MIT Press, 2017).

（12）小川裕子「目標による統治は可能か？-ＳＤＧｓの実効性と課題」『国連研究』二二号、二〇二一年、五五頁；内記香子「ソフトローの意義」『法学教室』四九一号、二〇二一年、二五—二九頁。

（13）Felix Dodds *et al.*, *Negotiating the Sustainable Development Goals: A Transformational Agenda for an Insecure World* (Routledge, 2017), pp. 27–35.

（14）Susan Parnell, “Defining a Global Urban Development Agenda,” *World Development*, 78 (2016), p. 529.

（15）United Nations, General Assembly, Resolution adopted by the General Assembly on 6 July, 2017, A/RES/71/313 (10 July 2017).

（16）内記香子「（書評論文）増加する『指標』とグローバル・ガバナンス」『国際政治』一八八号、二〇一七年、一一八—一二八頁。

（17）Kevin Davis, Benedict Kingsbury, and Sally Engle Merry, “Introduction The Local-Global Life of Indicators: Law, Power, and Resistance,” in Sally Engle Merry, Kevin Davis, and Benedict Kingsbury (eds), *The Quiet Power of Indicators: Measuring Governance, Corruption, and Rule of Law* (Cambridge University Press, 2015), p. 4; Alexander Cooley, “The Emerging Politics of International Ranking and Ratings: A Framework for Analysis,” in Alexander Cooley and Jack Snyder (eds), *Ranking the World: Grading States as a Tool of Global Governance* (Cambridge University Press, 2015), p. 15; Rene Urueña, “Indicators as Political Spaces,” *International Organizations Law Review*, 12-1(2015), p. 5.

(18)「翻訳規範」という表現は筆者のオリジナルであるが、蟹江・小坂が「ＳＤＧｓを日本の政策へと『翻訳』する方法を提案した」という表現を使っている。蟹江憲史・小坂真理「ＳＤＧｓ実施へ向けた展望」『環境研究』一八一号、二〇一六年、八頁。

(19)「規範」と「規範的アイディア」の区別について、政所、前掲書、一六頁。

(20) GRI, UNGC, and WBCSD, *SDG Compass* (2015) <https://sdgcompass.org/> (accessed 30 September 2021).

(21) 経済産業省『ＳＤＧｓ経営ガイド』二〇一九年 <https://www.meti.go.jp/press/2019/05/20190531003/20190531003-1.pdf> (accessed 30 September 2021).

(22) UN-HABITAT *et al.*, *SDG Goal 11 Monitoring Framework* (2016) <https://unhabitat.org/sdg-goal-11-monitoring-framework> (accessed 30 September 2021).

(23) Rob Kitchin, “Making Sense of Smart Cities: Addressing Present Shortcomings,” *Cambridge Journal of Regions, Economy and Society*, 8 (2015), p. 133.

(24) ＩＢＭプレスリリース「ＩＢＭの Smarter Cities Challenge´ 五都市の住民サービスの向上を支援」(二〇一七年七月二〇日) <https://jp.newsroom.ibm.com/announcements?item=122523> (accessed 30 September 2021).

(25) Sogeti Labs, “IBM’s Smarter Cities Challenge: A 5-Year Evaluation” (1 May 2014) < https://labs.sogeti.com/ibms-smarter-cities-challenge-5-year-evaluation/> (accessed 30 September 2021).

(26) Luca Mora and Mark Deakin, *Untangling Smart Cities* (Elsevier, 2019), p. 119.

(27) Anthony M. Townsend, *Smart Cities: Big Data, Civic Hackers, and the Quest for a New Utopia* (W. W. Norton & Company, 2013); Ola Söderström *et al.*, “Smart Cities as Corporate Storytelling,” *City*, 18-3 (2014), pp. 307–320; Robert G. Hollands, “Critical Interventions into the Corporate Smart City,” *Cambridge Journal of Regions, Economy, and Society*, 8 (2015), pp. 61–77

(28) Ruthbea Yesner Clarke, “Measuring Success in the Development of Smart and Sustainable Cities,” in Mary J. Cronin and Tiziana C. Dearing (eds), *Managing for Social Impact: Innovations in Responsible Enterprise* (Springer, 2017), pp. 243–244.

(29) Rudolf Giffiner *et al.*, *Smart Cities: Ranking of European Medium-Sized Cities* (Centre of Regional Science, Vienna University of Technology, 2007) <http://www.smart-cities.eu/download/smart_cities_final_report.pdf> (accessed 30 September 2021).

(30) Catriona Manville *et al.*, *Mapping Smart Cities in the EU* (European Parliament, 2014), p. 24< https://www.europarl.europa.eu/RegData/etudes/etudes/join/2014/507480/IPOL-ITRE_ET(2014)507480_EN.pdf> (accessed 30 September 2021).

(31) *Ibid.*

(32) See, e.g., OECD, *Enhancing the Contribution of Digitalisation to the Smart Cities of the Future* (2019), p. 13 < https://www.oecd.org/regional/regionaldevelopment/Smart-Cities-FINAL.pdf > (accessed 30 September 2021).

(33) Paolo Neirotti *et al.*, “Current Trends in Smart City Initiatives: Some Stylised Facts,” *Cities*, 38 (2014), p. 27; Margarita Angelidou, “Smart City Policies: A Spatial Approach,” *Cities*, 41(S1) (2014), pp. S5–S6; Albino *et al.*, *supra* note 5, p. 10.

(34) Hannele Ahvenniemi *et al.*, “What are the Differences between Sustainable and Smart Cities?,” *Cities*, 60 (2017), p. 236.

(35) 船田学「幕開けるスマートシティビジネス——参入企業が直面する課題と対応の方向性」『金融財政ビジネス』一〇九七四号、二〇二一年、四頁。

(36) Simon Elias and John Krogstie, "Smart Sustainable Cities of the Future: An Extensive Interdisciplinary Literature Review," *Sustainable Cities and Society*, 31 (2017), pp. 183–212; Höjer and Wangel, *supra* note 7, pp. 333–349.

(37) Recommendation ITU-T, Y.4900/L.1600 (06/16): Overview of Key Performance Indicators in Smart Sustainable Cities, 3.2.2, <https://www.itu.int/rec/T-REC-L.1600-201606-I> (accessed 30 September 2021).

(38) Höjer and Wangel, *supra* note 7, p. 342.

(39) Recommendation ITU-T, *supra* note 37, 6. Key Performance Indicators.

(40) See, ASEAN, *ASEAN Smart City Framework* (2018), para. 4 <https://asean.org/wp-content/uploads/2021/09/ASEAN-Smart-Cities-Framework.pdf>; OECD, *supra* note 32, p. 9; ISO, *Sustainable cities and communities — Indicators for smart cities* (2019), para. 3.4 <https://www.iso.org/obp/ui/#iso:std:iso:37122:ed-1:v1:en> (accessed 21 January 2022).

(41) See, e.g., Aapo Huovila *et al.*, "Comparative Analysis of Standardized Indicators for Smart Sustainable Cities: What Indicators and Standards to Use and When?," *Cities*, 89 (2019), pp. 141–153; Laura A. Wendling *et al.*, "Benchmarking Nature-Based Solution and Smart City Assessment Schemes Against the Sustainable Development Goal Indicator Framework," *Frontiers in Environmental Science*, 69-9 (2018), pp. 1–18; Klopp and Petretta, *supra* note 8.

(42) See, Robert Cowley and Federico Caprotti, "Smart City as Anti-planning in the UK," *Environment and Planning D: Society and Space*, 37-3 (2019), p. 439.

(43) ＳＤＧ11の実施において、技術の活用といったスマート性が足りていないことはＵＮ-ＨＡＢＩＴＡＴも指摘している。UN-HABITAT, *World Cities Report 2020: The Value of Sustainable Urbanization* (2020), p. 5 < https://unhabitat.org/sites/default/files/2020/10/wcr_2020_report.pdf > (accessed 30 September 2021).

(44) U4SSC, About < https://u4ssc.itu.int/about/ > (accessed 30 September 2021).

(45) U4SSC, Collection Methodology for Key Performance Indicators for Smart Sustainable Cities (2017) <https://unece.org/DAM/hlm/documents/Publications/U4SSC-CollectionMethodologyforKPIfoSSC-2017.pdf>(accessed 30 September 2021). 当該パフォーマンス指標は、都市がＳＤＧｓを達成するためのもので、よりスマート化して持続可能性を追求するためのもの、とされる。

(46) Giuseppe Grossi and Olga Trunova, "Are UN SDGs Useful for Capturing Multiple Value of Smart City?," *Cities*, 114 (2021), pp. 103–193.

(47) 複合規範とは、「複数の既存の規範が組み合わさって、特定の原理のもとに統合され、新しく提示される」規範のことをいう。栗栖薫子「人間安全保障『規範』の形成とグローバルガヴァナンス——規範複合化の視点から——」『国際政治』一四三号、二〇〇五年、七八頁。

(48) 室田昌子「持続可能な都市・コミュニティへの再生」佐藤真久ほか編『ＳＤＧｓと環境教育』（学文社、二〇一七年）参照。

(49) 佐藤真久「ＳＤＧｓと都市計画・まちづくり——ハード・インフラとソフト・インフラの有機的連関に向けて」『都市計画』三五四

号、二〇二二年、一六―一七頁。

(50) Kelsey Finch and Omer Tene, "Smart Cities: Privacy, Transparency, and Community," Evan Selinger *et al.* (eds), *The Cambridge Handbook of Consumer Privacy* (Cambridge University Press, 2018), pp. 125–148.

(51) 外務省、G20大阪首脳宣言（二〇一九年六月二八、二九日）<https://www.mofa.go.jp/mofaj/gaiko/g20/osaka19/jp/documents/final_g20_osaka_leaders_declaration.html> (accessed 30 September 2021).

(52) 東條吉純「WTO協定による越境データ流通の規律と限界」*RIETI Discussion Paper* 20-J-011, 二〇二〇年二月、五―六頁参照。

(53) 渡辺翔太「ガバメントアクセス（GA）を理由とするデータの越境移転制限」*RIETI Discussion Paper* 19-J-067, 二〇一九年一二月、二頁参照。

(54) World Economic Forum, News Releases (27 June 2019) <https://www.weforum.org/press/2019/06/world-economic-forum-to-lead-g20-smart-cities-alliance-on-technology-governance> (accessed 30 September 2021).

(55) 邦訳は、世界経済フォーラム第四次産業革命日本センター「世界の都市とともにルールをつくる〜スマートシティ・ポリシー・ロードマップ〜」（二〇二一年二月一日）<https://note.com/c4irj/n/nadf562eb2ff4> (accessed 30 September 2021) を参照。

(56) なお、二〇二一年四月に日本政府が公表した「スマートシティ・ガイドブック（第1版）」には、五つの基本原則」としてG20グローバル・スマートシティーズ・アライアンスのスマートシティ五原則がそのまま挿入されている。内閣府、スマートシティ・ガイドブックの作成について（二〇二一年一月二九日公開、四月九日更新）<https://www8.cao.go.jp/cstp/society5_0/smartcity/index.html> (accessed 30 September 2021).

(57) 土屋俊博・平山雄太「G20 Global Smart Cities Allianceの取り組みについて」『新都市』七四巻二号、二〇二〇年、六五―六八頁。See also, World Economic Forum, *Governing Smart Cities: Policy Benchmarks for Ethical and Responsible Smart City Development*, 2021 <http://www3.weforum.org/docs/WEF_Governing_Smart_Cities_2021.pdf> (accessed 30 September 2021).

(58) レジーム・コンプレックスの概念をめぐる先行研究は数多いが、本稿では「一つの核を頂点とする階層的な単一レジームでも、相互に連携する核をまったく持たないレジームでもない制度的空間であり、それぞれが具体的な目標を掲げる、相互に連関するいくつもの小レジームから構成される複合体のこと」という理解で用いている。山田高敬「国際レジーム論の系譜――統合から分散へ――」西谷真規子・山田高敬編『新時代のグローバル・ガバナンス論――制度、過程、行為主体』ミネルヴァ書房、二〇二一年、九九頁。

(59) Stephen Krasner, "Structural Causes and Regime Consequences: Regimes as Intervening Variables," in Stephen Krasner (ed), *International Regimes* (Cornell University Press, 1983), p. 2.

(60) 西谷、前掲注九、五―六頁。

(61) 山田、前掲注五八。

(62) See, e.g., Christian Kreuder-Sonnen, "After Fragmentation: Norm Collision, Interface Conflicts, and Conflict Management," *Global Constitutionalism*, 9-2 (2020), pp. 241-267.

(63) See, e.g., Benjamin Faude, "Coordination or Conflict? The Causes and Consequences of Institutional Overlap in a Disaggregated World Order," *Global Constitutionalism*, 9-2 (2020), pp. 268–289; 足立研幾「新たな規範の伝播失敗」『国際政治』一七六号、二〇一四年、一―一三頁。

(64) U4SSC, Thematic Groups, <https://www.itu.int/en/ITU-T/ssc/united/Pages/thematic-groups.aspx> (accessed 10 January 2022).

(65) データをめぐる国家間の対立について、須田祐子『データプライバシーの国際政治――越境データをめぐる対立と協調』勁草書房、二〇二一年を参照。また、スマートシティの国際標準化をめぐる国際政治について、内記香子「スマートシティをめぐる国際標準化――中国の『公衆衛生上の緊急事態に関する国際規格案』から見えるルール形成の現状」*RIETI Discussion Paper* 22-J-015, 二〇二二年三月を参照。

〔付記〕本稿は科学研究費補助金（21H04383）による研究成果の一部である。

（ないき　よしこ　名古屋大学）

日本国際政治学会編『国際政治』第208号「ＳＤＧｓとグローバル・ガバナンス」（二〇二三年一月）

地球環境問題協議枠組み間の連携促進にＳＤＧｓがもたらす効果

――海洋プラスチックごみ問題に関する協議を事例に――

高尾珠樹

はじめに

二〇一五年に持続可能な開発目標（ＳＤＧｓ：Sustainable Development Goals）が合意されたことは、国連人間環境会議以来グローバル・ガバナンスのテーマとして扱われてきた地球環境問題の議論に大きな進展をもたらした。ＳＤＧｓは二〇〇〇年に策定されたミレニアム開発目標（ＭＤＧｓ：Millennium Development Goals）を前身としているが、ＭＤＧｓが貧困の撲滅に重点を置き、環境問題に関するゴールは八つのうちわずか一つであったのに対して、ＳＤＧｓは「経済・環境・社会」を三つの柱として掲げ[(1)]、これら三つの柱が統合的に考慮されるべきであるとされた[(2)]。これによって、地球環境問題がグローバル・ガバナンスにおける中心課題の一つとして明示的に位置付けられたといえる。

ＳＤＧｓには大きく四つの特徴――①法的拘束力の欠如、②国際レベルでの制度的取り決めの弱さ、③グローバルな包含・包括性、④国家の選択余地の広さ――がある[(3)]。この四つの特徴に基づき、ヴィジエらはグローバル・ガバナンスにおいてＳＤＧｓがどのようにガバナンスのあり方を変容・進展させるかという点に関する議論が重要であると述べたうえで、進展のあり方としてＳＤＧｓによる国際制度の統合促進を論じた[(4)]。ＳＤＧｓの17のゴールは独立したものではなく相互に関連しており、ゴールの同時達成という理念を踏まえれば[(5)]、ＳＤＧｓの各ゴールに関連する協議の連携促進は、ＳＤＧｓによるグローバル・ガバナンスの進展を検証する際における重要な論点であるといえる。

この点は地球環境ガバナンスの進展を考える際においても重要である。環境に関するＳＤＧｓゴールは多く，相乗効果が期待できる分野がある一方，ゴール同士での矛盾・対立が生じることもある。他方，多くの地球環境問題は単一の協議枠組みで問題のすべてを対処することは難しい。そのため，ＳＤＧｓを通じて様々な協議枠組み間の連携が進展することは，地球環境問題の解決に向けた議論の進展に寄与するだろう。

ＳＤＧｓを通じた地球環境問題の分野間の統合については賛否両論の議論があり，ＳＤＧｓがベンチマークとして機能することで分野横断的な統合が加速するという研究がある一方(6)，ＳＤＧｓはグローバル・ガバナンスの断片化を反映したものに過ぎないという見解もある(7)。また，個別のＳＤＧｓゴールに関する国際制度における議論のアプローチを通じて，他のＳＤＧｓゴールも考慮されることになるといった研究もある(8)。

こうした議論を踏まえると，ＳＤＧｓを通じた地球環境問題の分野間統合の進展にはＳＤＧｓによるベンチマーク，すなわちＳＤＧｓによる地球環境問題に対する認識枠組みの構築が鍵となるといえる。こうした文脈に関して，気候変動分野や生物多様性分野では，気候変動枠組条約事務局など関連する国際機関が，それぞれが扱う地球環境問題とＳＤＧｓとの関係について整理した分析や議論を進めており(9)，国際機関を中心に，こうした認識のフレーミングのための取組が進んでいる。

他方，地球環境問題をＳＤＧｓという文脈でフレーミングすることが，問題に対する議論をいかに進展させるかという点に関する検証を進展させるためには，上述のように国際機関によって整理された地球環境問題とＳＤＧｓとの関係性に関する認識枠組みが，当該問題に関する多国間協議の現場にどのように反映され議論の進展に影響を及ぼしているかという，認識枠組みが協議現場に浸透する過程について，一層研究を進める必要がある。

以上の問題意識に基づき，本稿では海洋プラスチックごみ問題というＳＤＧｓ採択後に議論の進展及び成果が見られた地球環境問題を対象に，ある地球環境問題に関するグローバルな議論の現場においてＳＤＧｓがどのように用いられ，当該地球環境問題に関する認識枠組み及び協議枠組みにどのような影響を与えうるのかという問いを検証する。具体的には，海洋プラスチックごみ問題をＳＤＧ14――「海の豊かさを守ろう」――に関する地球環境問題である海洋汚染問題として位置付けた協議枠組みである国連環境総会（ＵＮＥＡ：United Nations Environmental Assembly）関連会合での協議と，ＳＤＧ12――「つくる責任，つかう責任」――に関する地球環境問題である廃棄物の適正管理問題を扱う協議枠組みである「有害廃棄物の国境を越える移動及びその処分の規制に関するバーゼル条約（バーゼル条約）」関連会合での協議を事例として扱う。

ＳＤＧｓ設立に向けた国連総会の関連会合では，海洋プラスチックごみ問題は特段議題として取り上げられておらず，ＳＤＧｓと海洋プラスチックごみ問題の関係性は整理されていなかった。他方，国連全体の枠組みで開催されたＳＤＧｓと海洋環境問題を扱った国連海洋会議の内容を踏まえつつ、UNEPを事務局とするUNEAの会合を通じて、SDGsと海洋プラスチックごみ問題の関係性の整理が進められた。UNEAは国連加盟各国が環境問題について幅広く議論する場であり、この枠組みにおいて海洋プラスチックごみ問題が主要テーマとして取り上げられ、後述する専門家会合で議論が進められた。

一方のバーゼル条約は廃棄物の越境移動規制に関する条約であり、条約枠組みでの協議テーマは基本的に廃棄物の適正管理に関するものに限られていた。他方、条約事務局はUNEA同様UNEPの管轄下にあり、UNEAでの協議が進んでいく中で、当該条約枠組みにおいても海洋プラスチックごみ問題が取り上げられるようになっていった。

一　SDGsと海洋プラスチックごみ問題に関する認識枠組みの醸成

(1) SDGs以前の海洋プラスチックごみ問題に対するグローバルな協議

a　UNEA発足以前の海洋プラスチックごみ問題に関する議論

海洋プラスチックごみ問題が地球環境問題として本格的に扱われるようになったのは近年になってからであった(10)。一九九五年に国連環境計画（UNEP：United Nations Environment Programme）で採択された陸上活動からの海洋環境の保護に関する世界行動計画の第二回政府間会合において、海洋ごみに関する新しいパートナーシップ設立の必要性が提唱された(11)。その後第三回会合における勧告に基づき(12)、二〇一二年の国連持続可能なリオ開発会議においてUNEPを事務局とする海洋ごみ国際パートナーシップ（GPML：Global Partnership on Marine Litter）が設立された(13)。一方、会議全体の成果文書における海洋プラスチックごみに関する言及はわずかしかなく(14)、GPMLに関連する部分においても、海洋プラスチックごみ問題と廃棄物の適正管理の関連性に関する具体的な言及は見られなかった(15)。

b　第一回UNEAにおける海洋プラスチックごみ問題の議論

二〇一四年の第一回UNEAでは、SDGsに環境の側面が組み込まれることが提唱されたうえで(16)海洋プラスチックごみ問題が議題として取り上げられた。会議で採択された海洋プラスチックごみに関する決議にはプラスチックなどの海洋ごみによる汚染が海洋及び海洋生物多様性に悪影響を与えているということが冒頭に明記されており、当該問題が海洋環境汚染の問題として認識されていたことを示している(17)。

同会議を通じて、UNEP事務局が問題の状況を調査・報告することとなった。また、バーゼル条約や生物多様性条約などの事務局を調査に招待することが定められた(18)。海洋プラスチックごみ問題が既存の多様な条約枠組みが扱うテーマと関連する問題であり、それら枠組みとの協力・連携が必要であることがUNEA発足当初から認識されていたことを示唆している。こうした関連枠組みの一つに、バーゼル条約は位置づけられていた。

第一回ＵＮＥＡが開催された時期はＳＤＧｓの採択前であるが、会合でもＳＤＧｓの採択を念頭においた議論が行なわれていた。他方、海洋プラスチックごみの決議文からは、ＳＤＧｓの個別のゴールとの関連性に関する整理はまだ見出せない。

　このように、ＳＤＧｓ採択以前から海洋プラスチックごみ問題はグローバルな協議で議題として扱われていたが、もっぱら海洋環境問題として議論が進められており、廃棄物の適正管理との関連性は認識されていたものの、当該分野に関する協議枠組みとの連携の進展は見られなかった。

(2)　ＳＤＧｓ協議過程における海洋プラスチックごみ問題の扱い

　ＳＤＧｓの設立に向けた協議は、二〇一二年のリオ開発会議によって設立された公開ワーキンググループで進められた[19]。同会合は二〇一三年三月から翌年七月にかけて計一三回開催され、第八回会合で海洋に関する目標が議論された。海洋ごみなど海洋汚染に関するＳＤＧ14・1[20]の元となる文言はリオ開発会議の決議文にすでに表れていたが[21]、第八回会合では、プラスチックを含む海洋ごみ問題が個別テーマとして議論されることはなかった。また、会合時点では海洋に関するゴールを独立のものとするか他のゴールの下に統合するかどうか議論が分かれていた[22]。さらに、第一〇回会合では関連分野ごとをクラスターに分類して議論が進められたが、海洋環境は廃棄物管理とは別のクラスターであった[23]。

　このように、ＳＤＧｓの協議過程においては、海洋汚染全般の議論はあったものの、ＳＤＧｓと海洋プラスチックごみ問題との関係性は整理されておらず、海洋に関するＳＤＧｓゴールの立ち位置も定まっていなかった。

(3)　ＳＤＧｓ採択後における海洋プラスチックごみ問題とＳＤＧｓとの関係性の整理

a　第二回ＵＮＥＡとＳＤＧｓ

　二〇一六年五月に開催された第二回ＵＮＥＡでも海洋プラスチックごみ問題は議題として取り上げられ、第一回会合を受けて行われたＵＮＥＰ事務局の調査結果が共有されたほか、決議では事務局に既存の対策の有効性（effectiveness）評価が要請された[24]。

　第二回ＵＮＥＡはＳＤＧｓ採択後に開催されており、当該決議の前文においてＳＤＧ14及び14・1が「再確認」という形で明記された[25]。これは、ＵＮＥＡの議論において海洋プラスチックごみ問題とＳＤＧｓの関係が明確化され、海洋プラスチックごみ問題が一義的にはＳＤＧｓ14に関する問題であるという認識が参加主体間で醸成され始めていたことを示唆している。

　また、決議では問題の解決には廃棄物の適正管理が重要であることが強調された[26]。これは、海洋プラスチックごみ問題が一義的には海洋環境の問題であるとしつつ、その解決には廃棄物の適正管理に関する協議枠組みとの連携が必要であることが、協議枠組みとして認識されていたことを示唆する。

　第二回ＵＮＥＡを通じて、海洋プラスチックごみ問題が一義的にはＳＤＧ14に関する問題であることが明確に位置づけられた。同時に、第一回ＵＮＥＡに引き続き、対策を進める上での廃棄物の適正管理分野との連携の必要性も確認された。

b　国連海洋会議とＳＤＧ14

二〇一七年、第二回ＵＮＥＡと第三回ＵＮＥＡの合間に、国連海洋会議（The United Nations Ocean Conference）が初めて開催された。本会議は、前年の国連総会決議に基づき、ＳＤＧ14の達成に向けた取組の機運を高め、実施を支援することを目的としたものであった。[27]会議では漁業資源の減少、海洋酸性化とともに海洋プラスチックごみ問題が重要なテーマとして認識されており、[28]議論を通じて各国政府等の取組が共有された。また、一部参加国や国際機関は問題の解決策として使い捨てプラスチックの規制の必要性を訴えており、海洋プラスチックごみ問題対策に統合的な視点が必要であることが各国間で認識されていたことも示唆される。[29]

会議を通じて、ＳＤＧ14と海洋プラスチックごみ問題との関係性に関する認識に進展が見られた。二〇一七年二月、会合に合わせて国連経済社会理事会事務局がＳＤＧ14と他の各ＳＤＧｓゴールとのシナジーやトレードオフを分析したレポートを公表し、[30]レポートは会議資料として共有された。[31]レポートでは、一二四の既存の国連報告書の分析等を通じて、ＳＤＧ14に含まれるターゲット同士の相互関係の有無及び相互関係があるものについてはその関係性が図示され、ＳＤＧ14の各ターゲットとＳＤＧ14以外の各ゴールとのシナジーが整理された。ＳＤＧ14・1については、ＳＤＧ6、8、9、11、12、15に関連する取組がその達成に貢献することが示され、[32]ＳＤＧ12に関しては、廃棄物発生量の減少や製造プロセスの改善によってＳＤＧ14・1に関連する海洋汚染が軽減できることが示された。[33]このレポートを通じて、ＳＤＧ14に関連する各問題の解決に、他のＳＤＧｓに関連する取り組みがどのように貢献しうるか、あるいはＳＤＧ14に関する取り組みが他のＳＤＧｓゴールにどのような影響を及ぼすかという点が示された。

海洋プラスチックごみ問題については、すでに廃棄物の適正管理を通じた問題解決の必要性は認識されていたが、本レポートを通じてＳＤＧ12の取り組みによるＳＤＧ14・1への貢献という文脈でＳＤＧｓを用いた関連性の整理がなされ、国連のレベルで共有された。すなわち、国連事務局による本レポートによって、海洋プラスチックごみ問題とＳＤＧｓとの関係性に関する認識のフレーミングがなされたといえる。

(4)　ＵＮＥＡ専門家会議での協議と認識枠組みの浸透

二〇一七年一二月に第三回ＵＮＥＡが開催され、引き続き海洋プラスチックごみ問題が取り上げられた。

ここで、第二回ＵＮＥＡに基づきＵＮＥＰ事務局が作成した海洋プラスチックごみ問題の対策に関する取り組みの有効性を評価したレポートに注目したい。[34]このレポートでは、海洋プラスチックごみ問題の解決に関係するＳＤＧｓターゲットが整理・列挙され、[35]ＳＤＧ14・1及びＳＤＧ14・2の他に、ＳＤＧ6・3、11・6、12・4、12・5に関するプラスチックのライフサイクルにおける取り組みの必要性が示された。[36][37]ＵＮＥＰ事務局の報告書においても、前述の国連経済社会理事会事務局のレポート同様、海洋プラスチックごみ問題がＳＤＧ12などＳＤＧ14以外のＳＤＧｓとも関連していることが明示されたのである。また、前述した国連海洋会議でのレポートと比較すると、ＳＤＧ12の具体的なターゲットにまで言及が及んでいる。このように、経済社会理事会及びＵＮＥＰ両国連事務局によるレポートによって、ＳＤＧｓを用いて海洋プラスチックごみ問題に関係する様々な地球環境問題との関係性が明確化された。両文書が示した認識枠組みは、後述する会合において、会合文書へのＳＤＧｓの記載という形で反映されていくのである。

会合では、プラスチックのライフサイクルの上流における対策の必要性が提唱され、[38]海洋プラスチックごみ問題に関する決議が採択された。[39]第二回ＵＮＥＡでの決議同様、関連するＳＤＧｓとしてＳＤＧ14・1が明記されたことに加えて、国連海洋会議の取り組みが認識された。その上で、当該問題の解決策に関する議論を行うための「海洋ごみ及びマイクロプラスチックに関する公開専門家会合（ＡＨＥＧ：**ad hoc open-ended expert group on marine litter and microplastics**）」の設立が定められ、ＵＮＥＰが事務局機能を担うこととされた。[40]

その後、二〇一八年五月に第一回ＡＨＥＧが開催され、七二カ国からの出席があったほか、バーゼル条約事務局を含む国際機関などが参加した。[41]開会宣言において、ＵＮＥＰ事務局から海洋プラスチックごみ問題がＳＤＧ14・1の達成を困難にしていることが強調された一方で、ＳＤＧ12との関連について言及はされなかった。[42]この点は、ＵＮＥＡに引き続き、ＡＨＥＧにおいても海洋プラスチックごみ問題は一義的にはＳＤＧ14に関連するものとして位置づけられていたことを示唆している。

他方、会合において、バーゼル条約事務局から、「海洋プラスチックごみ及びマイクロプラスチックへの取組を進めるためにバーゼル条約下でとりうる選択」という文書が提出された。[43]これは、条約の公開作業部会（ＯＥＷＧ：**Open Ended Working Group**）のために準備されたものであり、条約事務局からは、バーゼル条約枠組みで当該問題に取り組む意義、海洋プラスチックごみ問題の取組を進めるにあたってバーゼル条約枠組みとＡＨＥＧとの連携が継続されること、特に、開催が控えていたバーゼル条約第一一回ＯＥＷＧの内容のＡＨＥＧ次回会合への共有の必要性が主張された。第一回ＡＨＥＧの時点から、一義的にはＳＤＧ12と関連する枠組みとして位置づけられていたバーゼル条約枠組みとの連携の必要性が双方の事務局間で認識され、参加主体に提唱されていたのである。

二〇一八年一二月に開催された第二回ＡＨＥＧにも引き続き条約事務局が参加し、第一回会合で示されたとおり、同年9月に開催された第一一回ＯＥＷＧにおける海洋プラスチックごみ問題に関する議論の進捗状況が提出され、廃プラスチックに関するバーゼル条約附属書の改定及び条約下でのプラスチックごみに関するパートナーシップの設立が次の締約国会議（ＣＯＰ）に提示されるといった点が共有された。また、会合の成果として、第四回ＵＮＥＡに提出するための今後の検討に関するオプション案が取りまとめられた。[44]案の総論部分に引き続きＳＤＧｓとの関連性が記載され、プラスチックのデザイン面や消費者の需要等から生じる問題によって、ＳＤＧ14・1の達成及びＳＤＧ12・4等その他の関連ＳＤＧｓの達成が損なわれていることが強調された。このように、当該文書からはＳＤＧ14・1にとどまらずＳＤＧ12・4を含む他のＳＤＧｓも重要な関係を有していることが示された。海洋プラスチックごみ問題がＳＤＧ14及び12の両方に関連する問題であるという認識が参加主体間で広まっていったことを示している。

この案は二〇一九年三月に開催された第四回ＵＮＥＡに提出された。会合はこの文書をもとに議論が展開され、第四回ＵＮＥＡまでのものとされていたＡＨＥＧのマンデートを第五回まで延長することが決定された(45)。

他方、これまでの決議文においてはＳＤＧ14及びＳＤＧ14・1が再確認・再認識されていたのに対し、今回の決議文においてはＳＤＧｓ全体の達成のために海洋プラスチックごみの削減が必要であることが強調され、特定のＳＤＧｓゴールやターゲットは引用されなかった。また、決議文ではバーゼル条約や国際海事機関海洋保護委員会といった関連する既存の国際枠組みの取り組みの進捗が確認されたが、その中でバーゼル条約公開ワーキンググループの取り組みが第一に挙げられている。この点も、ＡＨＥＧを通じて当該問題がＳＤＧ14・1のみならずＳＤＧ12をはじめとした他のＳＤＧｓとの関連性を有しているものであるという認識が関係主体間に広まっていったことを示唆している。

二〇一九年一一月に開催された第三回ＡＨＥＧにもバーゼル条約事務局が出席し、条約附属書の改正やプラスチックごみパートナーシップの設立といった条約枠組みにおける進捗が報告された(46)。

第四回ＡＨＥＧは二〇二〇年一一月に開催され、これまでの会合及び第三回ＡＨＥＧを受けて参加者から提出された対策や今後の取り組みの方向性に関する文書を踏まえ第五回ＵＮＥＡに提出する成果文書が協議された。引き続きバーゼル条約事務局が出席し、多くの出席者が条約の進捗報告を歓迎した(47)。議長サマリーでは、第五回ＵＮＥＡにおいて八つの対策オプションが検討されるべきであるとされた(48)。このうち、マルチステークホルダーの関与及び既存の仕組みの強化として、バーゼル条約下での取り組みの活用が挙げられた。

海洋プラスチックごみ問題に関する協議は、ＵＮＥＡ及び総会決議に基づくＡＨＥＧにおいて海洋環境問題として議論が行われたが、ＳＤＧｓが策定された二〇一五年以降、国連経済社会理事会事務局のレポートやＵＮＥＰ事務局の報告書によって、当該問題がＳＤＧ14を中心としつつもＳＤＧ12にも関係するものであるという認識が整理された。その後、ＡＨＥＧ会合において事務局が提出した文書及び成果文書においてＳＤＧ14に加え12が繰り返し明記されていったことで、こうした認識枠組みが参加主体間に浸透し、バーゼル条約枠組みとの連携が促進された。

二　バーゼル条約下での海洋プラスチックごみの議論の展開とＳＤＧｓ

(1) バーゼル条約とＳＤＧｓ

バーゼル条約は有害廃棄物の越境移動を規制することを目的とした国際条約であり、二年ごとに開催されることとなっているＣＯＰを中心に規制対象等に関する議論が行われている。事務局は二〇一一年以降ロッテルダム条約及びストックホルム条約との共同事務局になっており、ＵＮＥＰの管轄下にある(49)。

条約はＳＤＧ2、3、6、11、12、14と関連するものとされている(50)が、ＳＤＧ12・4の達成度を測る指標の一つとしてバーゼル条約等の廃棄物や化学物質に関する条約への加盟国数が用いられており、条約事務局が当該指標の達成度を国連に報告する事務を担当しているように、特にＳＤＧ12と関連性が強い(51)。また、二〇一九年のＣＯＰ14において採択された国際協力に関する決議文には、ＳＤＧ12・4の達成に向けた取り組みを全加盟国が強化すべきであることが定められた(52)。一方、ＳＤＧｓが採択された後に初めて開催されたＣＯＰ13で採択された同様の決議文には、廃棄物及び化学物質の適正管理が持続可能な開発における分野横断的な政策課題である旨が明記された(53)。このように、バーゼル条約はＳＤＧ12と一義的な関連を有しつつ、条約が扱う政策課題がＳＤＧｓのさまざまなゴールの達成に貢献しうるものであるという認識が、条約枠組み内の関係主体間で共有されていたといえる。

(2) バーゼル条約における海洋プラスチックごみ問題の協議

ａ　バーゼル条約ＯＥＷＧと海洋プラスチックごみ問題

二〇一七年のＣＯＰ13を契機に、条約枠組みで海洋プラスチックごみ問題が議題として取り上げられるようになった。条約枠組みとして二〇一八年から二〇一九年にかけてＯＥＷＧで扱う議題の検討に際して、ノルウェー、ウルグアイ及びメキシコが海洋プラスチックごみを議題として扱うことを提案した(54)。提案に基づき、第二回ＵＮＥＡ決議及び当時二〇一八年に予定されていた第三回ＵＮＥＡにおいて採択が見込まれていた決議におけるバーゼル条約への要請を踏まえ、海洋プラスチックごみ問題についてバーゼル条約においてとりうる対策を検討することとなり、当該テーマはＯＥＷＧで扱われることとされた議題の中でも高い優先度が位置付けられた(55)。

二〇一八年九月に開催された第一一回ＯＥＷＧでは、ＣＯＰ14に向けた海洋プラスチックごみ問題に関する議論が展開された。まず、条約事務局から当該議題のＯＥＷＧでの扱いや議論の方向性に関する文書(56)、海洋プラスチックごみ問題に対するバーゼル条約枠組みがとりうる対策についてのレポート(57)、及び条約事務局地域センター等における海洋プラスチックごみ対策に関するレポートが提出された(58)。このうち最初の文書において、ＡＨＥＧからの求めに応じて、条約事務局がバーゼル条約関連の取組をＡＨＥＧに提出したことが報告され、引き続きＵＮＥＡ及びＡＨＥＧにＯＥＷＧでの取り組みを報告すべきことが提案された。ＵＮＥＡ及びＡＨＥＧがバーゼル条約との連携を重要視していたことに対して、バーゼル条約事務局は積極的にその求めに応じていた。また、二番目の文書において、海洋プラスチックごみ問題に関連するSDGsとしてSDG11・6、12・4、12・5、14・1が列挙された[59]。バーゼル条約条約事務局がAHEG事務局と同様に海洋プラスチックごみ問題がSDG12及び14の両方に関係する問題であることを認識しており、関連するSDGsを協議文書に明示することで、参加主体に対して関連性に関する認識の共有が図られていたといえる。

また、第一回OEWGにはAHEG共同議長が出席し、同年五月に開催されたAHEGの結果概要が会議文書として共有され、AHEG共同議長からは専門家会議における優先議題が説明された[60]。また、バーゼル条約下でとりうる対策として、ノルウェーからパートナーシップの設立及び条約附属書における廃プラスチックの扱いの変更に関する提案がなされた[61]。

会合の成果として、次のCOPで海洋プラスチックごみを含むプラスチックごみに関するパートナーシップを設立することや事務局が引き続きAHEGと対話を続けることなどが決められた[62]。

その後、二〇一九年に開催されたCOP14において条約枠組みとしての海洋プラスチックごみ問題への対応方法が議論され、事務局より提示されたこれまでの議論の経過や論点が整理された文書において、SDG12・5及び14・1を再認識することが記された[63]。また、AHEG事務局から第四回UNEAにおいてAHEGのマンデートが延長されたことが報告され[64]、UNEA及びAHEGでの議論における関連文書が共有された[65]。結果、条約附属書が改正され、汚れたプラスチックごみが条約の規制対象物に追加されることとなった[66]。また、プラスチックごみに関するパートナーシップの設立が決議されたが[67]、後者の決議文書において、海洋プラスチックごみに関する第四回UNEA決議が「歓迎」された一方で、SDGsの文脈においてはSDG12・5のみが明記されていることを付言したい。これは、バーゼル条約枠組みと一義的に関連するSDGsはSDG12であるという認識が保持されていたことを示唆している。

b　プラスチックごみパートナーシップの設立

COP14に基づき、バーゼル条約下でプラスチックごみに関するパートナーシップ（PWP：Basel Convention Plastic Waste Partnership）が設立された[68]。PWPの第一回会合は二〇二〇年三月に開催され、PWPが二〇二一年にかけて取り組むプロジェクトが決められた。また、AHEG事務局も出席し[69]、第三回UNEA決議及びAHEGでの議論の状況が共有された[70]。

おわりに

海洋プラスチックごみ問題は、当初は海洋環境問題として扱われ、SDGs採択以前においても廃棄物の適正管理との関連性は認識されていたものの、バーゼル条約枠組みにおいて当該問題は取り扱われていなかった。

一方、SDGs採択後、国連経済社会理事会事務局のレポートやUNEPからの報告書を通じて、当該問題が海洋環境問題だけでなく廃棄物問題にも関するものであるという認識枠組みが、ＳＤＧｓを用いて整理・明確化された。そのうえで、ＵＮＥＰ事務局はＵＮＥＡ及びＡＨＥＧに提出した文書に当該問題がＳＤＧ14と12の双方に関係するものであることを繰り返し記載し、廃棄物の適正管理に関する協議枠組みとの連携の必要性や意義を会議文書上で視覚化した。これによって、こうした認識枠組みが参加主体間に広まっていった。同時に、バーゼル条約枠組みは条約が扱う政策課題が一義的にはＳＤＧ12に関連するものであるとしつつ、他の様々なＳＤＧｓゴールとも関係するものであるという認識を保有していた。こうした中で、ＵＮＥＡからの要請に応じる形でバーゼル条約枠組みにおいても海洋プラスチックごみ問題が議論されるようになり、協議過程においては両事務局による最新の協議状況の共有といった形で連携が促進されていった。結果、本来は廃棄物の適正管理に関する協議枠組みであるバーゼル条約枠組みにおいて、もともとは海洋環境問題として扱われていた海洋プラスチックごみ問題への新たな対策が合意された。

このように今回のケースからは、ＳＤＧｓを用いてフレーミングされた地球環境問題に関する認識枠組みが当該地球環境問題の協議文書にＳＤＧｓを用いて反映されることによって、協議現場にこうした認識枠組みが浸透し、これまで連携が図られていなかった分野の枠組みとの連携が促進されるというＳＤＧｓの活用プロセスが確認された。地球環境問題に関する協議枠組み間の連携促進に資するような認識枠組みの醸成効果を、ＳＤＧｓが発揮したのである。この点に関連して、二〇二二年二月に開催されたＵＮＥＡ５・２では、プラスチックごみに関する条約設立に向けた交渉を開始することが合意された(71)。合意の表題は「プラスチックごみの根絶」であり、「海洋」という言葉が抜けている。ＵＮＥＡの当初においては海洋環境問題として扱われていたテーマがこのようにプラスチックごみ対策に関する合意に変化していったことは、各国政策当局の認識が変容していったことを反映したものであるといえる。

また、本事例で、報告書やレポートによって認識枠組みを整理し協議現場での醸成を図っていたのはＵＮＥＰ下の事務局が中心であり、ＳＤＧｓを用いて地球環境問題の分野間連携を推進していた主体は国連事務局であったといえる。この点、国連環境計画事務局長インガー・アンダーソンは二〇二一年九月に開催された海洋プラスチックごみ問題に関する大臣級会合の場において、海洋プラスチックごみは不適切な廃棄物管理によって発生するものであり、プラスチックの製造や廃棄物管理の改善が重要であること、バーゼル条約附属書の改正は「大きな前身」であることを訴えている(72)。間接的ではあるが、当該問題をＳＤＧ12にも関連づけようとする事務局の意思が示唆される。こうした事務局の活動は、国際機関が有するグローバル・ガバナンスへの影響力という文脈の研究にも示唆を有する。国際機関が国際問題に関する政策領域の分類化を通じて各国に影響力を行使するという分析は既存の研究で示されているが(73)、今回の事例はこうした影響力行使の具体的なツールとしてＳＤＧｓが活用できることを示しているといえる。

一方、今回のケースで連携を進展させた両枠組みの事務局はともにＵＮＥＰの管轄下にあり、すくなくとも事務局間での情報共有等は取りやすかった可能性はある。このため、今回のようなＳＤＧｓを活用したアプローチが、事務局を含む枠組み間の関係性が少ない領域においてどの程度活用できるかについては、より検証を進める必要がある。また、今回の研究では地球環境問題に関する協議プロセス同士の連携を扱ったが、ＳＤＧｓが経済・環境・社会の統合を掲げていることを踏まえれば、持続可能な開発を推進していくうえで、人権や貿易など環境問題以外の協議枠組みとの連携・調整が一層重要になっているといえる(74)。

最後に、ＳＤＧｓは多様な政策課題間の相互関連性を明確化し、グローバル・ガバナンスに統合的な対応を求めていることに加え、あらゆる国家にガバナンスの在り方(75)の変革を求める「根本的な変化」という理念も有しており、各国の政策現場への浸透が求められている(76)。本事例はこうした理念のうち統合的アプローチの命題がどのように協議現場において反映されていくかという点に示唆を有する。今後、国際機関によってＳＤＧｓが国際協議の現場に効果的に用いられることによって、ＳＤＧｓが提唱する理念がグローバル・ガバナンスの各主体に一層浸透していくことが期待される。

(1) United Nations General Assembly, *Transforming our world: the 2030 Agenda for Sustainable Development*, A/RES/70/1, October 21, 2015.

(2) Norichika Kanie, Steven Bernstein, Frank Biermann, and Peter M. Haas, "Introduction: Global Governance through Goal Setting," Norichika Kanie and Frank Biermann, eds., *Governing through Goals: Sustainable Development Goals as Governance Innovation* (Cambridge, MA: MIT Press, 2017), chap.1, Kindle.

(3) Frank Biermann, Norichika Kanie, and Rakhyun E. Kim, "Global Governance by Goal-Setting: The Novel Approach of the UN Sustainable Development Goals," *Current Opinion in Environmental Sustainability*, 26-27 (2017), pp. 26–31.

(4) Marjanneke J. Vije, et al., "Governance through Global Goals," in Frank Biermann, Rakhyun Kim, eds., *Architectures of earth system governance: institutional complexity and structural transformation* (Cambridge, United Kingdom; New York, NY: Cambridge University Press, 2020), chap.12, Kindle.

(5) A/RES/70/1.

(6) David Le Blanc, "Towards Integration at Last? The Sustainable Development Goals as a Network of Targets," *Sustainable Development*, 23-3 (2015), pp. 176–187.

(7) Rakhyun E. Kim, "The Nexus between International Law and the Sustainable Development Goals," *Review of European, Comparative and International Environmental Law*, 25-1 (2016), pp. 15–26.

(8) Maria Ntona and Elisa Morgera, "Connecting SDG14 with the Other Sustainable Development Goals through Marine Spatial Planning," *Marine Policy*, 93 (2018), pp. 214–222.

(9) Roy, J., P. Tschakert, H. Waisman, S. Abdul Halim, P. Antwi-Agyei, P. Dasgupta, B. Hayward, M. Kanninen, D. Liverman, C. Okereke, P.F. Pinho, K. Riahi, and A.G. Suarez Rodriguez, "2018: Sustainable Development, Poverty Eradication and Reducing Inequalities." In: *Global Warming of 1.5°C. An IPCC*

Special Report on the impacts of global warming of 1.5°C above pre-industrial levels and related global greenhouse gas emission pathways, in the context of strengthening the global response to the threat of climate change, sustainable development, and efforts to eradicate poverty [Masson-Delmotte, V., P. Zhai, H.-O. Pörtner, D. Roberts, J. Skea, P.R. Shukla, A. Pirani, W. Moufouma-Okia, C. Péan, R. Pidcock, S. Connors, J.B.R. Matthews, Y. Chen, X. Zhou, M.I. Gomis, E. Lonnoy, T. Maycock, M. Tignor, and T. Waterfield (eds.)]. In Press.

Also see, United Nations, *Global Conference on Strengthening Synergies, Between the Paris Agreement on Climate Change and the 2030 Agenda for Sustainable Development: Maximizing Co-Benefits by Linking Implementation of the Sustainable Development Goals and Climate Action, Conference Summary*, (2019). Accessed May 4, 2022, https://sustainabledevelopment.un.org/content/documents/25256WEB_version.pdf.

Also see, United Nations Decade on Biodiversity, *Sustainable Development Goals*. Accessed May 4, 2022, https://www.cbd.int/2011-2020/about/sdgs.

(10) Tallash Kantai, "Confronting the Plastic Pollution Pandemic," International Institute for Sustainable Development, December 22, 2020. Accessed May 4, 2022, https://www.iisd.org/articles/confronting-plastic-pollution-pandemic.

(11) United Nations Environment Programme, *Report of the second session of the Intergovernmental Review Meeting on the Implementation of the Global Programme of Action for the Protection of the Marine Environment From Land-based Activities*, UNEP/GPA/IGR.2/7, October 23, 2006, p. 16.

(12) United Nations Environment Programme, *Report of the third session of the Intergovernmental Review Meeting on the Implementation of the Global Programme of Action for the Protection of the Marine Environment from Land-based Activities*, UNEP/GPA/IGR.3/6, January 26, 2012, pp. 9–12.

(13) United Nations Environment Programme, *Global Partnership on Marine Litter*. Accessed May 4, 2022, https://www.unep.org/explore-topics/oceans-seas/what-we-do/addressing-land-based-pollution/global-partnership-marine.

(14) Kantai, *op.cit.*

(15) United Nations General Assembly, *The future we want*, A/RES/66/288, July 27, 2012, p. 31.

(16) Pamela S. Chasek and David L. Downie, *Global environmental politics 8th edition* (Abingdon, Oxon; New York, NY: Routledge, 2021), p. 301, Kindle.

(17) United Nations Environment Assembly, *Marine plastic debris and microplastics*, UNEP/EA.1/Res.6, June 27, 2014.

(18) Ibid.

(19) Nikhil Seth, "The Negotiation Process of the 2030 Agenda," Nikhil Seth, Càster Miguel Diaz Barrado, Paloma Duràn y Lalaguna, eds., *SDGs, Main Contributions and Challenges*, (United Nations Institute for Training and Research: New York, 2019), pp. 13–22.

(20) 海洋汚染に関するターゲット。

(21) A/RES/66/288, p. 31.

(22) Earth Negotiations Bulletin, *Summary report, 3–7 February 2014: 8th Session of the UN General Assembly's (UNGA) OWG on SDGs*, February 10, 2014. Accessed May 4, 2022, https://enb.iisd.org/events/8th-session-un-general-assemblys-unga-owg-sdgs/summary-report-3-7-february-2014.

（23）Earth Negotiations Bulletin, *Summary report, 13 March–4 April 2014: 10th Session of the UN General Assembly's (UNGA) OWG on SDGs*. Accessed May 4, 2022, https://enb.iisd.org/events/10th-session-un-general-assemblys-unga-owg-sdgs/summary-report-31-march-4-april-2014.

（24）United Nations Environment Assembly, *Marine plastic litter and microplastics*, UNEP/EA.2/Res.11, August 2, 2016.

（25）Ibid.

（26）Ibid.

（27）Earth Negotiations Bulletin, *Summary report, 5–9 June 2017: The Ocean Conference*. Accessed May 4, 2022, https://enb.iisd.org/events/ocean-conference/summary-report-5-9-june-2017.

（28）国際連合広報センター「国連海洋会議（二〇一七年六月五日〜九日、ニューヨーク）背景資料」二〇一七年五月一八日。Accessed May 4, 2022, https://www.unic.or.jp/news_press/features_backgrounders/24402/.

（29）Earth Negotiations Bulletin, *Summary report, 5–9 June 2017: The Ocean Conference*.

（30）David Le Blanc, Clovis Freire and Marjo Vierros, *Mapping the Linkages between Oceans and Other Sustainable Development Goals: A Preliminary Exploration*, UN Department of Economic and Social Affairs (DESA) Working Papers, February 28, 2017.

（31）United Nations, *The Ocean Conference 2017, Documentation*. Accessed May 4, 2022, https://oceanconference.un.org/documents.

（32）Blanc, Freire and Vierros, *op.cit.*, p. 8.

（33）Ibid, p. 10.

（34）United Nations Environment Assembly, *Combating marine plastic litter and microplastics: An assessment of the effectiveness of relevant international, regional and subregional governance strategies and approaches*, UNEP/EA.3/INF/5 February 15, 2018.

（35）海洋及び沿岸の生態系に関するターゲット。

（36）それぞれ順に、水質、都市の環境影響、化学物質や廃棄物のライフサイクル管理、廃棄物の削減、に関するターゲット。

（37）UNEP/EA.3/INF/5, p. 76.

（38）Earth Negotiations Bulletin, *Report of main proceedings for 30 November 2017, UNEA-3*. Accessed May 4, 2022, https://enb.iisd.org/events/3rd-meeting-unep-open-ended-committee-permanent-representatives-oecpr-3-0/report-main-0.

（39）United Nations Environment Assembly, *Marine litter and microplastics*, UNEP/EA.3/Res.7, January 30, 2018.

（40）Ibid.

（41）United Nations Environment Assembly, *Report of the first meeting of the ad hoc open-ended expert group on marine litter and microplastics*, UNEP/AHEG/2018/1/6, June 19, 2018.

（42）Ibid.

（43）United Nations Environment Assembly, *Possible options under the Basel Convention to further address marine plastic litter and microplastics*, UNEP/AHEG/2018/1/INF/5, May 22, 2018.

（44）United Nations Environment Assembly, *Report of the second meeting of the ad hoc open-ended expert group on marine litter and microplastics*, UNEP/AHEG/2018/2/5, pp. 6–7.
Also see, 早水輝好「海洋ごみとマイクロプラスチックに関する国際的な取組の動向」二〇一九年一月二一日、八項。Accessed May 4, 2022, http://www.geoc.jp/content/files/japanese/2019/01/190125_UNU-IAS_hayamizu.pdf.

（45）United Nations Environment Assembly, *Resolution adopted by the United Nations Environment Assembly on 15 March 2019*

4/6. Marine plastic litter and microplastics, UNEP/EA.4/Res.6, March 28, 2019.

(46) United Nations Environment Programme, *List of Delegations to the conference "The Third Ad Hoc Open Ended Experts Group Meeting on Marine Litter and Microplastics"*, January 13, 2020. Accessed May 4, 2022, https://wedocs.unep.org/bitstream/handle/20.500.11822/31204/Draft%20AHEG%203%20-%20Participants%20List.pdf?sequence=1&isAllowed=y.
Also see, @SamyDjavidnia. (November 21, 2019), Day 4 of the "Ad hoc open-ended expert group on #MarineLitter & #Microplastics." Interesting presentation by the Secretariat of the @brsmeas Convention on new #PlasticWastePartnership launched as part of the #BaselConvention #PlasticWasteAmendment. #SDG14 #AHEG, [Twitter post]. Accessed May 4, 2022, https://twitter.com/SamyDjavidnia/status/1197469791109255169.

(47) Earth Negotiations Bulletin, *Fourth Meeting of the Ad-hoc Open-ended Expert Group on Marine Litter and Microplastics: 9–13 November 2020*. Accessed May 4, 2022, https://enb.iisd.org/oceans/marine-litter-microplastics/aheg4/.

(48) United Nations Environment Assembly, *Chair's summary of the work of the ad hoc open-ended expert group on marine litter and microplastics for consideration by the United Nations Environment Assembly at its fifth session*, November 13, 2020. Accessed May 4, 2022, https://wedocs.unep.org/bitstream/handle/20.500.11822/34635/K2100061.pdf?sequence=11&isAllowed=y.
Also see, 環境省「第四回国連海洋プラスチックごみ及びマイクロプラスチックに関する専門家会合の結果について」二〇二〇年一一月二七日。Accessed May 4, 2022, https://www.env.go.jp/press/108671.html.

(49) 外務省「バーゼル条約」二〇一九年一二月一三日。Accessed May 4, 2022, https://www.mofa.go.jp/mofaj/gaiko/kankyo/jyoyaku/basel.html.

(50) Basel, Rotterdam and Stockholm Conventions, *Basel, Rotterdam and Stockholm Conventions and the 2030 Agenda for Sustainable Development*. Accessed May 4, 2022, http://www.brsmeas.org/Implementation/SustainableDevelopmentGoals/Overview/tabid/8490/language/en-US/Default.aspx.

(51) Ibid.

(52) Basel Convention, *Decision BC-14/21: International cooperation and coordination*. In: Basel Convention, *Report of the Conference of the Parties to the Basel Convention on the Control of Transboundary Movements of Hazardous Wastes and Their Disposal on the work of its fourteenth meeting*, UNEP/CHW/.14/28, May 11, 2019, pp. 87–88.

(53) Basel Convention, *Decision BC-13/16: International cooperation and coordination*. In: Basel Convention, *Report of the Conference of the Parties to the Basel Convention on the Control of Transboundary Movements of Hazardous Wastes and Their Disposal on the work of its thirteenth meeting*, UNEP/CHW.13/28, August 16, 2017, pp. 77–78.

(54) Earth Negotiations Bulletin, *Summary report, 24 April – 5 May 2017: 2017 Meetings of the Conferences of the Parties to the Basel, Rotterdam and Stockholm Conventions (BRS COPs)*. Accessed May 4, 2022, https://enb.iisd.org/events/2017-meetings-conferences-parties-basel-rotterdam-and-stockholm-conventions-brs-cops-9-10.

(55) Basel Convention, *Decision BC-13/17: Work programme and operations of the Open-ended Working Group for the biennium*

2018–2019. In: UNEP/CHW.13/28, pp. 79–82.

(56) Basel Convention, *Marine plastic litter and microplastics: Note by the secretariat*, UNEP/CHW/OEWG.11/7. May 11, 2018.

(57) Basel Convention, *Report on possible options available under the Basel Convention to further address marine plastic litter and microplastics*, UNEP/CHW/OEWG.11/INF/22, May 8, 2018.

(58) Basel Convention, *Report on possible options available under the Basel Convention to further address marine plastic litter and microplastics: Activities related to marine plastic litter and microplastics undertaken by the Basel Convention regional and coordinating centres and the Stockholm Convention regional and subregional centres*, UNEP/CHW/OEWG.11/INF/22/Add.1, May 24, 2018.
Also see, Earth Negotiations Bulletin, *Summary report, 3–6 September 2018: 11th Meeting of the Open-Ended Working Group of the Basel Convention on the Control of Transboundary Movements of Hazardous Wastes and their Disposal (OEWG11)*. Accessed May 4, 2022, https://enb.iisd.org/events/11th-meeting-open-ended-working-group-basel-convention-control-transboundary-movements-4.

(59) UNEP/CHW/OEWG.11/INF/22/Add.1.

(60) Earth Negotiations Bulletin, *Summary report, 3–6 September 2018: 11th Meeting of the Open-Ended Working Group of the Basel Convention on the Control of Transboundary Movements of Hazardous Wastes and their Disposal (OEWG11)*. Accessed May 4, 2022, https://enb.iisd.org/events/11th-meeting-open-ended-working-group-basel-convention-control-transboundary-movements-4.

(61) Ibid.

(62) Basel Convention, *Decision OEWG-11/8: Marine plastic litter and microplastics*. In: Basel Convention, *Report of the Open-ended Working Group of the Basel Convention on the Control of Transboundary Movements of Hazardous Wastes and Their Disposal on the work of its eleventh meeting*. In: Basel Convention, *Report of the Open-ended Working Group of the Basel Convention on the Control of Transboundary Movements of Hazardous Wastes and Their Disposal on the work of its eleventh meeting*, UNEP/CHW/OEWG.11/15, October 2, 2018, pp. 22.–24.

(63) Basel Convention, *Marine plastic litter and microplastics: Note by the Secretariat*, UNEP/CHW.14/11, January 28, 2019.

(64) Earth Negotiations Bulletin, *Summary report, 29 April – 10 May 2019: 2019 Meetings of the Conferences of the Parties to the Basel, Rotterdam and Stockholm Conventions*. Accessed May 4, 2022, https://enb.iisd.org/events/2019-meetings-conferences-parties-basel-rotterdam-and-stockholm-conventions/summary-report.

(65) Basel Convention, *Information on the meetings of the open-ended ad hoc expert group on marine litter and microplastics and resolutions of the United Nations Environment Assembly related to marine plastic litter and microplastics*, UNEP/CHW.14/INF/53, April 19, 2019.

(66) Basel Convention, *Decision BC-14/12: Amendments to Annexes II, VIII and IX to the Basel Convention*. In: UNEP/CHW/.14/28, pp. 57–58.
Also see, 環境省「ストックホルム条約、バーゼル条約及びロッテルダム条約締約国会議の結果について」二〇一九年五月一四日。Accessed May 2, 2022, https://www.env.go.jp/press/106784.html.

(67) Basel Convention, *Decision BC-14/13: Further actions to*

address plastic waste under the Basel Convention. In: Basel Convention, *Report of the Conference of the Parties to the Basel Convention on the Control of Transboundary Movements of Hazardous Wastes and Their Disposal on the work of its fourteenth meeting*. In: UNEP/CHW/.14/28, pp. 59–63.

（68）Basel Convention, *Plastic Waste Partnership*. Accessed May 4, 2022, http://www.basel.int/Implementation/Plasticwaste/PlasticWastePartnership/tabid/8096/Default.aspx.

（69）Basel Convention, *Plastic Waste Partnership working group First meeting: List of participants*, UNEP/CHW/PWPWG.1/INF/10. March 12, 2020.

（70）Basel Convention, *First meeting of the Basel Convention Plastic Waste Partnership working group*. Accessed May 4, 2022, http://www.basel.int/Implementation/Plasticwastes/PWPWG1Mar2020/tabid/8305/Default.aspx#:~:text=Highlights%3A%20The%20first%20meeting%20of,the%20work%20of%20the%20PWP.

（71）United Nations Environment Assembly, Draft resolution, End Plastic pollution: Towards an international legally binding instrument, UNEP/EA.5/L.23/Rev.1, March 2, 2022.

（72）United Nations Environment Programme, *All wrapped up in plastic: Rethinking marine litter*, September 2, 2021. Accessed May 4, 2022, https://www.unep.org/news-and-stories/speech/all-wrapped-plastic-rethinking-marine-litter.

（73）Frank Biermann and Bernd Siebenhüner eds, *Managers of Global Change: The Influence of Interenational Environmental Bureaucracies* (Cambridge, MA: MIT Press, 2009).
Also see, Michael Barnett and Martha Finnemore, *Rules for the World: International Organizations in Global Politics* (Ithaca, NY: Cornell University Press, 2004).

（74）ＳＤＧｓの分野間の関係性を認識し、統合的な発展を進めるため、「ネクサス・アプローチ」という考え方に基づく研究が進められている。田崎智宏、遠藤愛子「『ネクサス』とＳＤＧｓ――環境・開発・社会的側面の統合的実施に向けて」蟹江憲史編『持続可能な開発目標とは何か――二〇三〇年に向けた変革のアジェンダ』ミネルヴァ書房、二〇一七年、八九―一〇五項。

（75）Kanie et al., *op.cit.*

（76）Sabine Wieland et al., "The 2030 Agenda for Sustainable Development: Transformative Change through the Sustainable Development Goals?" *Politics and Governance*, 9-1 (2021), pp. 90–95.

〔付記〕本稿の内容や意見はすべて執筆者個人に属し、その所属する組織の公式見解を示すものではない。

（たかお　たまき　気候変動枠組条約事務局）

日本国際政治学会編『国際政治』第208号「ＳＤＧｓとグローバル・ガバナンス」（二〇二三年一月）

ＳＤＧｓ時代の開発ＮＧＯ
――主流化の中の周縁化――

林　明仁

はじめに

二〇一五年、ＳＤＧｓ（Sustainable Development Goals）が誕生した。ＳＤＧｓは、目標の範囲や関係者の多様性、動員される資金の幅という点で前身のＭＤＧｓ（Millennium Development Goals）以上に包括性のある取組みとなった。また、目標ベースのガバナンス（Governance through goals）を採用した点も特徴的とされる（1）。既存の国際的合意の多くは、規範やルールを通したガバナンスという伝統的なメカニズムを有している。他方でＳＤＧｓでは、二〇三〇年に達成すべき目標と詳細な指標の体系のみを提示し、実施手段については多様なアクターの参画を目指すマルチステークホルダー・プロセスやイノベーティブな方法の活用を示した以外は、基本的に国や地域の裁量に委ねるという方法を取った。

本稿は、このようなＳＤＧｓという新たなガバナンスの枠組みの中で、開発に関わるＮＧＯ（Non-Governmental Organization）（2）とそれを取り巻くアクターとの関係、特に国家とＮＧＯの関係性について検討するものである。ＮＧＯは、国際開発における受益者との距離の近さという現場性、そしてオルタナティブな開発アプローチを提示するという革新性といった強みに対する期待とともに、一九七〇年代から八〇年代にかけて台頭した（3）。その後、ガバナンス重視の開発アジェンダやＭＤＧｓの成立などの変化を背景に、先進国の公的資金を豊富に獲得し、規模や影響力を拡大してきた（4）。しかし、先進国のドナー政府が主導する国際的な援助の枠組みの中にＮＧＯが取り込まれることは、ＮＧＯが国家との非対称的な権力構造に絡め取られるという懸念も生んだ（5）。ＮＧＯはドナー政府の方針に従った活動を展開することで受益者から乖離し、その結果、強みとされた現場性や革新性を失っているとされた。

ＳＤＧｓのガバナンスの中で、ＮＧＯは主要なアクターの一つとして位置づけられ、ＮＧＯが持つ知見を共有することで目標の達成に貢献することが期待されている。実際に、ＳＤＧｓに積極的に関与する団体は多い。しかし、ＭＤＧｓから続く国際開発の構造の中で国家や他のアクターとの関係性に変化が生じ、ＮＧＯはその特徴を失ってきた。本稿では、ＳＤＧｓというガバナンスの中で、開発に関わるＮＧＯと国家やその他のアクターとの関係性を考察することで、ＭＤＧｓの時代に指摘されたＮＧＯの特徴の喪失という課題をＳＤＧｓの文脈で検討する。その上で、ＳＤＧｓのガバナンスはＮＧＯの現場性や革新性を回復する形では機能していない点を指摘する。

　以下では、まずＭＤＧｓの時代にＮＧＯに関する研究の中で指摘されてきた問題点を概観する。その後、それらの論点を参照しながら、ＳＤＧｓの成立以後顕在化しつつあるガバナンスにおけるＮＧＯと国家やその他のアクターとの関係性を検討し、ＮＧＯの現場性や革新性について考察する。

一　先行研究と分析の視点

(1) 先行研究

　本節では、国際開発におけるＮＧＯと国家の関係性を中心に先行研究を概観し、その論点を整理する。具体的には、国際開発に構造的な変化をもたらす存在として登場したＮＧＯが、公的資金の流入によりその特徴を失い、さらにＭＤＧｓなどのドナー主導の開発アジェンダに追従することで、活動の規模は拡大しつつも国家を主とした非対称的な権力構造の中に取り込まれたことを確認する。

　ＮＧＯが台頭してきた一九七〇年代当初、ＮＧＯは援助の受益者に近い存在であるという現場性、また既存の方法とは異なる新たなアプローチによって開発を進める革新性を持った存在として期待を集めていた[6]。その後、構造調整を背景に公共事業の民営化を重視する新自由主義的政策が進展し、さらにグッド・ガバナンスや民主化を実現する担い手として注目が集まると、その数が増加するとともに国際的な意思決定の場への進出も進んだ[7]。

　ＮＧＯの役割や規模が拡大する中で、特徴としての現場性・革新性を失わせる開発アジェンダとして登場したのがＭＤＧｓとされる。ＭＤＧｓの時代にＮＧＯに起こった変化は以下の三点から確認できる。一点目は、ＮＧＯへの資金量の増大と数値目標の導入による国とＮＧＯ間の権力関係の変化である。世界規模で合意されたＭＤＧｓの導入は、ＮＧＯへの公的資金の流入量を増加させ、組織の予算規模の拡大を促した[8]。公的資金の増加は、ドナーに対するアカウンタビリティの確保をＮＧＯに強く意識させ、同時に受益者へのアカウンタビリティに対する意識の希薄化を進めた[9]。さらに、ＭＤＧｓ下では、明確な目標設定のもと定量的に成果を測るプロジェクト管理の手法がＮＧＯの事業に取り入れられるようになった。この結果、教育や保健、貧困削減などの数値化しやすい社会サービスの提供にＮＧＯの活動が集中するとともに、機械的、量産的なプロジェクトが多く生まれることで組織や活動の標準化が進んだ。ＭＤＧｓの登場は、アジェンダを決定し資金力を持つ先進国の公的ドナー機関が、柔軟性に乏しい開発モデルを通してNGOを活用しつつ開発目標を実現するという国家―NGO間の非対称的な権力構造の出現を促した。[10] そして、ドナーとの接近による受益者との乖離や活動の画一化は、NGOの現場性や革新性といった特徴が薄まる結果を招いた。

二点目は、市民社会スペース（Civic Space）への圧力による国とNGO間の関係の変化である。市民社会スペースは、NGOを始めとする市民社会組織（Civil Society Organization: CSO）[11] が政治・経済・文化的に社会に参画できる領域である。[12] 世界的な傾向として、主に途上国で人権の確保や民主化を求める団体に対して政府が抑圧的な政策を取ることで、市民社会スペースの縮小が顕著になっているとされる。背景の一つにはMDGsの導入を契機に開発援助におけるアジェンダの焦点が人権や民主化などへの取り組みを含むグッド・ガバナンスから貧困削減に移ったことがある。さらに並行して、二〇〇一年以降の世界的な対テロ戦争により、世界各国で政府に異議申し立てをする市民の活動を制限する法案が作られたことも背景にある。[13] 人権や民主化に関連する活動へのドナー資金が減少し市民社会への監視が強化されたことにより、社会構造の変革を迫るようなアドボカシー活動は減少した。その一方で、NGOの活動は数値目標を実現するための社会サービスを提供するプロジェクトの実施に偏ることとなった。[14]

三点目は、開発アクターの多様化によるNGOの位置づけの変化である。途上国での開発を進めるために市民社会の多様な組織を巻き込んでいく必要があるという認識のもと、開発援助の分野でCSOという用語が二〇〇〇年頃から用いられ始め、NGOを市民社会の代表ではなく一つのアクターとして扱う見方が現れた。[15] また、MDGsの実施にあたって民間企業の動員も一つの焦点に浮上した。民間の資金や技術を導入することで開発に関わる課題を解決する方法が模索されたのである。このような動きは、開発援助システムに取り込まれているNGOをさらに競争的環境に追いやる結果となった。社会サービスを提供するための効果や効率が重視され、NGOに期待された革新性や現場性といった特徴の希薄化を促した。

MDGsが導入された二〇〇〇年代は、NGOにとって活動の裁量の幅が狭まり、主流の援助システムに取り込まれた時代である。NGOは、失われつつある現場性や革新性といった特徴を再度獲得するためにドナーとの非対称な権力関係から自由になる必要があると強調された。[16]

(2) 分析の視点

次節では、MDGsの時代に構築されたNGOと国家との関係性や失いつつあるNGOの特徴がSDGsの時代においてどのように変化したのか考察する。MDGsから発展的に形成されたSDGsは、より包括的な目標を設定しつつ、その達成方法については各国が適切な方法を通して実現する目標ベースのガバナンスを標榜している。このような特徴を持つSDGsのガバナンスのもとで、MDGsの時代に問題視されたNGOと国家の間の非対称的な権力関係やそこから派生したNGOの現場性・革新性の問題がどのように変化したかを検討する。そこで、次節ではＳＤＧｓの形成について概略を述べた後、ＭＤＧｓ下で指摘されたＮＧＯが抱える課題について、ＳＤＧｓの文脈で再度検討する作業を行う。すなわち、①ＮＧＯへの資金、②市民社会スペース、③開発アクターの三つの視点からＳＤＧｓ時代のＮＧＯを考察する。

二　SDGs時代のNGO

(1)　SDGsの誕生

ＳＤＧｓの起源の一つは、一九九二年にリオデジャネイロで開かれた国連環境開発会議に求められる。この会議では持続可能な開発に関する議論がなされた。ただし、それはあくまで自由主義経済の枠組みの中で経済成長を優先するものであり、環境保護と開発の達成も市場メカニズムを通して達成されるものと考えられた[17]。その後も、リオで合意されたアジェンダ21をフォローアップするために持続可能な開発委員会が設立され、議論は続けられた。二〇〇二年にヨハネスブルグで開かれた持続可能な開発に関する世界首脳会議サミットでは、アジェンダ21の実行性を高めるために、実施手段として市民社会や民間セクターのパートナーシップの重要性が強調された[18]。

一方、二〇〇〇年に国連の主導によりＭＤＧｓが作られた。一九九〇年代に開かれた政府間会議や国連内外の一連の会議で議論された結果が統合されたものがＭＤＧｓである。しかし、ＭＤＧｓにも限界が指摘された。例えば、ＭＤＧｓではグローバルな目標が中心に設定されたため、個別の国や地域のニーズに応えられるものとはならなかった[19]。また、ＭＤＧｓには包括性が欠如していた。ＭＤＧｓは数値を用いた成果ベースの管理という考え方に基づいて策定されたため、人権、平等、ガバナンスなど数値による進捗状況の測定が困難な問題は含まれなかった[20]。

これらの二つの流れが統合され、欠点を克服することを目的にＳＤＧｓが作られた。ＳＤＧｓは、二〇一二年に議論が開始され、特に一三年以降、一三回のワーキンググループの議論を経て一五年に合意至った。一連のプロセスでは、専門家やメジャーグループと呼ばれるセクター別グループが積極的に議論に参加した。多様なステークホルダーが関与して形成された点でＳＤＧｓはそれまでの開発目標とは異なるとされる[21]。

(2)　NGOへの資金

ＭＤＧｓ下では、ＮＧＯへの公的資金が増加することでＮＧＯは開発援助システムに絡め取られ、個々の開発目標に特化したプロジェクトの実施に集中した結果、現場性や革新性といった特徴が失われていた。ＳＤＧｓの時代に、この傾向はより強く現れるようになっている。以下では、ＮＧＯへの資金の流れを世界的な傾向、ドナー国・機関の動向、地域レベルの動きの三つの点から検討する。

まず、世界的な傾向を見ると、ＯＥＣＤ―ＤＡＣ（経済協力開発機構開発援助委員会）によると先進国のドナー機関からＮＧＯを含むＣＳＯへの拠出額は増加傾向にある。ＭＤＧｓの後期にはドナーから拠出される資金量は年間約一八〇億ドルで推移していたが、Ｓ

DGsが作られた二〇一五年以降は年間約二一〇億ドルに増加している。[22] また、年間の資金量のうち八五%は、政府がプロジェクトを委託する「CSOを通した資金（ODA through CSOs）」であった。[23] 事業の委託は、自発的な発意に基づかないため団体の自律性を奪うものとされる。NGOへの資金量はSDGs下で増加するとともに委託費も同様に増加していることから、ODAへのNGOの取り込みはさらに進んでいるといえる。

次に、個別のドナー機関として市民社会支援に積極的とされるEUを見ると、NGOを社会サービスのプロバイダーとして扱う傾向が強まっていることがわかる。近年一部のNGOへの政治的圧力が世界中で顕著になる中、民主化を重視するEUによる市民社会支援は特にアドボカシー団体にとって重要な資金源となっていた。しかし、EUの支援方針については近年、「あいまいな自由主義」との批判が出ている。近年の研究では、EUによるNGOへの支援の内容が、市場自由化を前提とした新自由主義的な方向に偏った結果、民主化や人権といった課題に取り組むNGOへの支援ではなく、社会サービスの提供をNGOに委託する形の支援が多くなっていると指摘されている。[24] また、アカウンタビリティを強く求めることから、欧米に拠点を置く成果や資金管理に長けた団体に対する支援が多くなり、現地の団体への支援は限定的になっている。[25] 市民社会支援に積極的とされてきたEUにおいても、社会サービスを提供する脱政治化したNGOへの支援を通して、開発目標を達成するという側面が強まっている。

最後に、歴史的にNGOの活動が活発とされているラテンアメリカの資金の動向を見ると、ここでも社会サービスを提供する団体にドナーの資金が流れやすくなっている。二〇一四年から一七年の間にNGOが利用可能な支援スキームを調べた報告書[26]は、社会サービスの提供を目的とした活動に使える資金が九四・五%に上るのに対して、政治的課題に取り組むアドボカシーのための資金は全体の五・五%に過ぎないことを明らかにしている。さらに、ラテンアメリカの団体のみが応募できる資金は全体の三%とされ、豊富な人材を有する欧米系の大規模団体に資金が偏りがちになっている。ここでも、社会サービスを大規模に提供できる少数の国際NGOに資金が集中しやすい構造があるといえる。

SDGsではMDGsに引き続いて、開発に関連する問題を技術的で管理可能かつ測定可能なものとして設定しており、権力の分散や資源の再分配のような開発においてNGOが重視してきた政治的問題はアジェンダに含まれなかった。MDGs下で危惧された国家―NGO間の非対称的な権力関係は強化され、NGOはSDGsの目標を達成するためにドナーから委託された事業を実施する役割をこれまで以上に担っている。[27] 現場性や革新性といったNGOの特徴を取り戻す端緒は見えていない。

(3) 市民社会スペース

二〇〇〇年代以降、市民社会スペースの縮小が問題視されてきた。この問題に対しては、SDGsの目標16で「平和で包摂的な社会の促進」という目標が設定され、暴力の撲滅、行政機関に対する高い説明責任、参加型の意思決定などを求めている。しかしながら、市民社会スペース縮小の問題は世界各国で発生しており、特に途上国において人権や民主化の問題に取り組むＮＧＯに対する規制が強まっている。これらの国では、社会構造の変化を求めるようなアドボカシーＮＧＯの役割を矮小化し、社会サービスの提供にＮＧＯの役割を限定しようとする動きが見られる。加えて、デジタル化や新型コロナウイルス感染症といったＳＤＧｓの時代に特有の事象が市民社会スペースの縮小に新たな側面を加えている。

市民社会スペースの縮小はＳＤＧｓ下で加速している。市民社会の状況を数値化して毎年発表しているＣＳＯＳＩ（Civil Society Organization Sustainable Index）(28)によると、二〇一五年前後を境に状況の悪化が顕著に進んでいる。アフリカでは、一五年まで市民社会スペースの状況を示す数値が一定の国が多いものの、一五年以降に多くの国で悪化が見られる。また、中東・北アフリカ地域、アジア地域でも、一五年から一九年にかけて調査対象の一三カ国すべてで数値が悪化した。同様の傾向は、市民社会スペースの問題をモニターしてきたＣＩＶＩＣＵＳの報告書からも確認できる。市民社会スペースの状況が悪化した国は、一九年が六カ国、二〇年が一一カ国、二一年が一三カ国と毎年増加する中で、改善した国は、毎年一、二カ国に留まっている(29)。市民社会スペースの縮小は、一五年以前にも指摘されていたが、一五年以降その傾向は強まっている。

この流れは、近年多くの国で民主主義が後退しているといわれる状況と軌を一にしている(30)。民主主義を指標化して報告しているフリーダムハウス（Freedom House）によると、近年権威主義化する国の増加に伴い、各国で民主主義の後退が進む一方で、指標が改善する国の数は減少している(31)。権威主義の強化は、国による市民社会に対する管理の強化という形で表れやすい。その主な手段は、伝統的にはＮＧＯに対する海外からの資金の流れを規制して経済的に締めつけることや、対話のプロセスから特定の団体を排除することであった(32)。特に資金の流れを規制することは、海外の資金に活動の多くを頼る人権や民主化を求めるアドボカシーＮＧＯの動きを抑えることにつながるため、近年にかけて多くの国で実行されてきた。実際に二〇一二年から一八年の間に七〇カ国以上で海外から国内のＮＧＯに流れる資金を規制する法律が作られたとされる(33)。例えば、エチオピアでは海外からの資金が予算の一〇％を超える団体は、アドボカシー活動や人権関連の活動はできないとされ、その結果一部のＮＧＯは活動を縮小せざるをえなくなった(34)。また、同様の法律が導入されたロシアでも、海外からの資金に依存していた団体は活動内容からアドボカシーを外すなどして組織の形態を変えざるをえない状況に追い込まれた(35)。これまでの研究では、アドボカシー団体に流れる海外からの資金量が多い国ほど、政府が資金の流れを規制する傾向にあることが明らかになっている(36)。

これらの伝統的な手段に加え特に近年、インターネット上での攻撃や監視、フェイクニュース法を恣意的に使った検閲など、ＳＤＧｓ時代の特徴といえるデジタル化の急速な進展に乗じた新たな手法による取り締まりが増加している(37)。例えば、エジプトでは二〇一八年のサイバー犯罪に関する法律により、安全保障に脅威を与えるウェブサイトやオンラインでの集会を政府が制限できるようになった。ベラルーシ、ジンバブエ、エチオピアなどでは一七年から一九年にかけて街頭での抗議行動を抑え込むためにインターネットが遮断された。マレーシア、エジプトなどではフェイクニュース法が成立し、フェイクニュースを認定する権限を持ったり、特定のメディアの検閲を強化したりする権限が政府に与えられた。インドネシアでは、雇用法の改正に対して人々が抗議行動を起こした際に、サイバー関連法を根拠として多くの逮捕者が出た。この法律を根拠とした逮捕者の数は前政権から現政権になって以降、五倍に増加しており、この種の法律が恣意的に運用されている可能性を示している(38)。

さらに、二〇二〇年以降の新型コロナウイルス感染症の拡大は、市民社会スペースを急激に縮小させた。コロナ禍における市民社会スペースについて調査しているICNL（International Center for Not-for-Profit Law）によると、新型コロナに影響を受けた貧困層へのNGOによる支援活動が制限されたり、政策や法律に関する意思決定から市民社会を排除したり、デモやメディアを通した意見の表明を制限したりという事例が多くの国で発生している(39)。ルワンダでは、貧困層に食料を支援していた援助関係者がソーシャルディスタンスを守らなかったという理由で逮捕された。エルサルバドルやジョージアでは、情報公開に関する法律が一時的に停止し、市民が情報にアクセスすることが著しく困難になったとされる。ボリビアやヨルダンでは、「不確か」な情報をオンラインで共有したり、政府の新型コロナウイルス感染症への対応を揶揄する投稿をしたりすることは処罰の対象になった。コロナ禍の拡大は、感染拡大防止を理由に、市民社会スペースを制約する政策の導入のハードルを下げたといえる。

デジタル化や新型コロナウイルス感染症の拡大というSDGsの時代に特有な社会状況の中で、一部の政府はデジタルツールを利用して市民社会への介入を強めたり、新型コロナウイルス感染症を理由とした規制を強化したりすることでNGOのアドボカシー機能を削ぐ状況を作り出している。特に規制の対象となっているのが人権や民主化などに取り組む団体である(40)。政権に批判的なNGOに対して抑圧的な政策を取る政府も、社会サービスを提供する団体に対しては寛容な姿勢を示すことが多い。そして、このような傾向は民主化が進んだ先進国においても確認されている(41)。

MDGs下では、人権に関する目標が設定されなかったため、開発アジェンダとしての取り組みの弱さが指摘されていた。そして、SDGsにおいてもこの課題はこれまでのところ克服できていない(42)。目標16として「平和で包括的な社会」の実現が掲げられたものの、市民社会スペースの縮小の中で問題となる自由権の確保については、一部の国の消極的な姿勢があり明確な文言を用いた合意とはならなかった。市民社会スペースの縮小は、NGOの活動がサービス提供に移ることを促し、そのことはさらにNGOの役割の縮小につながっている。MDGs下で指摘された市民社会スペースの問題は、SDGsの時代においてより深刻化している。

(4) 開発アクター

ＳＤＧｓの時代の特徴としてアクターの多様化がある。開発を担う主体として国際社会においてこれまで一定の影響力を保持してきた。しかし、ＭＤＧｓの時代以降、ＮＧＯより広い概念であるＣＳＯが開発の文脈で用いられ始め、さらにＳＤＧｓの時代を迎えて環境・人権ＮＧＯや民間企業が開発に関係するアクターとして登場してきた。開発に関わるアクターの増加は、開発全体にとって好ましい結果を生み出す可能性はあるが、ＮＧＯにとってはそのアクターと開発に関する理念を共有しない場合、ＮＧＯが追求する価値の希薄化をもたらすことになる。

a　環境・人権ＮＧＯ

ＳＤＧｓでは、開発や環境、人権に関する問題について統合的にアプローチすることが想定されている。同様に、ＮＧＯについてもセクターを越えた組織間の連携を進めることで、包括的に課題解決に取り組む必要性が生まれている。実際に、ＳＤＧｓ時代に入ってセクターを越えた連携の事例は拡大している。例えば、ＳＤＧｓのためのＮＧＯのプラットフォームである持続可能な開発のためのアクション（**Action for Sustainable Development**）には、開発ＮＧＯの代表的ネットワークであるＧＣＡＰ（**Global Call to Action Against Poverty**）に加え、環境ＮＧＯの世界的ネットワークであるＣＡＮ（**Climate Action Network**）や人権ＮＧＯのＣＩＶＩＣＵＳが主要な構成メンバーとして協働している。[43] また、市民社会スペースの縮小は、人権ＮＧＯと開発ＮＧＯの連携を促し、特にＳＤＧｓの目標16について共同でアドボカシーをするプラットフォームが作られている。[44] このような連携はＭＤＧｓの時代にはほとんど見られなかった。

他方で、ＮＧＯ間の連携あるいはセクターを越えた統合的なアプローチの実践には限界もある。環境ＮＧＯは、国際機関や国際制度に組み込まれている団体が多いが、制度の枠組みの外で急進的な改革を求める団体も多く、団体間の協調が課題となっている。[45] また、開発分野では人権を中心に据えた権利ベースアプローチの実践が長らく求められてきたが、このアプローチを現場で十分に適用できていないことが研究によって指摘されている。[46]

開発ＮＧＯが人権や環境との統合的なアプローチを進めることは、幅広い現場にアクセスしたり新しい課題解決の方法を発見したりする可能性を高め、ＮＧＯが現場性や革新性を取り戻すきっかけになりうる。しかし、セクターを越えたＮＧＯ間の連携は以前より深まりつつも、現場レベルにおいて統合的なアプローチを実践するには至っていないのが現状である。

b　ＣＳＯ

開発の文脈では長らくＮＧＯが市民社会を代表するアクターとして捉えられていた。しかし、ＣＳＯという用語が開発分野で使われるようになると、近年ではＳＤＧｓのガバナンスでも見られるように、ＣＳＯを自律的なアクターとして積極的に位置づける国際的枠組みが多くなってきた。そのような変化の中、一部のＣＳＯとＮＧＯの間に非協調的関係や従属関係が生まれつつある。

開発に関わるCSOの中には政府の方針に従って動く非自律的な団体が存在する。ベトナムやアルジェリアなどの権威主義体制下の国では、CSOが組織の意思決定や運営について政府の介入を受け入れる傾向にあることや、意見を公に表明する際には政府関係者と事前に非公式に協議をした上で意見を述べるといった慣行があることが指摘されている(47)。また、アルジェリアとモザンビークでは、政府が「民主的」であることを内外に示すためにCSOを形式的に擁護したり、形式的な政治参加拡大のためのツールとしてCSOを利用している事例などが明らかにされている(48)。開発におけるCSOの登場は、NGOと価値を共有しないアクターの顕在化を促しただけではなく、国による市民社会への恣意的な関与も生み出している。

CSOの中でもNGOとの関係で重要なアクターが、二〇〇〇年代以降力を持ち始めた慈善団体である。特に保健分野での影響力は大きく、ゲイツ財団などの団体の資金量はトップドナーである米国に次ぐ規模を誇る(49)。NGOにとって慈善団体は活動分野が重複することが多いため協力しうる範囲が広い反面、組織の性質が異なるため必ずしも協調的な関係が築けるわけではない。例えば、慈善団体は数兆円規模の資金力を背景に、グローバルな優先事項に沿って課題を設定し、NGOなどを通してプログラムを実施するが(50)、途上国の開発課題やニーズを踏まえて事業を展開することが少ないため市民社会に対する応答性は少ない。中でも問題視されているのが、プログラムのマネジメント手法とその背後にある開発に対する思想である。慈善団体の多くは、非営利セクターに営利のマネジメント技術を持ち込んだ。加えて新自由主義的な価値観を背景に、市場への人々のアクセスを改善することで、ビジネスを通した社会的課題の解決を追求する団体が多い(51)。このような開発に対する思想は、権利をベースとしたアプローチを模索するNGOとは本来的に相容れないものである。

しかし、SDGs下において、慈善団体の影響下にNGOが取込まれる状況が生まれている。SDGsの実施体制の中で、慈善団体は民間セクターと並んで重視されている。SDGsの開発資金について記載されたアジスアベバ行動目標では、慈善団体の資金を積極的に動員しつつ、NGOなどと連携を進める重要性が指摘されている(52)。OECDの調査によると慈善団体が動員する資金量は、MDGs期後半の年間八五億ドルからSDGs期には年間一〇六億ドルに増加した(53)。さらにこの資金のうち、三〇%から四〇%がNGOを経由するとされている(54)。資金の多くがNGOを経由する背景には、慈善団体がプロジェクトの実施をNGOに委託してきただけでなく、既存のドナーからの資金の減少を慈善団体からの資金によって補おうとするNGOの姿勢もある(55)。慈善団体がビジネス的な志向をもって開発分野で活動を広げることで、資金提供を受けるNGOの活動様式は影響を受けることとなる。NGOが慈善団体の資金に取り込まれる構造は、MDGs以後の国家―NGO関係の姿と重複する。

開発課題の解決を促進するためにその役割が重視され始めたCSOであるが、現場性や革新性を重視するNGOが協働したり相互に補完したりする対象にならない可能性もある。むしろ、NGOが追求する価値と相容れない価値を追求する主体として、開発におけるＮＧＯの役割を相対化させる存在になりうる。

ｃ　民間セクター

ＳＤＧｓの時代になり開発における民間企業の位置づけは変化した。ＭＤＧｓの時代は、ＯＤＡが目標達成の主要な資金源とされ、民間資金は補助的なものであった。それに対して、ＳＤＧｓ下では多額の資金の必要性を背景に、ＯＤＡを呼び水として民間資金を動員することで目標を達成することが想定されている(56)。例えば、二〇一五年にアジスアベバで開かれたＳＤＧｓの開発資金に関する国際会議では、開発における民間資金の重要性が指摘され、民間から資金を積極的に動員する方策がアジスアベバ行動目標として確認された(57)。ＳＤＧｓ下では、市場化や規制緩和、民営化といった新自由主義的性格を持つ開発政策を進めることで、民間資金を活用した目標の達成がより強調されている(58)。

実際に民間資金の活用に向けて、国連とドナー国はさまざまなフォーラムを形成して民間企業の取り込みを図ったり、ＯＤＡなどの公的資金を触媒として途上国向けの民間資本の流れを作り出したりしている(59)。さらに、民間企業の側もＳＤＧｓに対する期待が大きい。世界的企業が参画して作成されたビジネスと持続可能な開発委員会の報告書は、ＳＤＧｓの導入により企業は長期的なビジネスの展望を把握できるようになり、またＳＤＧｓの推進が新しい商機を生むことで企業に利益をもたらすとしている(60)。

このような動きは、次の二つの点でＮＧＯの役割に影響を与えうる。一点目は、ＮＧＯの現場での取り組みの効果の希薄化である。ＭＤＧｓ下の開発政策では新自由主義的なアプローチが社会的不平等をもたらし、途上国と先進国の間の不均衡を高めたとの批判がある(61)。そして、ＳＤＧｓ下においても同様のアプローチが社会的課題の解決に負の影響を与えうる側面があることが指摘されている。例えば、企業の活動がＳＤＧｓの特定の目標に偏りがちであることや、収益性の低い分野では投資が進まないことが多いとされる(62)。また、ブレンディッドファイナンスは貧困層に届いていないという指摘や(63)、官民パートナーシップの効果が乏しいことを示す研究結果も報告されている(64)。民間企業の開発への進出が進むことで社会の不均衡が助長され、ＮＧＯの取り組みが希薄化される懸念は残っている。

二点目は、ＮＧＯのアドボカシー活動の弱体化である。地球規模の課題の解決には、経済力を持つ組織の巻き込みが必要とされる。しかしそのことは、グローバルなレベルでのガバナンスに関する政策決定プロセスが、ＮＧＯが支援してきた社会的弱者から遠ざかることになりうる(65)。例えば、ＳＤＧｓの政策決定過程で民間企業が強く関与した結果、自らの不利益になりうる文言を外したといわれる事例がある。草案の段階では企業の国際的な税の回避を減らすための単独の目標があったが、最終的には不法な資金の流れの削減といった目標に収まったとされる(66)。企業の収益を第一に置いた政策がグローバルに展開されるようになると、現場の声を政策に反映させるＮＧＯのアドボカシー活動の弱体化が進むことになる。

民間企業が開発の場に入ることで、開発から疎外されていた人々が資本やサービスにアクセスする機会が広がりうる。他方で、ＮＧＯは開発を権力の再配分や包括的で透明性のある社会・経済・政治制度を構築するプロセスとして捉えてきた。[67] 民間セクターとＮＧＯの間には追求する価値に相違がある。ビジネスが開発の場に入るということは、ＮＧＯや市民社会が開発の場から押し出される可能性があることを示している。[68]

おわりに

本稿では、国際的な開発の課題に関わってきた開発ＮＧＯがＳＤＧｓの時代においてどのような変化に直面しているのか、特に国家や他の開発アクターとの関係性に焦点を当てて考察してきた。検討したように、ＳＤＧｓの時代においてＮＧＯと国家や他のアクターとの関係性については、ＭＤＧｓ下の延長線上で変化する部分がありつつ、ＳＤＧｓ時代の新たな変化も見られる。ＳＤＧｓの目標達成のために、ＮＧＯは社会サービス提供のために委託された画一的なプロジェクト実施を担う機会が増加している。一方で、社会的変化を求めるアドボカシー活動に対して抑圧的な対応を取る一部の政府のもとで自由な異議申し立ての機会は減少している。さらに、開発に関係するアクターが増加することで、ＮＧＯの組織存続のための資金獲得が難しくなるだけではなく、ＮＧＯが追求してきた開発の価値とは異なる価値も広がりつつある。ＮＧＯの特徴とされてきた現場性はドナーの支援方針や開発アクターの参入によってさらに失われ、革新性も市民社会スペースの縮小によりさらなる喪失を余儀なくされている。この傾向がＳＤＧｓ下で進展していることを踏まえると、達成のための手段ではなく目標のみを掲げたＳＤＧｓの目標ベースのガバナンスの導入がＮＧＯに与えた影響は小さくない。

ＮＧＯは、革新的な手段を使って草の根から社会を変革することを目的に生まれ、発展してきた。現在も多くのプロジェクトがＮＧＯによって実施され、その受益者が膨大な数に上る中で、開発援助の枠組みにおけるＮＧＯは無視できない存在となっている。これまでの開発目標を達成するために果たしてきた貢献を考えると、ＮＧＯはＳＤＧｓを推進するための中心的存在であるといえる。しかし、そのことは、社会構造の変革やグローバルな政策プロセスへの社会的弱者の声の反映といったＮＧＯに期待されていた役割をＮＧＯが果たしていることにはならない。むしろ、開発という文脈においてこれまで以上に周縁化された存在になりつつある。

このような状況に対してＮＧＯ自身は危機意識を強めている。開発政策に影響力を持つドナー国で構成されるＤＡＣにおいて、ＮＧＯは縮小する市民社会スペースの問題や開発協力への市民社会の関与の強化について、ドナー国に対して対応を求めてきた。これに対してＤＡＣは二〇二一年、市民社会支援のあり方に関する勧告をまとめた。[69] ドナー国がこの勧告を通してＮＧＯの状況に一定の理解を示したことは成果であるが、必ずしもＮＧＯの問題意識が網羅的に共有されているわけではない。デジタルツールを通じた市民社会への抑圧や開発分野への民間企業の進出による負の影響について、ＮＧＯは強い言及を求めていたが、[70] 十分には反映されなかった。ＮＧ

Ｏとドナー国の間にはＮＧＯの役割について依然として理解の隔たりがある。周縁化しつつあるＮＧＯが開発主体としての役割を取り戻すには、開発政策に影響力を持つ国にこの勧告を実施することを求めつつ、ＮＧＯの役割に関する認識の違いを埋める地道な対話の作業が避けて通れない。

（1）Norichika Kanie, Steven Bernstein, Frank Biermann, and Peter M. Haas, "Introduction: Global Governance through Goal Setting," in Norichika Kanie and Frank Biermann, eds., *Governing through Goals: Sustainable Development Goals as Governance Innovation*, (The MIT Press, 2017), pp. 1–27.

（2）本稿では以下の文献を参考にＮＧＯを「社会的弱者の生活の質の向上に取り組む、自律的かつ私的で非営利性をもつ組織」と定義する。Anna C. Vakil, "Confronting the classification problem: toward a taxonomy of NGOs," *World Development*, 25(12), 1997, pp. 2057–2070.

（3）Anne Gordon Drabek, "Development Alternatives: The Challenge for NGOs -An Overview of the Issues," *World Development*, 15 supplement, 1987, pp. ix–xv. ドラベック（Drabek）は本論文において、ＮＧＯが開発分野においてより広範なインパクトを与えるために検討すべき課題を提示した。ＮＧＯの活動の量的・質的拡大の必要性を指摘した初期の主要文献である。

（4）ＮＧＯと開発援助や開発実践の関係を包括的に扱った文献として以下のものがある。David Lewis, Nazneen Kanji, and Nuno S. Themudo, *Non-Governmental Organizations and Development*, (Routledge, 2020).

（5）Michael Edwards and David Hulme, "Too close for comfort? The impact of official aid on nongovernmental organizations," *World Development*, 24(6), 1996, pp. 961–973; Michael Edwards, "Have NGOs 'Made a Difference?' From Manchester to Birmingham with Elephant in the Room," in A. Bebbington, S. Hickey, and D. Mitlin, eds., *Can NGOs Make a Difference?: The Challenge of Development Alternatives*, (London: Zed Books, 2008), pp. 38–52; Michael Edwards and David Hulme, eds., *NGOs, States and Donors -Too Close for Comfort?* , (Palgrave Macmillan UK, 2013). 本引用にあるエドワーズ（Edwards）とヒュルム（Hulme）の一連の論文は、開発分野において国家とＮＧＯが接近することについて批判的に考察してきたものであり、国家―ＮＧＯ関係を議論した代表的研究とされる。また、フォウラー（Fowler）もＮＧＯによる過度な公的資金への依存を批判し、自立的かつ自律的なＮＧＯの組織運営に関する研究を発表している。代表的なものとして以下のものがある。Alan Fowler, "NGDO s as a moment in history: beyond aid to social entrepreneurship or civic innovation?," *Third World Quarterly*, 21(4), 2000, pp. 637–654; Alan Fowler, *Striking a balance: A guide to enhancing the effectiveness of non-governmental organisations in international development*, (Routledge, 2013).

（6）Drabek, op. cit; Diana Mitlin, Sam Hickey, and Anthony Bebbington, "Reclaiming Development? NGOs and the Challenge of Alternatives," *World Development*, 35(10), 2007, pp. 1699–1720.

（7）ＮＧＯによる国際的なアドボカシーの代表的事例を扱った研究として以下のものがある。Margaret E. Keck and Kathryn Sikkink, *Activists Beyond Borders*, (Cornell University Press, 1997). また、国際的な意思決定にＮＧＯが影響を与えた近年の代表的事例を扱った文献として、毛利聡子『ＮＧＯから見る国際関係論』法律文化社、二〇一一年、や援助効果についてＮＧＯがアドボカシーを実践した事例を扱った研究として、高柳彰夫『グローバル市民社会と援助効果』法律文化社、二〇一四年、がある。

（8）NGOによる援助量は二〇〇〇年以降大幅に増加した。一九九〇年は八一億ドルだったが、二〇〇〇年には一〇二億ドル、一九年には四五六億ドルに増加している。OECD, *Grants by private agencies and NGOs*, 2021. doi: 10.1787/a42ccf0e-en (Accessed on 29 September 2021)

（9）Jim Igoe, "Scaling Up Civil Society: Donor Money, NGOs and the Pastoralist Land Rights Movement in Tanzania," *Development and Change*, 34(5), 2003, pp. 863–885.

（10）Anna Fruttero and Varun Gauri, "The Strategic Choices of NGOs: Location Decisions in Rural Bangladesh," *Journal of Development Studies*, 41(5), 2005, pp. 759–787.

（11）市民社会に存在するアクターで、宗教団体、労働組合、協同組合、社会的企業、財団などの総称を指す。

（12）United Nations, *Protection and promotion of Civic Space*, (United Nations, 2020), p. 3.

（13）Alan Fowler and Kasturi Sen, "Embedding the War on Terror: State and Civil Society Relations," *Development and Change*, 41(1), 2010, pp. 1–47.

（14）Kendall Stiles, "International Support for NGOs in Bangladesh: Some Unintended Consequences," *World Development*, 30(5), 2002, pp. 835–846.

（15）開発援助の分野でCSOに焦点が当てられ始めた時期の文書としては以下のものがある。Commission of the European Communities, *The European Community's Development Policy (COM (2000) 212 final)*, (EC, 2000); United Nations Development Prgoramme, *UNDP and Civil Society Organizations: A Policy Engagement*, (UNDP, 2001).

（16）David Hulme, "Reflections on NGOs and Development: the Elephant, Dinosaur, Several Tigers but No Owl," in A. Bebbington, S. Hickey, and D. Mitlin, eds., *Can NGOs Make a Difference?: The Challenge of Development Alternatives*, (London: Zed Books, 2008), pp. 337–345.

（17）Steven Bernstein, *The Compromise of Liberal Environmentalism*, (Columbia University Press, 2001); Kanie, Bernstein, Biermann, and Haas, *op. cit*.

（18）Frank Biermann, Man-san Chan, Ayşem Mert and Phlipp Pattberg, "Multistakeholder Partnerships for Sustainable Development: Does the Promise Hold?," in Pieter Glasberge, Rank Biermann and Arthur P. J. Mol, eds., *Governance and Sustainable Development: Reflections on Theory and Practice*, (Edward Elgar, 2007).

（19）Stephen Browne and Thomas G. Weiss, "The future UN development agenda: contrasting visions, contrasting operations," *Third World Quarterly*, 35(7), 2014, pp. 1326–1340.

（20）David Hulme, *The Making of the Millennium Development Goals: Human Development Meets Results-based Management in an Imperfect World*, Brooks World Poverty Institute Working Paper 16, 2007.

（21）SDGsの形成過程については、以下の文献が詳しい。Macharia Kamau, Pamela Chasek, and David O'Connor, *Transforming Multilateral Diplomacy: The Inside Story of the Sustainable Development Goals*, (Routledge, 2018); Felix Dodds, Ambassador David Donoghue, and Jimena Leiva Roesch, *Negotiating the Sustainable Development Goals -A transformational agenda for an insecure world*, (Routledge, 2017).

（22）OECD 2021, *Aid for Civil Society Organisations*, (OECD

Publishing, 2021).

（23）Ibid.

（24）Özge Zihnioğlu, "European Union civil society support and the depoliticisation of Turkish civil society," *Third World Quarterly*, 40(3), 2019, pp. 503–520; Richard Youngs, *Shrinking Space for Civil Society: The EU Response*, (European Union, 2017).

（25）Niels Keijzer and Fabienne Bossuyt, "Partnership on Paper, Pragmatism on the Ground: The European Union's Engagement with Civil Society Organisations," *Development in Practice*, 30(6), 2020, pp. 784–94.

（26）CIVICUS, *Access to Resources for Civil Society Organisations in Latin America*, (CIVICUS, 2019).

（27）Sergio Belda-Miquel, Alejandra Boni, and Carola Calabuig, "SDG Localisation and Decentralised Development Aid: Exploring Opposing Discourses and Practices in Valencia's Aid Sector," *Journal of Human Development and Capabilities*, 20(4), 2019.

（28）ＣＳＯＳＩは、ＵＳＡＩＤの資金のもと世界七一カ国の市民社会が置かれている状況を数値化して発表するものである。https://csosi.org/（二〇二一年九月三〇日アクセス）

（29）CIVICUS, *People Power Under Attack 2021*, (CIVICUS, 2021); CIVICUS, *People Power Under Attack 2020*, (CIVICUS, 2020); CIVICUS, *People Power Under Attack 2019*, (CIVICUS, 2019).

（30）民主主義の後退に関する研究としては、例えば以下のものがある。川中豪編著『後退する民主主義、強化される権威主義――最良の政治制度とはなにか――』ミネルヴァ書房、二〇一八年。

（31）Freedom House, *Freedom in the World 2022: The Global Expansion of Authoritarian Rule*, (Freedom House, 2022). 二〇〇五年以降の傾向を見ると、数値が悪化した国の数が最多だった年は二〇年、数値が改善した国の数が最小だった年は二一年である。

（32）Antoine Buyse, "Squeezing civic space: restrictions on civil society organizations and the linkages with human rights," *The International Journal of Human Rights*, 22(8), 2018, pp. 966–988.

（33）International Center for Not-for-Profit Law, *Effective donor responses to the challenge of closing civic space*, (ICNL, 2018).

（34）Kendra Dupuy, James Ron, and Aseem Prakash, "Who survived? Ethiopia's regulatory crackdown on foreign-funded NGOs," *Review of International Political Economy*, 22(2), 2015, pp. 419–456.

（35）Maria Tysiachniouk, Svetlana Tulaeva, and Laura A. Henry, "Civil Society under the Law 'On Foreign Agents': NGO Strategies and Network Transformation," *Europe-Asia Studies*, 70(4), 2018, pp. 615–637.

（36）Kendra Dupuy, James Ron, and Aseem Prakash, "Hands Off My Regime! Governments' Restrictions on Foreign Aid to Non-Governmental Organizations in Poor and Middle-Income Countries," *World Development*, 84, 2016, pp. 299–311; Patricia Bromley, Evan Schofer, and Wesley Longhofer, "Contentions over World Culture: The Rise of Legal Restrictions on Foreign Funding to NGOs, 1994–2015," *Social Forces*, 99(1), 2020, pp. 281–304.

（37）ICNL, *Effective donor response to the challenge of closing civic space*, (ICNL, 2018); ICNL, *Civic Freedom Digest: Trends in the Digital Age*, (ICNL, 2019).

（38）Usman Hamid and Ary Hermawan, *Indonesia's Shrinking Civic Space for Protests and Digital Activism*, (Carnegie Endowment for International Peace, 2020).

（39）https://www.icnl.org/post/analysis/top-trends-covid-19-and-civic-space (二〇二二年三月三一日アクセス)

(40) Stefan Toepler, Annette Zimmer, Christian Fröhlich, and Katharina Obuch, "The Changing Space for NGOs: Civil Society in Authoritarian and Hybrid Regimes," *Voluntas*, 31, 2020, pp. 649–662.

(41) Chrystie F. Swiney, "The Counter-Associational Revolution: The Rise, Spread, and Contagion of Restrictive Civil Society Laws in the World's Strongest Democratic States," *Fordham international Law Journal*, 43(2), 2019, pp. 399–453.

(42) Inga T. Winkler and Carmel Williams, "The Sustainable Development Goals and human rights: A critical early review," *The International Journal of Human Rights*, 21(8), 2017, pp. 1023–1028; Stephen Browne, *Sustainable Development Goals and UN Goal-Setting*, (Routledge, 2017).

(43) https://action4sd.org/who-we-are/ (二〇二二年三月三一日アクセス)

(44) https://www.sdg16toolkit.org/ (二〇二二年三月三一日アクセス)

(45) Nathalie Berny and Christopher Rootes, "Environmental NGOs at a crossroads?," *Environmental Politics*, 27(6), 2018, pp. 947–972.

(46) Paul J. Nelson and Ellen Dorse, "Who practices rights-based development? A progress report on work at the nexus of human rights and development," *World Development*, 104, 2018, pp. 97–107.

(47) Jörg Wischermann, Bettina Bunk, Patrick Köllner, and Jasmin Lorch, "Do associations support authoritarian rule? Evidence from Algeria, Mozambique, and Vietnam," *Journal of Civil Society*, 14(2), 2018, pp. 95–115.

(48) Jasmin Lorch and Bettina Bunk, "Using Civil Society as an Authoritarian Legitimation Strategy: Algeria and Mozambique in Comparative Perspective," *Democratization*, 24(6), 2017, pp. 987–1005.

(49) OECD, *Private Philanthropy for Development -Second Edition*, (OECD Publishing, 2021).

(50) Nicola Banks and David Hulme, "New development alternatives or business as usual with a new face? The transformative potential of new actors and alliances in development," *Third World Quarterly*, 35(1), 2014, pp. 181–195.

(51) Banks and Hulme, op. cit.

(52) Juanjo Mediavilla and Jorge Garcia-Arias, "Philanthrocapitalism as a Neoliberal (Development Agenda) Artefact: Philanthropic Discourse and Hegemony in (Financing for) International Development," *Globalizations*, 16(6), 2019, pp. 857–75; UN, "Addis Ababa Action Agenda of the Third International Conference on Financing for Development," Resolution A/RES/69/313, July 2015.

(53) 二〇一三年～一五年と二〇一六年～一九年の資金量を比較した数字である。OECD, op.cit.

(54) OECD, *Private Philanthropy for Development*, (OECD Publishing, 2018).

(55) Ibid.

(56) Emma Mawdsley, "From Billions to Trillions: Financing the SDGs in a World 'beyond Aid," *Dialogues in Human Geography*, 8(2), 2018, pp. 191–95.

(57) UN, op. cit. アジスアベバ行動目標では、モンテレー、ドーハで開催された開発資金会議の成果を基礎としつつ、持続可能な開発への資金提供を実現するために国内資源の活用、民間資金の動員、適切な貿易の推進、債務の持続可能性の確保など、一〇〇を超える具体的な措置が確認された。

(58) Heloise Weber, "Politics of 'Leaving No One Behind': Contesting the 2030 Sustainable Development Goals Agenda," *Globalizations*, 14-3, 2017, pp. 399–414.

(59) SDG Fund and Harvard Kennedy School CSR Initiative, *Business and the United Nations*, (SDG Fund, 2015); SDG Fund, *Universality and the SDGs: A Business Perspective*, (SDG Fund, 2016); Emma Mawdsley, "DFID, the Private Sector and the Re-Centring of an Economic Growth Agenda in International Development," *Global Society*, 29(3), 2015, pp. 339–58.

(60) Business and Sustainable Development Commission, *Better Business Better World: The report of the Business & Sustainable Development Commission*, January 2017.

(61) Emma Mawdsley, Warwick E. Murray, John Overton, Regina Scheyvens, and Glenn Banks, "Exporting stimulus and "shared prosperity": Reinventing foreign aid for a retroliberal era," *Development Policy Review*, 36, 2018, pp. 25–43.

(62) Marie-Luise Abshagen, Anna Cavazzini, Laura Graen, and Wolfgang Obenland, *Highjacking the SDGs? The Private Sector and the Sustainable Developement Goals*, (Brot für die Welt, 2018).

(63) Development Initiatives, *How Blended Finance Reaches the Poorest People*, (Development Initiative, 2019).

(64) Kate Bayliss and Elisa Van Waeyenberge, "Unpacking the Public Private Partnership Revival," *The Journal of Development Studies*, 54(4), 2018, pp. 577–593; Sarah Hawkes, Kent Buse, and Anuj Kapilashrami, "Gender blind? An analysis of global public-private partnerships for health," *Globalization and Health*, 13, 2017.

(65) Barbara Adams and Jens Martens, *Fit for whose purpose?: Private funding and corporate influence in the United Nations*, (Global Policy Forum, 2015).

(66) Thomas Pogge and Mitu Sengupta, "The Sustainable Development Goals: a plan for building a better world?," *Journal of Global Ethics*, 11(1), 2015, pp. 56–64.

(67) Banks and Hulme, op.cit.

(68) Ibid.

(69) OECD, *DAC Recommendation on Enabling Civil Society in Development Co-operation and Humanitarian Assistance*, OECD/LEGAL/5021, July 2021.

(70) DAC-CSO Reference Group, *CSO comments on the draft DAC Policy Instrument on Enabling Civil Society*, May 2021.

（はやし　あきひと　上智大学）

日本国際政治学会編『国際政治』第208号「ＳＤＧｓとグローバル・ガバナンス」(二〇二三年一月)

危機のなかの駐米大使

――フォークランド紛争をめぐる英米関係――

小南有紀

はじめに

第二次世界大戦後の英国は、米国との「特別な関係(Special Relationship)」を外交政策の基盤とし、国際政治における影響力の維持を図ってきた。しばしば戦後英米関係の黄金期として語られるのが、一九八〇年代である。(1) 英国のサッチャー(Margaret Thatcher)と米国のレーガン(Ronald Reagan)が掲げた新自由主義は、冷戦終結の原動力の一つとなり、さらには冷戦後の秩序原理の根幹となった。(2)

だが、「新自由主義の時代」の船出は、決して順風満帆なものではなかった。一九八〇年代初頭の英国は戦後最悪の不況と失業者の急増に喘いでおり、サッチャー政権は多方面からの批判にさらされていた。八一年末時点で、サッチャーは「戦後最も不人気な首相」であり、政権存続の見通しは暗かった。(3)

このような状況で発生したのが、フォークランド紛争である。フォークランド諸島は、英国本土から約一万三千㎞離れた南大西洋に位置し、一八三三年以来、同諸島は英国の実効支配下に置かれてきた。しかし、アルゼンチンが長らく領有権を主張しており、一九八二年四月二日、ついにアルゼンチン軍がフォークランド諸島に侵攻した。同諸島を防衛していた英軍はわずか六九名に過ぎず、小規模な戦闘の後に降伏した。(4) こうして、サッチャーの政治生命、ひいては「新自由主義の時代」の命運は、英国がフォークランド諸島を奪還できるか否かにかかることとなった。(5)

英国がフォークランド諸島を奪還するためには、米国の協力が不可欠であった。サッチャーは次のように語っている。「われわれは最初から、結末を左右するのはアメリカの態度であることを確信していた」。(6) しかし、米国のレーガン政権は、新冷戦という国際環境を前に、中南米地域における反共政策の支援国であるアルゼンチンとの関係を重視していた。それゆえ、レーガン政権は外交的には中立の立場をとり、英国では不満が高まったのである。[7]

とはいえ、紛争発生から約一カ月後、レーガン政権は対英支持へと転じ、アルゼンチンへの経済制裁や武器禁輸などの措置を発表した。なぜ英米は当初の不一致を乗り越えられたのだろうか。多くの先行研究は、サッチャーがレーガンとの間に築いた信頼関係にその要因を見出す。つまり、サッチャーによるレーガンへの説得が功を奏し、米国は対英支持に踏み切ったというのである。[8]

他方、歴史家のアルドゥス（Richard Aldous）は英米の一次史料を紐解き、正反対の評価を下す。彼によれば、サッチャーはレーガンをしばしば「障害物」とみなしており、首脳間の関係は友好とはほど遠い「困難な関係（difficult relationship）」だった。そして、当該期に英米が協力できたのは、ひとえに同盟の制度化のおかげだと喝破する。[9]たしかに、紛争発生当初から米軍は英軍へのインテリジェンスや燃料の供与などを行っており、軍部間の協力は同盟の制度化の賜物だった。紛争時に米海軍長官だったレーマン（John Lehman）は、英国への軍事協力は現場レベルで進められ、「政治的決定は必要なかった」と述べている。[10]

しかし、同盟の制度化は、政治面での協力を保証するわけではない。実際に、軍部間の協力が進展する間も、レーガン政権は外交的には中立を保ち続けた。一方、政治面での協力こそが、紛争の帰結を左右した。当時米国の国防長官だったワインバーガー（Casper Weinberger）が、対英支持表明で「我々は全面的にイギリス軍の支援に立つことができることとなった」と述懐するように、政治面での協力が軍事面での協力を大きく促進したのである。[11]米国からの「全面的」な軍事支援なくして、英国がフォークランド諸島を奪還するのは不可能だっただろう。[12]本稿は、首脳間の「困難な関係」というアルドゥスの議論を受け入れつつも、政治面での協力が実現したことの重要性に注目する。同盟の制度化が政治面での協力を保証せず、首脳間に摩擦が生じていたとするならば、あらためて軍部と首脳以外のアクターが演じた役割について検討すべきであろう。[13]

そこで、本稿は、ヘンダーソン（Nicholas Henderson）駐米英国大使に焦点を当てる。フォークランド紛争において、ヘンダーソンはいかなる役割を果たしたのであろうか。特命全権大使は、自国の代表として任国に常駐する唯一のアクターであり、他のアクターには代替し得ない機能を担っている。首脳外交の陰で、英米関係を支えてきたのが駐米大使だった。バーリッジ（Geoff Berridge）とヤング（John Young）の言葉を借りれば、駐米大使は「大西洋両岸の健全な関係を維持する不可欠の手段」なのである。[14]サッチャーも、フォークランド紛争時のヘンダーソンについて、「この時の状況がまさに必要とした知性、粘り強さ、行動のスタイル、弁舌の才といった資質を備えていた」と高く評価している。[15]

フォークランド紛争におけるヘンダーソン大使の役割を分析した研究としては、和田龍太によるものが存在する。[16]和田は、ヘンダーソンとヘイグ（Alexander Haig）国務長官の間の交渉過程を、英米の一次史料を用いて辿っている。たしかに、政府間の交渉に従事することは大使の最も伝統的な役割であり、そこに研究の関心が向けられるのは当然だろう。[17]しかし、ヘンダーソンが担ったのは、政府間の交渉だけではない。本稿が論じるように、ヘンダーソンは米国の世論と議会の支持を獲得するために奔走し、成果を上げたのである。ヘンダーソンの働きかけを受けた米国の世論と議会は対英支持に傾き、それまで中立を維持していたレーガン政権が四月三〇日に対英支持を表明する一因となった。そして、六月一四日の戦闘終結まで、ヘンダーソンは米国内の対英支持をなんとか持続させることに成功したのである。

一　大使外交を支えるもの

(1)　パリからワシントンへ

一九七九年五月、英国で行われた総選挙で保守党が圧勝し、サッチャー政権が発足した。サッチャーは約一一年半にわたって首相の座にとどまり、国内で「サッチャリズム」と呼ばれる大規模な社会・経済改革を推進するとともに、外交では米国との「特別な関係」を誇示して英国の国際的な地位向上を追求した。[18]

首相就任直後のサッチャーが行った仕事の一つが、新たな駐米大使の任命であった。それまで駐米大使の任にあったジェイ（Peter Jay）は、労働党のキャラハン（James Callaghan）政権期の一九七七年に、四〇歳の若さで政治任用された人物だった。ジェイはキャラハンの娘婿であり、政権交代を機に駐米大使が交代するのは自然な流れであった。

当初、サッチャーが駐米大使への就任を打診したのは、保守党のヒース（Edward Heath）元首相だった。サッチャーにとって、ヒースを駐米大使に任命することは、政治的ライバルを政治の表舞台から追い払うための手段であった。しかし、政治的野心の強いヒースにはロンドンを離れる意思はなく、この打診を拒絶した。[19]

そこで、元首相に代わる人物として、キャリントン（6th Baron Carrington）外相によって推薦されたのが、ヘンダーソンだった。[20] ヘンダーソンは第二次世界大戦期に外務省に入り、大使としてはポーランド、西ドイツ、フランスに赴任した経歴を有する、経験豊富な外交官だった。[21] 彼は一九七九年三月末の駐仏大使退任とともに外務省を退職していたが、すぐさま外交の世界に呼び戻されることとなったのである。

ヘンダーソンの駐米大使任命が公になってまもなく、『エコノミスト』が「英国の衰退――その原因と結果（Britain's decline: its causes and consequences）」と題する外務省の内部文書を入手し、全文を掲載した。これは駐仏大使退任時の報告書として、三月末にヘンダーソンが記したものだった。ヘンダーソンは「今日の我々は、もはや世界の大国でないばかりか、欧州の中の一流国ですらない」と論じ、英国の衰退に警鐘を鳴らした。[22] 英国の立て直しを目指すサッチャーは記者会見で次のように述べて、ヘンダーソンの主張を高く評価した。「報告書の内容の一部は、キャリントンや私が、表現やスタイルは控え目であっても、これまで言い続けてきたことです。報告書の内容に議論の余地はないでしょう。そこにすべてが書かれています」[23]。こうして、ヘンダーソンは首相と外相の信頼を得ることとなったのである。

(2)　大使館運営と社交の場

どれほど有能な人物であっても、一人の人間にこなせる仕事量には限りがある。それゆえ、大使館を組織として機能させられるかどうかが、大使外交の成否を大きく左右する。ヘンダーソンの前任者であるジェイは、もともとエコノミストであり、大使就任以前は外交に関する充分な知識と経験を有していなかった。だが、オックスフォード大学をトップクラスの成績で卒業した秀才であるジェイは、自分の方が大使館の外交官たちよりも米国を熟知していると自負していた[24]。そのため、彼は独断的に行動することが多く、大使館員らとの間に軋轢を生んだ[25]。

さらに、ジェイは、大使館の経費削減を推し進めた。とりわけ、そのターゲットとなったのが、在米英国大使館が統轄する英国情報局（British Information Services：ＢＩＳ）だった。ＢＩＳは第二次世界大戦期に設立されて以来、ニューヨークを拠点に、米国における英国の広報活動を担っていた[26]。エコノミストであるジェイにとって、六八名ものスタッフを擁するＢＩＳは「無駄」の象徴であり、人員の半減を本国に強く具申した。結局、野党保守党や世論の反対を受けて、キャラハン政権は七名の人員削減にとどめたが、ジェイによる急進的な大使館運営は現場の混乱を招いた[27]。

一方、ヘンダーソンはジェイよりも一八歳年長で、オックスフォード大学の先輩にあたる。ヘンダーソンとジェイはどちらも、大学在学中にオックスフォード・ユニオンの会長を務めた点でも共通している。だが、両者の大使館運営は大きく異なった。駐米大使就任以前に三カ国で大使を歴任したヘンダーソンは、ワシントンに到着後、すぐに外交官らが慣れ親しんだ伝統的な大使館運営に戻し、大使館内の混乱は解消されたのである[28]。さらに、ヘンダーソンはＢＩＳの責任者であるホール（Peter Hall）をニューヨークでなくワシントンで勤務させ、ＢＩＳとの連携を図った。これにより、ホールはワシントンのメディア関係者と人脈を築くことができ、結果的にフォークランド紛争時に米メディアに働きかける上で大きな利点となった。ホールは後に、フォークランド紛争時の大使が、ジェイではなくヘンダーソンでよかったと語っている[29]。

加えて、ヘンダーソンが駐米大使として重視したのが、社交の場である。彼は積極的にパーティーやレセプションに足を運び、米政府関係者だけでなく、米国のメディア関係者や有力議員らと親密な関係を築いた。自らも大使館で多くの客人をもてなし、「ニッコ（Nicko）」の愛称で親しまれた。フォークランド紛争時に上院外交委員長として英国を強く支持するパーシー（Charles Percy：共和党）など、彼がワシントンで培った人脈は、危機のなかの大使外交を支えた[30]。

このように、首相と外相の信頼を得て大使に就任したヘンダーソンは、大使館が組織として機能する態勢を整えた。さらに、社交を重視するヘンダーソンは、フォークランド紛争以前にすでにワシントンで広く知られた存在になっていた。組織としての大使館とワシントンでの人脈を梃子に、ヘンダーソンはフォークランド紛争に対応することとなる。

二　米国からの支持を求めて

(1)　メディアと世論

一九八二年四月二日、フォークランド諸島がアルゼンチン軍に占領された。米国のレーガン政権は、あくまで中立の立場からこの問題に関与するつもりだった[31]。特に中立を重視していたのが、ヘイグ国務長官だった。ヘイグはアルゼンチン軍の侵攻以前から、すでに中立の立場で平和的解決を模索することを決めていた。なぜなら、対英支持を明確にすれば、アルゼンチンに影響力を発揮するチャンスが失われるからである[32]。また、彼は四月三日のレーガンへの覚書で、アルゼンチンは中米地域における反共政策の重要な支援国であると述べ、米亜関係に配慮する必要性を強調した[33]。こうして、ヘイグは英亜間での「シャトル外交」に乗り出したのである。

中立の立場をとるレーガン政権に対して、ヘンダーソンは苛立っていた。彼は四月六日のヘイグとの会談で、アルゼンチン軍の撤退なくして、英国はいかなる交渉にも応じない旨を伝えた。そして、「もしソ連の支援するキューバ軍が米領プエルトリコを占領したならば、米国とて交渉に応じないはずだ」と批判した[34]。だが一方で、ヘイグの決意が固い以上、ヘンダーソンは彼の仲介工作を止めることはできないとも考えていた[35]。レーガン政権の対英支持を求めたヘンダーソンの交渉は、早くも行き詰まったのである。

しかし、ヘンダーソンはただ手をこまねいていたわけではなかった。レーガン政権との交渉に並行して、米国民の間に対英支持を広げることに努めたのである。ヘンダーソンは、米国の外交政策は他国以上に、世論によって左右されると考えていた[36]。彼はメディアを通して、米国民に英国への支持を訴えることにした。

ヘンダーソンのメディアを介した訴えには、いくつかの特徴が見てとれる。第一に、一九七九年の在イラン米国大使館人質事件との対比である。四月六日のヘイグとの会談後、ヘンダーソンは記者に向けてこう述べた。「あなた方は、イランの五二名の人質の安否を気遣っていました。いま我々には二千名の人質がいるのです[37]」。また、アルゼンチンがフォークランド諸島に侵攻した同日に在米アルゼンチン大使館で開かれた晩餐会に、カークパトリック（Jeane Kirkpatrick）国連大使ら米政府高官が出席したことについても、同様の対比を用いて批判した。「もし米国人が人質にされた夜に私がイラン大使館の祝宴に呼ばれたならば、決して参加しなかった[38]」。

第二に、米国の支持を求めながらも、軍事支援への言及を避けたことである。ヴェトナム戦争以来、米世論は国外への軍事関与に消極的だった[39]。それゆえ、ヘンダーソンは英国への「最大限の支持」を訴えながらも、米国の「軍事的貢献」を求めているのではないことを強調したのである[40]。

第三に、米世論の「反植民地主義」への配慮である。フォークランド諸島が占領されて以降、英国では帝国へのノスタルジアに基づく「帝国意識」が盛り上がっていたが、米国には「反植民地主義」

の伝統があった。(41)そこでヘンダーソンは、フォークランド紛争が武力による現状変更や住民の自決権といった原則に関するものだと強調した。(42)彼の言葉によれば、英国は第二次世界大戦後に植民地を手放してきたが、「住民が望まない状況で、第三国に譲り渡したことはない」のであった。(43)

第四に、ヘンダーソンは、アルゼンチンの行動をソ連の脅威と結びつけ、アルゼンチンに宥和的な態度をとることの危険性を訴えた。レーガン政権は、米国が英国の側につけば、アルゼンチンがソ連に接近するのではないかと恐れていた。しかし、ヘンダーソンに言わせれば、すでにアルゼンチンとソ連は緊密な協力関係にあった。それゆえ、アルゼンチンの行動を黙認すれば、フォークランド諸島にソ連の軍事基地が建設され、南大西洋へのソ連の「ゲートウェイ」になると述べたのである。(44)

もっとも、英国側は、実際にはフォークランド諸島にソ連が軍事的に関与する可能性は低いと見ていた。米国との軍事衝突を引き起こす危険性が、あまりにも大きすぎるからである。(45)それゆえ、ソ連の脅威を煽ったヘンダーソンの言葉は、米世論の対英支持を取りつけるためのレトリックとしての側面が強かったといえよう。

また、ヘンダーソンの指揮の下、在米英国大使館は総力を挙げてメディア対応にあたっていた。例えば、BＩＳを統率するホールは、生放送直前の出演依頼でも快く受け入れ、米国民に英国の立場を説明した。彼はたとえインタビューで批判にさらされる恐れがあったとしても、取材を断らなかったという。(46)

一方、駐米アルゼンチン大使のタカクス（Esteban Takacs）も、米国への働きかけを行っていた。まず、四月二日のカークパトリックらを招いた晩餐会について、アルゼンチン大使館内では延期すべきとの声があったが、タカクスは米政府の「ファースト・リアクション」を知るための機会になるとして、予定通りの開催を決めた。(47)また彼はメディアで、フォークランド紛争と在イラン米国大使館人質事件の状況は全く異なると説明し、ヘンダーソンへの反論を試みた。(48)さらに、アルゼンチン政府は、英国によるフォークランド諸島の「植民地支配」を批判し、自らの行動の正当性を訴えていた。(49)しかし、アルゼンチン大使館はメディア対応の充分な準備ができておらず、取材依頼を拒否することもあった。(50)

米メディアは、英亜の駐米大使のうち、ヘンダーソンの側に好意的な反応を示した。例えば、『ニューヨーク・タイムズ』は、在イラン米国大使館人質事件とフォークランド紛争を重ね合わせて、「米国人は英国人がどのように感じているのか理解できる」とし、(51)「外交にさらなるチャンスを与える一つの方法は、英国へのより明白な傾斜によって、アルゼンチンの挑戦を退けることだ」と断言した。(52)さらに、同紙は、「英国大使——危機の日々（**British Ambassador: Days in Crisis**）」と題する記事で、ヘンダーソンの人柄を詳しく紹介した。記事では、ヘンダーソンが米国の多くの政治家やメディア関係者に親しまれていることや、ユーモアに富んだ会話をしながらテニスコートを走り回る様子などが描写された。(53)その他のメディアも、カークパトリックが在米アルゼンチン大使館の晩餐会に出席したことを批判するなど、概して英国に好意的だった[54]。

このような米メディアの論調は、米世論にも影響を与えたと考えられる[55]。四月末までに、米世論は対英支持に傾いた。世論調査では、フォークランド諸島をめぐる問題でアルゼンチンを支持すると答えたのが一九%だったのに対して、六〇%が英国を支持すると答えた。また、フォークランド諸島の住民が自ら帰属する国を決めるべきだという英国の主張について、八四%が賛成だと答えた[56]。政府レベルの交渉では限界に直面したヘンダーソンだったが、メディアを介して米世論の対英支持を取りつけることに成功したのである。

ただし、同じ世論調査では八三%が、英亜間で戦闘が発生した場合には米国は中立を守るべきだと答えていた[57]。このことは、英国が武力行使に乗り出せば、米国内の論調に変化が生じる可能性を示していた。

(2) 議会

米国の政策決定過程は権力が分散しており、伝統的に大統領が大きな権限を有する外交政策でも、議会が無視し得ない影響力を発揮する[58]。それゆえ、ヘンダーソンは議会の対英支持を獲得すべく奔走した。

まず手始めに、ヘンダーソンは四月五日から六日にかけて、米国の有力議員やそのスタッフらと次々に面会や電話をして支持を訴えた。ヘンダーソンは、議会の実力者であるオニール（Thomas O'Neill：民主党）下院議長から、「一〇〇%サッチャー氏の側につく」との返答を受けた。さらに、ライト（James Wright：民主党）下院多数党院内総務も英国への支持を約束した[59]。ただし、この時点ではアルゼンチンとの関係に配慮すべきだという声も少なくなく、議員たちへの粘り強い働きかけが必要なことは明白だった。ヘンダーソンは、上下両院の外交委員会に所属するすべての議員に対して、英国への支持を求める手紙を送った[60]。

その後、米議会では、対英支持の声が広がりを見せていく。四月一三日の上院で、民主党のモイニハン（Daniel Moynihan）がフォークランド紛争を取り上げた。彼は、この問題を脱植民地化の文脈ではなく、北大西洋条約機構（North Atlantic Treaty Organization：NATO）の文脈で考えるべきだと論じた。つまり、フォークランド紛争は、NATO加盟国の領土が外部勢力に侵略された初のケースであり、いまこそNATOの結束が試されているのだと強調したのである[61]。

折しも、フォークランド紛争に先立つ一九八二年二月、上院外交委員会が欧州とワシントンでNATOに関する調査を行い、報告書を作成していた。そこでは、ソ連の脅威を前に、「もし政策決定者が重要な問題で対応を誤れば、NATOの結束が脅かされる」と結論づけられた[62]。このように、フォークランド紛争は米議会でNATOの結束の必要性が認識されていた時期に発生しており、ヘンダーソンの訴えに米議員らが呼応する土壌があったといえよう。

これ以降、ヘンダーソンの議員らへの働きかけは加速していく。四月一九日、ヘンダーソンはタワー（John Tower：共和党）上院軍事委員長と面会し、英国を強く支持するとの言質を得た。そして、タワーは議会と世論の大多数が自分と同じ意見であろうと述べた[63]。

翌日には、ヘンダーソンは複数の議員らと面会した。ヘンダーソンは彼らに対して、「もし仲介者たる米政府が英国の側につけないのなら、他の権威ある米世論の代表者――例えば議会、特に上院外交委員会――が、米国の立場を世界に示す理由がある」と述べた[64]。上院外交委員会は米議会の常設委員会のなかで、最も権威ある委員会とみなされている[65]。ヘンダーソンの意見に、その場にいたすべての上院議員が同意し、上院での対英支持決議の採択を目指すと約束したのである[66]。

四月二二日、キャリントンに代わって外相に就任したピム（Francis Pym）が訪米し、上院外交委員会の議員らと会談した。会談後、パーシー委員長と民主党の有力者であるペル（Claiborne Pell）は、それぞれ記者団に対して、英国を支持する声明を出した。そして、この会談でもう一人、英国への支持を明言した人物がいた。後に第四六代合衆国大統領となる民主党のジョセフ・バイデンである[67]。バイデンは二八日、自らが作成した対英支持決議案を上院本会議に提出した[68]。

この時点でヘンダーソンが憂慮したのが、中立を維持するレーガン政権による妨害工作の可能性だった。ヘンダーソンはヘイグ国務長官と会談し、対英支持決議に向けた議会の動きを妨害しないように釘を刺した。これに対してヘイグは、妨害工作を否定し、むしろ議会の動きを好ましく思っていると答えた。ヘンダーソンとの会談後、ヘイグは上院外交委員会の非公開会合に赴き、フォークランド紛争をめぐる政府の立場やこれまでの経緯を説明した[69]。

四月二八日、バイデンはカナダ放送協会（Canadian Broadcasting Corporation：ＣＢＣ）のインタビューに応じ、次のように述べた。「アルゼンチンは侵略者であり、英国が正しいことは明白です」。英国の味方をすることで南米諸国との関係が損なわれるのではないかという質問に対しては、「米国が原則に立脚せず、最も古くて緊密かつ最重要の同盟国の側に立たない方が、より多くのものを失う」と反論した[70]。バイデンの対英支持の決意は固かったのである。

四月二九日、上院本会議は、バイデンが提出した対英支持決議案を七九対一の圧倒的多数で採択した。決議は、英米間には「積年の友好と忠実の絆」が存在すると謳い、「米国は中立ではいられない」と結論づけた[71]。同じ日には、下院外交委員会でも、民主党のソラーズ（Stephen Solarz）が提出した対英支持決議案が採択されていた。これらの決議は、主導した議員らと在米英国大使館が協力して推敲したものだった[72]。

四月三〇日、ホワイトハウスで国家安全保障会議（National Security Council：ＮＳＣ）が開かれた。前日には、アルゼンチンが米国の和平案を拒否していた。ヘイグは「外交の扉は閉ざしたくない」としながらも、米国外だけでなく、米国内からも対英支持の圧力が強まっていることを説明した[73]。同日、ヘイグが記者会見を開き、対亜経済制裁および武器禁輸などを発表するとともに、英国への支持を表明した[74]。これ以降、米国から英国への軍事支援は「全面的」なものとなり、サイドワインダー空対空ミサイルをはじめとする兵器や、仮設滑走路用のマット材、ヘリコプターのエンジンなどが供与された[75]。フリードマン（Lawrence Freedman）が、「とりわけ四月末の『傾斜』以降、米国の支援の程度が、まさに違いを生んだ」と論じるように、軍事支援の増大は紛争の帰趨を決定づけることとなった[76]。

かくして、ヘンダーソンは米国のメディアと世論、議会の間で対英支持を広げ、レーガン政権の中立の転換につなげることに成功したのである。五月一日、英空軍の爆撃機がスタンレーにある飛行場を爆撃し、フォークランド諸島での戦闘が開始された[77]。

三　燻る対英批判と紛争の終結

五月二日、アルゼンチンの巡洋艦ヘネラル・ベルグラーノ（ARA General Belgrano）が英潜水艦によって撃沈され、乗員三二一名が死亡した。ベルグラーノが撃沈されたのは、英国が指定した「完全排除水域」の外であり、英国内外から非難の声が上がった[78]。レーガン政権も、アルゼンチン軍に多数の犠牲者が出たことに遺憾の意を示した[79]。

レーガン政権は、あくまでも即時停戦と外交的解決を希求しており、英米の首脳間に摩擦が生じることとなった。摩擦がピークに達したのは、五月三一日の電話会談である。レーガンが和平案に言及しようとした瞬間、すかさずサッチャーが口を挟んだ。「これは民主主義と英国の島にとっての問題です。もし今英国が失敗すれば、民主主義にとって最悪の事態になるのです」。その後も、サッチャーからの激しい非難を浴び続けたレーガンは、断片的な言葉しか発することができなかった[80]。サッチャーはヘンダーソンに対して、レーガンの立場は「純然たるヘイグ主義（pure Haigism）」だと言い放ち、自分がどれほど大統領からの電話に幻滅したかを米国側に伝えよと指示した[81]。

ヘンダーソンは、サッチャーの態度に危機感をつのらせていた。首相が大統領の電話を拒否するとなれば、英米関係が大きく損なわれかねない。ヘンダーソンは、レーガンが遠慮なく電話できることが「英国の国益」に資するのだと述べて、サッチャーをなんとか説得した[82]。このように、レーガン政権による対英支持の表明後も、英米の首脳間には溝が存在したのである。

では、戦闘の本格化を受けて、米国内はどのように反応したのか。当初、米議会では英国にとって好ましい動きが起こった。五月四日、下院外交委員会ですでに採択されていた対英支持決議が、下院本会議で再び採択されたのである。決議を主導したソラーズ議員とザブロッキ（Clement Zablocki：民主党）下院外交委員長によれば、議会が「原則」に立脚していることを示すための行動だった[83]。

しかし、米国内では徐々に、対英批判が燻るようになっていた。まず、アルゼンチンでは、対英支持にまわった米国への批判が噴出しており、現地の米国人の安全が懸念された[84]。また、米国の対英支持が、米国と南米諸国の関係を損なったとする論調もあった[85]。さらに、和平交渉に消極的な英国を批判する報道もあった。例えば『ワシントン・ポスト』は、交渉による解決が英国にもたらす長期的な利益について、サッチャーが英国民に説明していないと論じた。その上で同紙は、「英国は彼らの友好国が被るコストについて、驚くほど無関心だ」と批判した。[86]

米議会でも、紛争の激化を懸念する声が高まりつつあった。共和党のスティーブンス（Theodore Stevens）上院議員が、英国にアルゼンチン本土への攻撃を慎むように求める決議の採択を画策していたのである。レーガン大統領もアルゼンチン本土への攻撃を懸念しており、スティーブンスはクラーク（William Clark）国家安全保障担当大統領補佐官のもとを訪ねて、ホワイトハウスの反応をうかがった。[87]

五月一四日にヘンダーソンは、クラークからスティーブンスの計画について聞かされた。たとえ決議が採択されなかったとしても、英国の行動を抑制しようとする決議案が議題に上るだけで、議会の対英支持を揺るがしかねない。それゆえ、ヘンダーソンは、そのような決議は絶対に阻止しなければならないとクラークに強調した。[88]

すぐさまヘンダーソンは、上院の有力者らに接触し、スティーブンスの動きを抑えるよう協力を求めた。まず、上院外交委員会のパーシー委員長は、アルゼンチンに最大限の圧力を加えることが重要だと述べ、スティーブンスの動きを必ず阻止すると約束した。[89]二〇日には、ベーカー（Howard Baker：共和党）上院多数党院内総務が、スティーブンスの動きは「コントロールされている」とヘンダーソンに伝えた上で、米上院は今後も英国を支持し続けると明言した。[90]米議会では、多数党の指導部が議事を設定する力を持っており、特に委員長は委員会での審議で大きな権限を有する。[91]ゆえに、ヘンダーソンがパーシーやベーカーの協力を取りつけたことは、スティーブンスの動きを封じる上で決定的に重要だった。

ヘンダーソンは米議会の動向をさらに探るため、二二日にバイデンと長時間に渡って面会した。バイデンは、米上院が英国を支持したのは、ひとえに英米関係の緊密さゆえだと語った。例えば、もしフォークランド諸島がブラジル領土であったならば、米国人はアルゼンチンの侵攻を気にも留めなかっただろうというのである。バイデン自身は、今後も英国を強く支持し続けると約束した。[92]

しかし、バイデンは、紛争の長期化が米議会の対英支持を後退させる可能性を指摘した。すなわち、紛争が長期化すれば、中南米諸国との関係悪化を懸念する声が高まるというのである。そして、米上院議員の多くが、フォークランド諸島の住民の自決権よりも米国の国益を重視していると述べた。ヘンダーソンはバイデンの言葉に衝撃を受け、米議会の対英支持が不変でないことを本国に警告した。[93]米議会の対英支持の持続性に鑑みて、フォークランド諸島をいち早く奪還する必要があったのである。

最終的に、六月一四日にフォークランド諸島のアルゼンチン軍は降伏し、紛争は長期化を免れた。戦闘終結の報に接した瞬間、ヘンダーソンが感じたのは歓喜ではなく、安堵だった。英本国が戦勝ムードに沸く一方、ヘンダーソンは公の場で「勝ち誇らない」ように細心の注意を払った。[94]アルゼンチンの面子を維持しようとしていたレーガン政権や、米国内で燻る対英批判に配慮したのだろう。大使館はすぐに「通常業務（business as usual）」に復帰した。[95] もとより、社交を重視するヘンダーソンである。彼は米国のメディア関係者、国務省や国防総省などの実務レベルの担当者らを大使館に招いて、慎ましくパーティーを開き、英国への協力に感謝を伝えた。[96] こうして、フォークランド紛争をめぐるヘンダーソンの闘いは、幕を閉じたのである。

おわりに

米国ほど国内の政策決定過程が分権的かつ開放的な国は少なく、外交政策であっても世論や議会の関与が強い。それゆえ、外国が米政府に直接的な影響力を発揮できる余地にはそもそも限りがある。ヘンダーソンはそのことを理解しており、アルゼンチン軍によるフォークランド諸島の占領以降、米政府との交渉に並行して、世論と議会の支持を得るべく奔走した。彼は、英国が米国の世論と議会からの支持を獲得する上で、不可欠な役割を果たしたのである。

ヘンダーソンによる米国の世論と議会への働きかけは、大きく二つの段階に分けられる。第一に、レーガン政権を中立から転換させるべく、世論と議会の対英支持を形成することに努めた段階である。紛争発生直後から、ヘンダーソンは積極的にメディアに出演し、米国民に英国の立場を説明した。ヘンダーソンは、『ワシントン・ポスト』をして、「米国のテレビ視聴者にとってお馴染みの人物」と言わしめるほど、米国民の間で認知された存在となった。[97] さらに、上下両院の外交委員会のメンバーを中心に、多くの連邦議員に英国への支持を訴えた。四月三〇日にレーガン政権が英国への支持に転じた一因には、対英支持を求める世論と議会からの圧力があり、ヘンダーソンの狙いは成功したといえる。これ以降、米国から英国への軍事支援は増大した。

第二に、米国の対英支持を持続させることに努めた段階である。戦闘の本格化を受けて、米国内では英国への批判が燻るようになり、特に上院では、英国の軍事行動を抑制しようとする動きが起こった。ヘンダーソンは、上院多数党の共和党指導部の協力を取りつけて、この動きを封じることに成功した。とはいえ、民主党のバイデン上院議員がヘンダーソンに警告したように、紛争の長期化は米議会の対英支持を後退させる恐れがあった。もし紛争が長期化していれば、ヘンダーソンとて、米国内の懸念の声を抑え込むことはできなかっただろう。この点で、米世論と議会の対英支持を持続させようとするヘンダーソンの努力は、限界を向かえつつあった。

だが、米国からの軍事支援を受けた英国は、フォークランド諸島を短期間で奪還することに成功した。フォークランド紛争において、政治面での協力が軍事面での協力を促進したことに鑑みて、ヘンダーソンの役割は紛争の帰結に一定の影響を与えたといえよう。[98]

加えて、ヘンダーソンが米国の世論と議会からの対英支持獲得に成果を上げられた背景に、危機以前の備えがあった点も見逃せない。ヘンダーソンは駐米大使に着任後、大使館が組織として機能する態勢を整えるとともに、社交の場を通じてワシントンで米国の有力議員やメディア関係者らと親密な関係を築いた。組織としての大使館とワシントンでの人脈が、危機のなかの大使外交を支えたのである。

かくして、「戦後最も不人気な首相」だったサッチャーは、フォークランド紛争での勝利を機に長期政権の道を歩み、一九八〇年代の国際政治を象徴する政治指導者の一人として人々に記憶されることとなる。本稿が描いたフォークランド紛争におけるヘンダーソンの役割は、首脳が外交の表舞台で活躍する時代に、大使が担い得る役割の一端を示しているといえるだろう。

(1) 例えば、B. J. C. McKercher, *Britain, America, and the Special Relationship since 1941* (Routledge, 2017) p. 8.

(2) 永野隆行「新自由主義の時代の協調と緊張――一九七五～一九九〇年」君塚直隆、細谷雄一、永野隆行編『イギリスとアメリカ――世界秩序を築いた四百年』勁草書房、二〇一六年；James E. Cronin, *Global Rules: America, Britain and a Disordered World* (Yale University Press, 2014).

(3) A. ギャンブル（小笠原欣幸訳）『自由経済と強い国家――サッチャリズムの政治学』みすず書房、一九九〇年、一五〇頁。

(4) 篠﨑正郎「イギリスの防衛政策にとってのフォークランド紛争――本土防衛と島嶼防衛の均衡」『島嶼研究ジャーナル』第九巻二号、二〇二〇年、五八頁。

(5) なお、歴史家のブラウン（Archie Brown）は、サッチャーが米国のレーガンおよびソ連のゴルバチョフ（Mikhail Gorbachev）とともに、冷戦終結の「ヒューマン・ファクター」になったと論じる。新自由主義が冷戦終結の原動力の一つとなったという議論と合わせて、サッチャー政権がフォークランド紛争を経て存続したことの国際政治史上の重要性を指摘できよう。Archie Brown, *The Human Factor: Gorbachev, Reagan, and Thatcher, and the End of the Cold War* (Oxford University Press, 2020).

(6) マーガレット・サッチャー（石塚雅彦訳）『サッチャー回顧録――ダウニング街の日々（上）』日本経済新聞社、一九九三年、二三七頁。橋口豊は、英国が一九五〇年代後半から七〇年代前半の外交の再編を経て、米国との「従属的な関係」を受け入れるに至ったと論じる。たしかに、フォークランド紛争の結末が米国の動向に左右されたことは、米国に「従属」する英国の姿を示しているといえるだろう。橋口豊『戦後イギリス外交と英米間の「特別な関係」――国際秩序の変容と揺れる自画像 一九五七～一九七四年』ミネルヴァ書房、二〇一六年。

(7) フォークランド紛争については数多くの研究が存在するが、包括的なものとして、Lawrence Freedman, *The Official History of the Falklands Campaign*, 2 vols. (Routledge, 2005). ただし、同書は、フォークランド紛争が英米関係にとっていかなる意味を持つものだったのかまでは、踏み込んだ評価を下していない。

(8) Geoffrey Smith, *Reagan and Thatcher* (Bodley Head, 1990); Richard C. Thornton, *The Falklands Sting: Reagan, Thatcher, and Argentina's Bomb* (Brassey's, 1998); John O'Sullivan, *The President, the Pope, and the Prime Minister* (Regnery, 2006); Sally-Ann Treharne, *Reagan and Thatcher's Special Relationship: Latin America and Anglo-American Relations* (Edinburgh University Press, 2015); ニコラス・ワプショット（久保恵美子訳）『レーガンとサッチャー――新自由主義のリーダーシップ』新潮社、二〇一四年。

(9) Richard Aldous, *Reagan & Thatcher: The Difficult Relationship* (Hutchinson, 2012).

(10) John Lehman, "The Falklands War: Reflection on 'Special Relationship'," *The RUSI Journal*, 157(6) (2012) p. 82.

（11）キャスパー・ワインバーガー（角間隆監訳）『平和への闘い』ぎょうせい、一九九五年、二〇一―二〇二頁。レーマンでさえ、四月三〇日の対英支持によって、英国への軍事支援が増大したと述べている。Lehman, "The Falklands War," p. 82.

（12）もっとも、米国の軍事支援がなくとも英国はフォークランド諸島を奪還し得たという立場も存在する。しかし、このような立場をとる論者も、米国の軍事支援がなければ、英軍の作戦遂行はより困難かつ危険なものとなり、紛争の長期化は避けられなかったと認めている。James Eberle, "The Military Relationship," Wm. Roger Louis and Hedley Bull eds., *The Special Relationship: Anglo-American Relations since 1945* (Oxford University Press, 1986) pp. 157–158.

（13）新冷戦初期（一九七九～八一年）の英国の対米協力で、外相と外交官が担った役割を論じたものとして、小南有紀「英米関係の『黄金期』への道――新冷戦初期の湾岸地域をめぐる危機」『法学政治学論究』第一二七号、二〇二〇年。

（14）G. R. Berridge and John W. Young, "Conclusion," Michael F. Hopkins, Saul Kelly and John W. Young eds., *The Washington Embassy: British Ambassadors to the United States, 1939–77* (Palgrave Macmillan, 2009) p. 234. しかし、同書では、出版時点での史料的制約ゆえに、ヘンダーソン大使については分析の射程外である。

（15）サッチャー『サッチャー回顧録（上）』二三〇頁。

（16）和田龍太「フォークランド危機をめぐる米英関係――中南米における両国の安全保障認識に着目して」『軍事史学』第五五巻一号、二〇一九年。

（17）例えば、千々和泰明は、「情報収集」「意見具申」「伝達」「交渉」を大使の伝統的役割と位置づけている。千々和泰明『大使たちの戦後日米関係――その役割をめぐる比較外交論 一九五二～二〇〇八年』ミネルヴァ書房、二〇一二年。

（18）佐々木雄太「『鉄の女』の外交政策――一九七九～九〇年」佐々木雄太、木畑洋一編『イギリス外交史』有斐閣、二〇〇五年。

（19）John Campbell, *Edward Heath: A Biography* (Jonathan Cape, 1993) pp. 714–715.

（20）Interview with Nicholas Henderson, 24 September 1998, The British Diplomatic Oral History Programme [BDOHP], The Churchill Archives Centre [CAC].

（21）駐仏大使時代のヘンダーソンを扱った研究として、Isabelle Tombs, "Nicholas Henderson, 1975–79," Rogelia Pastor-Castro and John W. Young eds., *The Paris Embassy: British Ambassadors & Anglo-French Relations 1944–79* (Palgrave Macmillan, 2013).

（22）*The Economist*, 2 June 1979. 記事には、ヘンダーソン自身がリークしたものではない旨が明記されている。

（23）ケネス・ハリス（大空博訳）『マーガレット・サッチャー――英国を復権させた鉄の女』読売新聞社、一九九一年、一九四頁。

（24）Interview with Peter Jay, 24 February 2006, BDOHP, CAC.

（25）Interview with Peter Hall, 8 November 2002, BDOHP, CAC; Interview with Roger Carrick, 8 January 2004, BDOHP, CAC.

（26）BIS設立については、Nicholas John Cull, *Selling War: The British Propaganda Campaign Against American "Neutrality" in World War II* (Oxford University Press, 1995) p. 131.

（27）*The Times*, 27 September 1978.

（28）Interview with John Weston, 13 June 2001, BDOHP, CAC.

（29）Interview with Peter Hall, 8 November 2002, BDOHP, CAC.

（30）*The New York Times*, 21 April 1982. ヘンダーソンの日記からも、彼が日頃から数多くの米メディア関係者や議員らと交流を持っていたことがわかる。Nicholas Henderson, *Mandarin: The Diaries of an Ambassador 1969–1982* (Weidenfeld & Nicolson, 1994).

（31）ただし、ワインバーガー国防長官は英国への積極的な支援を主張していた。レーガン政権内の立場については、Andrea Chiampan, "Running with the Hare, Hunting with the Hounds: The Special Relationship, Reagan's Cold War and the Falklands Conflict," *Diplomacy & Statecraft*, 24(4) (2013).

（32）Secretary of State to London, 31 March 1982, U.S. Declassified Documents Online [USDDO], CK2349556263.

（33）Doc. 57: Memorandum from Secretary of State Haig to President Reagan, 3 April 1982, *Foreign Relations of the United States [FRUS], 1981–1988, Vol. XIII.*

（34）Washington to FCO, Telno.1146, 6 April 1982, PREM 19/615, The National Archives of the UK [TNA].

（35）Washington to FCO, Telno.1154, 6 April 1982, PREM 19/615, TNA.

（36）Interview with Nicholas Henderson, 1991, WOOLLYAL 4/1, Woolly Al Walks the Kitty Back, Television Documentary Archive, Liddell Hart Centre for Military Archives [LHCMA].

（37）"Argentina May Invoke Rio Treaty in Falklands Crisis," *The Associated Press*, 6 April 1982, Nexis Uni.

（38）"U.S. must stand against force: British Ambassador," *United Press International*, 8 April 1982, Nexis Uni. レーガン政権内で、カークパトリックはアルゼンチンとの関係重視をとりわけ強く主張しており、彼女の立場は一定の重みを持っていた。Chiampan, "Running with the Hare, Hunting with the Hounds," pp. 646–647.

（39）一九八三年のグレナダ侵攻で、レーガンは「ヴェトナム症候群」の克服を明言する。

（40）"Ambassador says Britain determined to win back Falkland Islands," *United Press International*, 5 April 1982, Nexis Uni.

（41）木畑洋一『支配の代償――英帝国の崩壊と「帝国意識」』東京大学出版会、一九八七年；William Roger Louis, "American Anti-Colonialism and the Dissolution of the British Empire," *International Affairs*, 61(3) (1985).

（42）*The New York Times*, 8 April 1982.

（43）"U.S. must stand against force: British Ambassador," *United Press International*, 8 April 1982, Nexis Uni.

（44）*The New York Times*, 19 April 1982.

（45）Secretary of State's visit to Washington: Talks with Mr. Haig, Brief No. 4, undated, FCO 7/4530, TNA; Moscow to FCO, Telno.203, 17 April 1982, PREM 19/618, TNA. 実際に、ソ連はアルゼンチンに接近することに慎重だった。Lawrence Freedman, "The Impact of the Falklands Conflict on the International Affairs," Stephen Badsey, Mark Grove and Rob Havers eds., *The Falklands Conflict Twenty Years On: Lessons for the Future* (Routledge, 2005) p. 21.

（46）Interview with Peter Hall, 8 November 2002, BDOHP, CAC.

（47）Interview with Esteban Takacs, 1991, WOOLLYAL 3/1, Woolly Al Walks the Kitty Back, Television Documentary Archive, LHCMA.

（48）Ibid.

（49）Freedman, *The Official History of the Falklands Campaign, Vol. 2*, p. 46.

（50）Interview with Peter Hall, 8 November 2002, BDOHP, CAC.

（51）*The New York Times*, 6 April 1982.

（52）*The New York Times*, 22 April 1982.

（53）*The New York Times*, 21 April 1982.

（54）Washington to FCO, Telno.1157, 6 April 1982, PREM 19/615,

TNA; Washington to FCO, Telno.1234, 11 April 1982, PREM 19/616, TNA.

(55) メディアは世論の対外認識に多大な影響を与える。島村直幸『〈抑制と均衡〉のアメリカ政治外交——歴史・構造・プロセス』ミネルヴァ書房、二〇一八年、一三五頁。

(56) BIS New York to FCO, Telno.4, 28 April 1982, PREM 19/622, TNA.

(57) Ibid.

(58) 廣瀬淳子、前嶋和弘「議会と外交政策」信田智人編『アメリカの外交政策——歴史・アクター・メカニズム』ミネルヴァ書房、二〇一〇年。

(59) Washington to FCO, Telno.1155, 6 April 1982, PREM 19/615, TNA.

(60) Henderson, *Mandarin*, p. 453.

(61) *Congressional Record*, Vol. 128, Part 5, Senate, 13 April 1982.

(62) Committee on Foreign Relations, *NATO Today: The Alliance in Evolution* (U.S. Government Printing Office, 1982) p. 1.

(63) Washington to FCO, unnumbered, 19 April 1982, PREM 19/620, TNA.

(64) Washington to FCO, Telno.1368, 20 April 1982, PREM 19/620, TNA. この日ヘンダーソンが面会した議員は、モイニハン（民主党）、バイデン（Joseph Biden：民主党）、ゾリンスキー（Edward Zorinsky：民主党）、サーバンス（Paul Sarbanes：民主党）、ドッド（Chris Dodd：民主党）、フォーリー（Thomas Foley：民主党）である。

(65) 佐々木卓也編『戦後アメリカ外交史（第三版）』有斐閣、二〇一七年、一五頁。

(66) Washington to FCO, Telno.1368, 20 April 1982, PREM 19/620, TNA.

(67) Washington to FCO, Telno.1415, 22 April 1982, PREM 19/620, TNA.

(68) *The Washington Post*, 29 April 1982.

(69) Washington to FCO, Telno.1495, 28 April 1982, PREM 19/622, TNA.

(70) CBC, "Joe Biden on the Falklands Conflict, 1982," accessed 6 June 2021, https://www.youtube.com/watch?v=3C9hxsRO7pI.

(71) Washington to FCO, Telno.1529, 30 April 1982, PREM 19/623, TNA.

(72) Washington to FCO, Telno.1528, 30 April 1982, PREM 19/623, TNA.

(73) NSC meeting minutes, 30 April 1982, USDDO, MSTWKG637366424.

(74) *The Washington Post*, 1 May 1982.

(75) ワインバーガー『平和への闘い』二〇二頁；Lehman, "The Falklands War," p. 82.

(76) 特にサイドワインダー空対空ミサイルはハリアー戦闘機に搭載され、フォークランド紛争における「大きなサクセスストーリーの一つ」といわれる戦果を上げた。Lawrence Freedman, *Britain and the Falklands War* (Basil Blackwell, 1988) p. 72.

(77) これに先立つ四月二五日、英軍はアルゼンチンに占領されていた英領サウスジョージア島を奪還している。

(78) 例えば、この事件は、それまで英国に協力していた欧州共同体（European Community：EC）の結束が崩れる契機となった。粕谷真司「フォークランド戦争をめぐるイギリス外交——ECメンバーシップの正当化の試みに着目して」『法学政治学論究』第一二四号、二〇二〇年、八二頁。

(79) *The New York Times*, 4 May 1982.

(80) Doc.315: Transcript of a Telephone Conversation Between

President Reagan and British Prime Minister Thatcher, 31 May 1982, *FRUS, 1981–1988, Vol. XIII*; Coles to Fall, 1 June 1982, FCO 7/4532, TNA.

（81）Henderson, *Mandarin*, pp. 466–467.

（82）*Ibid*, p. 467.

（83）Washington to FCO, Telno.1610, 5 May 1982, PREM 19/624, TNA.

（84）"Buenos Aires Embassy Evacuating Some Personnel," *The Associated Press*, 4 May 1982, Nexis Uni.; *The Washington Post*, 8 May 1982.

（85）Washington to FCO, Telno.1867, 23 May 1982, PREM 19/630, TNA.

（86）*The Washington Post*, 1 June 1982.

（87）Washington to FCO, Telno.1762, 14 May 1982, PREM 19/627, TNA.

（88）Ibid.

（89）Ibid.

（90）Washington to FCO, Telno.1828, 20 May 1982, PREM 19/629, TNA. ヘンダーソンは民主党のモイニハンからも対英支持継続の言質を得た。

（91）岡山裕『アメリカの政党政治――建国から二五〇年の軌跡』中公新書、二〇二〇年、二一一頁。

（92）Washington to FCO, Telno.1856, 22 May 1982, PREM 19/630, TNA. バイデンはヘンダーソンに対して、「我々はあなた方を支持しています。（中略）それはあなた方が英国人だからです」と述べたという。Nicholas Henderson, Minutes of Evidence taken before the Foreign Affairs Committee, 4 April 1984.

（93）Washington to FCO, Telno.1856, 22 May 1982, PREM 19/630, TNA.

（94）Henderson, *Mandarin*, p. 476.

（95）*The Washington Post*, 16 June 1982.

（96）Henderson, *Mandarin*, p. 476.

（97）*The Washington Post*, 23 June 1982.

（98）もっとも、英国が紛争を早期に終結させる上で、サッチャー首相の指導力が重要だったのは間違いない。防衛研究所戦史研究センター編『フォークランド戦争史』防衛省防衛研究所、二〇一四年、序章。

（こみなみ　ゆうき　慶應義塾大学大学院）

日本国際政治学会編『国際政治』第208号「ＳＤＧｓとグローバル・ガバナンス」(二〇二三年一月)

グローバル化と投資協定
――投資の自由化と制限をめぐる米国の国内政治――

西　村　もも子

はじめに

一九九〇年代以降、国際資本移動が活発になり世界全体の直接投資が急増した。これと同時に進んだのが投資協定の締結である。その大半は投資母国と投資受入国による二国間投資協定(**Bilateral Investment Treaty**：ＢＩＴ)だが、近年は、投資協定に該当する条項を含む自由貿易協定(**Free Trade Agreement**：ＦＴＡ)も増えている。一九八〇年代後半までは、年間の投資協定の締結数は三〇件にも満たなかったが、一九八〇年代終盤から急増し、一九九四年以降は二〇〇件前後の投資協定が毎年締結されるようになった(1)。

しかしながら、二〇〇〇年代に入ると新たに締結される投資協定の数は減り、既存の投資協定を脱退する国すら現れるようになった。それと同時に、各国の投資協定の規定内容に大きな変化が生じている。伝統的な投資協定には、投資受入国による収用や恣意的な法律の運用から投資家やその財産を保護するための条項(伝統型)が規定されていた。その後、外国からの投資の参入障壁の除去を目的とする条項(自由化型)が加えられるようになった。締結数が急増した時期の投資協定は、伝統型だけあるいは伝統型と自由化型の条項で構成されていた。これに対して近年の投資協定には、外国からの投資に対する政府の規制権限を強化する規定(政府規律型)が増えている。すなわち、従来の投資協定では、外国からの直接投資に対する投資受入国の政府の介入や規制の回避が目指されていたのに対して、近年の投資協定には、投資受入国の政府が外国投資に制限を課す規定が増えているのである。

先行研究は、このような投資協定の変化を投資協定上の規定を明確化させたものと解釈している(2)。そして、その明確化の要因を、これまで投資母国として投資協定を利用する立場にあった高所得国が、他国企業に仲裁訴訟を申し立てられる件数が増加したことだと説明している。海外からの直接投資の拡大を背景として、外国企業に訴えられる可能性が増えることを警戒した高所得国が、投資協定上の文言を明確にしておくことによって、将来的な仲裁訴訟に備えているという考え方である。しかしながら、確かに高所得国の政府を提訴する事例は増えているものの、その数はそれほど多くない。また、近年の高所得国による投資協定において、明確化だけが進んでいるわけではない。政府の権限を強化する規定が新たに導入される一方で、自由化型の規定を従来通りの形で残している協定が多い。海外への直接投資の自由化と制限が混在した現行の投資協定は、どのような国内政治過程を経て生み出されているのか、この問いを解明することが本稿の目的である。

本稿は、米国の近年のモデル投資協定[3]の制定過程を事例として取り上げる。米議会の公聴会や行政府の資料の分析を通して、米国のモデル投資協定が、対内直接投資の拡大を阻止する勢力（主に、環境団体や労働組合）と対外直接投資の拡大を促進する勢力（主に、多国籍企業）の対立の結果として成立していることを示す。米国にてモデル投資協定の改定が行われた当時は、資本移動のグローバル化が環境、労働、安全保障といった問題に及ぼす影響が問題視されるようになった時期である。本稿は、このようなグローバル化が投資協定の複雑化をもたらした経緯を明らかにすることを通して、グローバル化が国際政治に及ぼす影響に関する議論の進展に貢献することを目指す。

以下、第一節で、投資協定の変化とその変化に関する先行研究を紹介し、本稿の分析枠組みを提示する。第二節で米国における近年のモデル投資協定に関する政策の形成過程を分析する。最後に、事例分析の結果のまとめを行う。

一　グローバル化と投資協定の変化

伝統的な投資協定は、外国で投資活動を行う投資家や企業を、現地政府の収用や恣意的な法適用から保護するための規定だけを定めていた（伝統型）。代表的な規定として、内国民待遇や最恵国待遇といった基本原則、公正かつ衡平な待遇義務、投資財産の収用の要件と補償額の算定方法、送金の自由、そして投資家と国との間の紛争解決（以下、ＩＳＤＳと記す）が挙げられる。投資協定の最大の特徴は、このＩＳＤＳ手続が規定されていることである。投資受入国の政府が投資協定に反する行為を行った場合、被害を被った投資家は当該政府に対して仲裁を申し立て、その損害の回復などを請求できる。一九八〇年代終盤以降の投資協定が急増した時期において締結された投資協定の大半が、西欧諸国とアジア・アフリカの旧植民地諸国との間のものであり、いずれも伝統型の投資協定となっている。

一九九〇年代に入ると、既に設置された投資の保護にとどまらず、投資参入時の障壁を除去する規定（自由化型）が、投資協定に導入されるようになった。投資設立段階を含めた形での内国民待遇や最恵国待遇といった基本原則、パフォーマンス要求の禁止[4]、外資に対する規制の禁止などの規定が該当する。一九九二年に制定された北米自由貿易協定（ＮＡＦＴＡ）を皮切りに、まず米国がこの自由化型の規定を投資協定に含めるようになった。近年は、日本、カナダといった先進国が締結する投資協定やＦＴＡの多くが、自由化型を含んでいる。また、欧州諸国の投資協定の大半は伝統型だったが、二〇〇九年のリスボン条約の発効後、欧州連合（ＥＵ）が締結する投資協定やＦＴＡには、自由化型の条項が規定されている。[5]

このように自由化型を含む投資協定が増える一方で、近年、外国からの投資に対する政府の規制権限を強化する規定（政府規律型）を、投資協定に盛り込もうとする国が増えている。投資協定の保護対象となる「投資」の範囲の限定、投資協定の規律から外れる例外条項の拡大、「収用」や「公正かつ衡平な待遇」の明確化、環境保護や労働基準の維持への配慮に関する規定がこれに該当する。米国、カナダなどの先進国のみならず、ブラジル、インドといった新興国も、モデル協定を改定して政府規律型の規定を導入する動きを見せている。[6]国連貿易開発会議（ＵＮＣＴＡＤ）は、持続可能な発展の実現につながるとして、このような政府規律型の投資協定を積極的に奨励している。[7]

以上のように、投資協定の規定内容は大きく変化しているが、国際政治学の観点から投資協定を分析した先行研究の大半は、その変化に注意を払ってこなかった。これらの先行研究は主な関心は、次の二つである。[8]第一に、途上国が次々と投資協定を締結する要因は何か。第二に、投資協定の締結の主目的が投資誘致にあるならば、実際に投資協定は途上国への投資拡大をもたらしているのか。[9]その結論は論者によって様々だが、ほとんどの研究が投資協定の締結が、急増した時期だけを分析対象としている。このため、投資協定の規定は伝統型であることが前提とされており、その後、自由化型や政府規律型の規定が加わった点は考慮されていない。[10]

これに対して、マンガーとパインハルト（**Mark S. Manger and Clint Peinhardt**）は、本稿と同じく、政府規律型の投資協定が増えていることに着目した研究を行っている。[11]彼らはまず、この政府規律型の投資協定を、「法制化（**Legalization**）」の中でも「明確性（**Precision**）」の強化に該当すると解釈する。[12]その上で、近年の投資協定の規定内容の変化を、投資母国の政府を被申立国とするＩＳＤＳ仲裁の増加から説明している。従来、このＩＳＤＳ仲裁は、先進国の投資家が投資受入国である途上国政府に対して行うものが主流だったが、一九九〇年代後半以降、先進国政府が提訴される事例が出現した。彼らはこの点に注目し、先進国政府は投資協定上の規定内容を明確にすることで仲裁に提訴される場合に備えていると捉えている。[13]そして、二〇一二年までに締結された一二〇〇の投資協定について、明確性の度合いを示したデータを作成し、計量分析の結果、投資母国がＩＳＤＳ手続による提訴を受けるほど投資協定における明確性は高まり、そしてこの明確性は世界全体におけるＩＳＤＳ仲裁の数自体が増えるほど高まるという結論を導いている。

以上のようにマンガーとパインハルトは、近年の投資協定の規定内容の変化を、高所得国を被申立国とするＩＳＤＳ仲裁の増加から説明しているが、実際には、ＩＳＤＳ仲裁全体から見たその数はかなり少ない。さらに、海外直接投資に積極的な国が、逆に、投資協定に基づいてＩＳＤＳ仲裁を申し立てられたケースは、ＩＳＤＳ仲裁の総数の約一割に過ぎず、その大半がカナダと米国が他のＮＡＦＴＡ加盟国から提訴された事例である[14]。また、マンガーらは近年の高所得国の投資協定の規定内容の変化を、「明確性」の強化と説明している[15]。しかしながら、近年の投資協定の規定内容はそれほど「明確」なものではない。例えば米国のモデル投資協定の場合、政府の権限を強化するための規定が加えられているものの、「内国民待遇」「公正かつ衡平な待遇原則」「収用」など、その規定内容が曖昧であるがゆえに過去のＩＳＤＳ仲裁で問題化した文言の多くは、他国企業の恣意的な運用を阻止できるほど明確にはなっていない。また、自由化型の規定は、ほとんど従来のままの形で残されている。つまり、近年の投資協定は、伝統型、自由化型、政府規律型が混在した協定となっているのである。高所得国に対するＩＳＤＳ仲裁の申し立てという少数の事例と混合型の投資協定の成立との間には、どのような政治過程が展開されているのだろうか。

投資協定に政府規律型の規定が導入されるようになった背景に、グローバル化の拡大がある。二〇〇〇年代に入り、グローバルな資本移動が顕著化するに伴い、環境や労働に及ぼす影響を懸念する声が、環境団体、人権団体、労働組合といった非政府組織（ＮＧＯ）を中心に広がった。また、途上国や新興国からの直接投資が増えるにつれて、安全保障面を考慮して対内投資に対する規制を強める国が生じたのもこの時期である。このように海外投資の自由化に対する包囲網が狭まる中で、自由化を求める企業の選好はどのようにして、投資協定をめぐる政策に反映されるのだろうか。グローバル化の進展によって国際制度やガバナンスが複雑化したことは、国際政治学における様々な研究が指摘してきたが[16]、その複雑化の中で、国内主体の選好やその政策への反映がどのように変化したのかという点を実証的に分析した研究はまだ少ない。混合型の投資協定の制定過程の分析は、この点を明らかにすることができよう。

本稿は、近年の米国モデル投資協定の改定の過程を事例として取り上げる。投資協定交渉に向けて、予めモデル投資協定を公表して自国の方針を明示する国が多い。このモデル投資協定の制定過程を分析すれば、海外直接投資に関するその国の政策がどのようにして決められたのかを知ることができる。米国は、他の国が伝統型の規定のみから成る投資協定を制定する中で、最初に自由化型の規定の導入を推進した国であり、米企業は、先進国企業の中で最も積極的にＩＳＤＳ仲裁を活用してきた[17]。他方、米国はＩＳＤＳ仲裁訴訟を他国企業から受けた高所得国の一つであり、モデル投資協定を改定して政府規律型の規定を最初に導入した。そしてこの米国のモデル投資協定改定を受けて、他の諸国も次々と政府規律型を含む投資協定の制定を進めた。すなわち、米国は他国の投資協定の規律内容の影響を受けることなく、自国の投資協定に関する政策を決定しており、現行の混合型の投資協定がどのような国内政治過程を経て制定されたのかという問題を分析するにふさわしいと考える。

ここで、次章の事例検証における分析枠組みを提示しておこう。投資協定は双務的な条約である。投資協定に政府の規制権限を強化する規定が置かれた場合、政府は相手国の企業の投資活動を制限できる反面、自国の企業は相手国における投資活動を制限される。逆に、自由化を促進する規定が投資協定に置かれた場合、自国企業は自由な投資活動を相手国で行うことができる反面、政府は自国内で相手国の企業が行う投資活動を制限できない。すなわち、モデル投資協定に関する政策選好は、自国への外国からの投資（対内投資）の制限と海外への直接投資（対外投資）の制限の二つに分かれる。ここから、以下のような仮説が得られる。

投資協定における自由化が進むのは、対内投資と対外投資の両方の自由化を求める選好が強まった場合であり、投資協定における政府の規制権限の強化が進むのは、対内投資と対外投資の両方の制限を求める選好が強まった場合である。

次節では、政府、議会、企業、労働組合といった米国の国内主体が、どのようにして米国のモデル投資協定の制定を導いたのかを明らかにし、上記の仮説の整合性を検証する。

二　事例分析

米国は一九九〇年代以降、投資協定を通した投資自由化を推進してきたが、二〇〇四年モデル協定の改定において政府規律型の規定を導入した。その後、投資協定の規定内容をめぐる国内対立が収束しないため、二〇一二年にさらにモデル投資協定の改定を行った。本章では、投資自由化が進められた時期、二〇〇四年モデル投資協定が制定された時期、および二〇一二年モデル投資協定が制定された時期の三つに分けて、事例分析を行う。

(1)　投資協定を通した投資自由化の実現

米国の投資協定の歴史は比較的新しい。西独や英国を中心とする西欧諸国が旧植民地諸国との間で次々と投資協定を締結した一九六〇年代から一九七〇年代にかけて、米国は投資協定を全く締結しなかった。この時期の投資協定は、古くから論争のあった収用に対する補償基準と強く結びついていた。先進国は「迅速、十分かつ実効的な」補償基準を主張したのに対して、途上国は、補償額はその場の政治的な条件の下で「適当な」ものであればよいと主張した。西欧諸国は、前者の補償基準の実施確保のために投資協定を締結したが、米国は、これは国際慣習法上の基準であり投資協定を締結する必要はないという立場をとっていた。

しかしながら一九八〇年代に入ると、欧州諸国が次々と投資協定を締結する中で、米国だけ締結しないのは、米企業にとって不利だという見方が米政府内で広まった[18]。この結果、米国通商代表部（USTR）や国務省を中心に、投資協定の締結に向けた準備が進められた。米国の最初のモデル協定は一九八二年に作成され、国内から特段の反対もなく、米政府はこのモデル協定に基づいて、パナマ、エジプト、トルコといった国々と投資協定を締結した[19]。この時期の米国の投資協定は、西欧諸国の投資協定をそのまま踏襲した伝統型の投資協定である。

しかしながら、一九九〇年代に入ると、米政府はそれまでの消極的な姿勢から大きく方針転換する。当時、投資の保護や自由化を先進国のみならず途上国にも義務づけることができる、新たな多国間制度の構築を目指す動きが、経済協力開発機構（ＯＥＣＤ）の加盟国の間で本格化していた。[20] その背景には、海外への直接投資を急速に拡大させていた多国籍企業が、途上諸国に残存する、外資規制や送金規制などの障壁の除去を強く訴えたことがあった。[21] その中心は、多国籍企業を中心に構成される米国最大のロビー機関の一つである米国国際ビジネス評議会（US Council for International Business：ＵＳＣＩＢ）だった。ＯＥＣＤにおいて多数国間投資協定（Multilateral Agreement on Investment：ＭＡＩ）の制定に向けた政府間交渉が正式に始まったのは一九九五年だが、その四年前からＵＳＣＩＢは、ＯＥＣＤの民間諮問機関の主要メンバーとして、ＭＡＩ制定に向けた準備協議に積極的に参加していた。また、米政府の交渉担当者との会談や日欧の企業団体との会談を通して、産業界の要請をＭＡＩに反映させることに尽力していた。ここでＵＳＣＩＢが求めたのは、直接投資のみならず、企業が有する有形・無形の資産の全ての投資を規律対象とすること、設立前後の投資に対して内国民待遇と最恵国待遇の原則を適用することなど、非常に包括的な投資自由化だった。

しかしながら、実際に国家間でＭＡＩ交渉が始まると、ＯＥＣＤ諸国の間ですら資本移動に関する国内規制の内容は大きく異なり、そのハーモナイゼーションは難しいことが明らかになった。[22] また、一九九七年のアジア通貨危機を背景として、資本移動の自由化に対する反発が世界全体に広がっていた。最終的には一九九八年一二月の非公式協議において、ＭＡＩ交渉の打ち切りが決定された。このような多国間交渉の難航を見た米政府は次第に、投資自由化の実現の手段として、多国間制度よりも二国間投資協定の方が適切と捉えるようになった。そこで雛形とされたのが、一九九二年一二月に調印されたＮＡＦＴＡ（一九九四年一月発効）である。このＮＡＦＴＡの投資に関する章には、既に設置された投資の保護にとどまらず、投資設置段階における内国民待遇と最恵国待遇、パフォーマンス要求の原則禁止など、多くの自由化型の条項が盛り込まれている。一九九四年には、このＮＡＦＴＡ投資章に沿ってモデル投資協定が改定された。

このような自由化型の投資協定の締結を推進したのはＵＳＴＲや国務省であり、ＵＳＣＩＢやゴールドマン・サックスなどの金融機関が強い支持を示した。[23] これらの企業は、ＭＡＩに示していた要請とほぼ同じ内容の発言を、投資協定に関する公聴会で行っている。投資受入国における障壁を除去できるのであれば、政府が自由化型の投資協定の締結に重点を置くことに産業界から異論はなかった。一九九三年に就任したクリントン（Bill Clinton）大統領は、自由貿易協定（ＦＴＡ）の締結に通商政策の重点を置く方針を明らかにしており、議会からＮＡＦＴＡについて承認を得ると、米州自由貿易地域（ＦＴＡＡ）をはじめとする様々なＦＴＡ交渉や投資協定交渉に力を入れた。一九九四年一月のＮＡＦＴＡ発効から一九九九年にかけて、二〇件（未発効のものを含む）の投資協定が署名されているが、その大半が一九九四年モデル投資協定に基づいた自由化型の投資協定となっている。この時点では、投資協定について米国内で顕示された選好は対外投資の自由化のみであり、米国への対内投資に対する規制を求める声は見られなかった。

(2) 二〇〇四年モデル投資協定の制定

以上のように、米政府は、投資協定を通した途上国の投資環境の自由化を進める一方で、一九九九年秋頃、新しいモデル投資協定の作成に着手した。その発起者となったのは司法省と内務省である。その背景には、前述のマンガーとパインハルトの指摘通り、この時期に高所得国の政府が企業に仲裁訴訟を提起されるケースが相次いだことがあった。ＮＡＦＴＡ発効後の五年間にカナダ政府が米企業に訴えられるケースが四件、米政府がカナダ企業に訴えられるケースが二件、生じている。特に大きな衝撃をもたらしたのが、一九九六年、カナダ政府による環境規制がＮＡＦＴＡ上の「収用」に該当するとして、米企業が仲裁を申し立てた「エチル事件」である。この事件は、先進国の環境規制と外国企業の投資保護の関係が争われた初めての事例だった。一九九九年には、米カリフォルニア州の環境規制が「収用」に該当し「内国民待遇」の原則等に反するとして、カナダ企業が米政府を訴える事件が生じた。仲裁廷は訴えを退けたものの、米政府が訴えられる側に回ったことは米国の法曹界に大きな衝撃を与えた[24]。ＩＳＤＳ手続を通して外国企業が容易に米政府を訴えることができる現状は、米国の司法制度に対する挑戦だとする批判が展開された[25]。

ここで司法省と内務省が最も問題視したのは「公正かつ衡平な待遇（公正待遇）」の規定である。たいていの投資協定は、投資家に対して公正待遇を与える義務を規定しているが、実際にどのような義務なのか、その明確な意味や範囲を明記していない場合が多い[26]。特にＮＡＦＴＡ仲裁では、公正待遇義務の違反を企業側が主張するケースが多かったため、他国企業の乱用を招きかねないとして、司法省と内務省は、ＩＳＤＳ手続でのこの条項の使用を禁止または削除すべきと主張した[27]。すなわち、司法省と内務省は、ＩＳＤＳ仲裁を他国企業に提起されることを警戒し、米国への対内投資を規制するためにモデル協定の改定作業を始めたと見ることができる。

これに米国の産業界は強く反発した[28]。一九九〇年代末から、米企業はＩＳＤＳ条項を積極的に活用するようになっていた。一九九〇年代には計一八件にとどまったが、二〇〇〇年から二〇〇四年の間に四三件の仲裁訴訟を提起しており、その大多数が米企業に有利な判決あるいは和解となっていた。これらの米企業にとって、公正待遇義務の条項は非常に有用だった。一九九九年六月には、ＵＳＣＩＢが、上院財政委員会委員長に書簡を送り、司法省や内務省の方針が通ると、投資受入国の恣意的な政策から米企業の投資を守ることができないと訴えた。この書簡は、国務省経済商務局次官補やＵＳＴＲ代表にも送られており、これを受けたＵＳＴＲと国務省は、当面はモデル協定の改定の必要はないという考えを示した。また当時、ＩＳＤＳ条項を問題視していたのは、司法省と内務省、そして一部の法曹関係者に限られ、米議会内ではそれほど大きな話題にはなっていなかった。いくつかの議会公聴会において議員がＮＡＦＴＡのＩＳＤＳ手続の妥当性を尋ねる場面は見られたものの、深い追及は行われていない。[29]結局、改定推進派と産業界との対立は解消せず、二〇〇〇年一月、クリントン政権はモデル投資協定のレビューを無期限に延期することとした。[30]クリントン政権終盤の同年一〇月には、バーレーン、ヨルダン、パナマなど一〇カ国との投資協定が上院で承認されたが、いずれも自由化型の投資協定である。

しかしながら、モデル投資協定の改定をめぐる議論自体は、その後次第に、議会内で広がっていった。この時期、米議会では、環境、労働、人権などの社会的問題が頻繁に議題として取り上げられるようになっていた。労働組合や環境団体などが通商政策に強い関心を示すようになり、これらの利益集団を支持母体とする民主党議員が自由貿易の推進に慎重な姿勢を示したため、クリントン政権はＦＴＡ締結を予定通りに進めることができずにいた。次の、ブッシュ（George W. Bush）大統領も、就任直後からＦＴＡ締結を通商政策の要として推進する姿勢を強めていたが、議会内では、ＦＴＡを通して環境・労働基準の向上を相手国に要請すべきという民主党議員と、これらの問題とＦＴＡ政策は切り離すべきとする共和党議員の対立が続いていた。

投資協定の改定はこの文脈の中で、再び議論の俎上に上がった。当初、環境団体や人権団体は、外国企業による直接投資の誘致を目指す途上国において、環境の破壊や労働条件の悪化が生じるとして、対外投資の自由化の阻止を訴えていた。だが次第に、これらの団体の主張の重点は、途上国の投資環境から、米国における外国企業の投資に対する規制の強化へと移っていった。[31]これらの団体は、外国企業からＩＳＤＳ仲裁を申し立てられることを警戒して、米政府が、米国内の環境や労働問題の解決に必要な規制を実施できなくなる可能性を訴えた。これを受けて、米政府が問題ある外国企業の投資行動を規制できない事態につながるのであれば、ＩＳＤＳ条項を撤廃すべきという意見が民主党議員から度々出された。[32]これに対して産業界は、海外投資を行う米企業の保護のためにはＩＳＤＳ条項は有用であり、投資協定を通して米政府の規制権限を高めることは、相手国政府の米企業に対する規制権限を高めることにつながるため、現地における米企業の立場が他国企業に比べて格段に不利になると訴えた。[33]

この論争は、超党派貿易促進権限法（Bipartisan Trade Promotion Authority Act：ＴＰＡ）の法案をめぐって具体化した。[34]二〇〇一年一〇月に下院共和党議員が提出したＴＰＡ法案には、外国投資家は「米国法の枠内で保護される」と規定されていた。[35]これを受けて、ＮＡＦＴＡに基づく外国投資家の保護やＩＳＤＳ手続は、この「米国法の枠内」を超えているのではないかという批判が、議会内で高まり、米国へ投資する外国投資家に対する米国法のあり方が議論となった。これに対して、ゼーリック（Robert B. Zoellick）ＵＳＴＲ代表（当時）は、ＮＡＦＴＡの基準は米国法を上回るものではなく、環境や労働問題のために政府が規制する権限を損なうものではないという見解を示し、これにＵＳＣＩＢや全米製造業協会など国内の産業団体が支持を表明した。二〇〇二年七月に上下両院の可決を経て成立したＴＰＡには、米国で外国の投資家が有する権利は米国民の投資家が有する権利を上回るものではないことを確認する規定が盛り込まれるにとどまり、米政府の規制権限を強化する具体的な文言は導入されなかったが、投資協定に対する懸念を共有する議員はさらに増えていった。米国への対内直接投資が一九九〇年代に急速に拡大していたことに加え、二〇〇一年の米国同時多発テロ事件以降、海外からの直接投資が米国の安全保障や経済に及ぼす影響を不安視する声が、議会の中で広まっていたことも追い風となり、新たなモデル協定制定への動きが本格化した。(36)(37)

モデル協定の作成は、国務省とＵＳＴＲが諮問機関であるAdvisory Committee on International Economic Policy（ＡＣＩＥＰ）に依頼し、政府関係者、法曹関係者、環境団体、労働組合、産業界といった様々な関係者で構成される小委員会が作成にあたった。(38)オックスファム（OXFAM International）や全米自然保護連盟などの多数の環境団体や人権団体、そして米国労働総同盟・産別会議や全米自動車労働組合が小委員会に参加し、海外および米国の環境や労働問題の保護に向けて、基本原則に関する定義や範囲を明確化させ、対外投資と対内投資の双方を制限する必要性を訴えた。これに対して産業界からは、ＵＳＣＩＢなどの産業団体に加えて、ゴールドマン・サックスやエクソンモービルといった大手企業の代表者が参加した。産業界から、政府が環境や労働問題の改善ため規制を行う必要性に反対する意見は出なかったが、外国投資活動の自由化に対してＮＡＦＴＡの基準を上回る規制を設けることには強い反対が示された。

ＡＣＩＥＰがモデル協定案を提示した後も、いくつかの論点をめぐって国内で争いは続いたが、他の先進諸国が投資協定の締結数を伸ばす中で、米政府は早急に国内のコンセンサスを固めたい意向を明らかにし、二〇〇四年九月、ほぼＡＣＩＥＰの草案に基づいた内容のモデル協定が公表された。(39)投資財産の定義の明確化、信用秩序措置や金融・為替政策などの例外条項の追加、企業誘致のために環境保護や労働条件の基準を下げないことを奨励する義務など、それまでの自由化推進の動きから一転、政府規律型の条項を多く含んだモデル協定となっている。(40)ただし、環境団体や労働組合が求める高い水準の規制権限を政府に付与する協定とはなっておらず、過去のＩＳＤＳ仲裁で問題化した文言について十分な明確化は図られていない。例えば、「公正かつ衡平な待遇」は国際慣習法の基準を超えるものではないと明記されるにとどまり、「間接収用」についても厳格な定義づけは行われていない。したがって、産業界の牽制がある程度、新しいモデル協定上に反映されたと見ることができる。

(3) 二〇一二年モデル投資協定の制定

米政府が他国との投資協定交渉入りを急ぐ一方で、議会内では、外資の国内参入を安全保障の観点から警戒する考えがさらに強まっていた。二〇〇五年には国有企業である中国海洋石油司が米国の石油大手企業であるユノカルの買収に乗り出したが頓挫し、翌年には港湾管理会社であるドバイ・ポーツ・ワールドが、米国東海岸の主要六港を管理運営する英国の船舶会社を買収したものの後に撤退したが、これらの事件の背景には米国議員の激しい反発があった。二〇〇七年には外国投資および国家安全保障法（ＦＩＮＳＡ）が成立し、対米外国投資委員会（ＣＦＩＵＳ）に法律上の根拠が与えられ、権限が強化された。

このような外国投資の米国進出に対する警戒は、投資協定における政府の権限をさらに強化すべきと主張する議員の層を、さらに厚くした。その中で、労働や環境の観点からＦＴＡ相手国に課す条件をさらに強化すべきとする民主党議員と、共和党政権との間の妥協点として成立したのが、「二〇〇七年五月一〇日合意」である。[41]この「合意」の投資に関する章では、外国投資家が米国内で得る実質的な権利が米国投資家が得る権利を上回ることはないという、前述のＴＰＡ上の基本原則が改めて明記された。

このような議会内の対立が影を落とし、米国の投資協定交渉はブッシュ政権が目指したほどの進展を得られていなかった。二〇〇〇年代に締結された投資協定はウルグアイとルワンダとの二件にとどまり、これらの投資協定では、「間接収用」の定義を明確化するなど、民主党議員の意見への配慮が示されていた。また、ＴＰＡに基づいてＦＴＡ交渉を精力的に進めたブッシュ政権は九件のＦＴＡを成立させている。いずれのＦＴＡも投資章を含んでいるが、対オーストラリアＦＴＡでは、同国内で反発が強いＩＳＤＳ条項が削除され、交渉中の対韓国ＦＴＡにおいても同様の措置をとる可能性をＵＳＴＲが示唆するなど、米政府側が投資協定交渉において相手国に妥協する場面が目立つようになっていた。[42]

このような米政府の姿勢を弱気と受け止めた米産業界は、投資協定の締結数を早急に増やすべきであり、それらの投資協定は二〇〇四年モデル協定に沿って規定されるべきと訴えた。[43]二〇〇七年には、米商務省に属する諮問機関であり民間企業のＣＥＯが多数参加する大統領輸出協議会（ＰＥＣ）が、今後は、中国、インド、ロシア、ブラジルの四カ国との投資協定の締結に重点を置くべきとする提言を示した。[44]ＰＥＣは米政府の投資協定交渉の遅れが米企業の対外投資を不利なものとしていると批判し、ＦＩＮＳＡに基づく外国投資への規制の過度な強化は、投資協定交渉における新興諸国の警戒を招くと懸念を示した。

ＰＥＣの提言を受けて、米政府はまずインドと中国との投資協定交渉の開始に着手した。インドとは、二〇〇八年二月に開催された印米貿易政策フォーラムの閣僚会議にて協議が始められ、中国とは、同年六月に開催された第四回米中戦略経済対話（ＳＥＤ）にて、投資協定の締結に向けた交渉開始が決定された。米国への投資を増やしつつあった両国の政府は、米国との投資協定の締結に前向きであり、米国が二〇〇四年モデル投資協定で導入した環境や労働に関する政府の規制権限の強化についても、その必要性を認める考えを示していた。[45]ただし、外資に対する厳しい規制を国内に残す中国とインドは、米国が求める自由化の規定の導入には慎重な姿勢を見せた。これを受けて、投資協定を通して両国に環境や労働上の規制強化を課すことが可能となるならば、同協定における自由化の規定を削除してもいいのではないかという案が、米政府内で浮かび上がった[46]。これに対して産業界は、自由化を含む全てのモデル協定上の条項を、そのままの形で中国やインドとの間の投資協定に反映させるべきと強く主張した。このような国内の意見対立は平行線をたどり、議論は次期政権に持ち越されることとなった。

オバマ（Barack H. Obama）大統領は、中国やインドなどとの投資協定の締結を実現するためには、まず国内の意見対立を収束させなければならないとして、新政権発足直後の二〇〇九年三月、モデル協定を再び改定することを発表した。二〇〇四年モデル協定の制定時と同じく、国務省とＵＳＴＲがＡＣＩＥＰに作成を依頼し、産業界、環境団体、労働組合、法律専門家などの代表者二七人で構成される小委員会が設けられた。産業界からの参加者は二〇〇四年モデル制定時と変わっていないが、環境・人権団体からの参加者は減り、代わりに労働組合の参加が増えている。また、外部からは五〇を超える意見書が書面で提出され、二〇〇九年七月に開催された公聴会には七〇人以上が参加するなど、各方面から多大な関心が示された[47]。

国務省とＵＳＴＲは議論の拡散を避けるために、ＩＳＤＳ条項、金融サービス、国有企業、の三つを主要議題とするようＡＣＩＥＰに提案していたが、実際には様々な論点について多岐にわたる意見が示された[48]。対立の主軸は依然として、現行の投資協定に基づいた自由な投資活動の維持を求める産業界と、政府の介入範囲の拡大を求める環境団体や労働組合との間のものだった。その対立の構図に変化はなかったものの、後者のグループに労働組合の参加が増えたことから、現地の環境・労働条件の切り下げの阻止よりも、米国内における米労働者の雇用確保に重点を置いた主張が目立ち、雇用のオフショア化を避けるために米企業の対外投資を制限すべきといった考えが強調された。投資協定の具体的な条項については、ＩＳＤＳ条項の削除あるいは徹底的な制限、投資財産の範囲や基本原則のさらなる限定、環境や労働等に関する政府の措置のすべてを投資協定の適用外とすることなどを求めた。このような国内団体の強い姿勢に対して、米産業界は高い危機感を抱き、二〇〇四年モデル協定の制定時よりも熱心に、モデル協定の改定作業に参加する姿勢を示した[49]。産業界は、ＩＳＤＳ手続を通して米国の法制度が影響を受けた事例が実際には皆無であることを強調し、二〇〇四年モデル投資協定を通して米国の投資家が受ける保護のレベルは、米国法の下で外国投資家が米国で受ける保護よりもむしろ低くなっており、これ以上の政府の規制権限の強化やＩＳＤＳ条項の改正を実施すべきではないと主張した。他方、前述のように、米政府や議員が懸念を示していた米国への外国企業による対内投資の拡大について、米国における競争力の低下の恐れから規制強化を求める声は、米産業界からほとんど示されなかった。金融業界から、二〇〇四年モデル協定で挿入された信用秩序維持のための例外条項の範囲のさらなる拡大が提案されたが、対外投資に対する他国政府の規制濫用を招くとして他の業界から強い反対を受けた。

このようなＡＣＩＥＰの議論において、議論が進んだ唯一の論点が国有企業の規制である。新興諸国の政府系ファンドや国有企業の台頭を警戒したＵＳＴＲと国務省が、ＡＣＩＥＰに重点的な議論を求め、これに米産業界が強く賛同した[50]。米企業にとって、投資活動全般に対して政府の規制が強化されることは絶対に回避すべき事態だったが、中国などの新興諸国において国有企業の活動が制限されることの利点は大きかった。他方、環境団体や労働組合は、国有企業が市場を席巻することで米国民の権利が侵害されることへの懸念に言及しており、国有企業の規制強化に対する特段の反対はなかった。

以上のような新しいモデル協定をめぐる議論は四カ月以上にわたって続けられたが、意見の対立は大きく、二〇〇九年九月に公表されたＡＣＩＥＰの報告書も、利害関係者それぞれの意見が列挙されるにとどまった。その後も議論は続き、最終的なモデル協定は二〇一二年四月に成立した[51]。公正待遇義務や収用といった基本的な規定やＩＳＤＳ条項について、微小な修正は加えられたものの、実質的には二〇〇四年モデル協定の規定内容からほとんど変化していない。環境団体や労働組合の主張が反映されたのは、透明性の拡充および労働・環境条件の保護に関する義務基準のわずかな引き上げにとどまる。大きな変化は、前述の国有企業に関する規定の導入のみである。投資母国が自国技術を使用させることを禁ずる規定や、国有企業や政府から権限の委譲を受けた企業も投資協定の適用対象となることを明記する規定が設けられている。以上より、二〇一二年モデル協定をめぐっては、主に労働組合が対外投資の規制強化を、米政府が対内投資の規制強化を訴えたが、産業界の強い反対を受けて、二〇〇四年モデル協定の水準が維持されたと見ることができる。

新たなモデル協定を完成させたオバマ政権は早速、産業界から強い要請があった中国との投資協定交渉を再開させた。この時期は環太平洋パートナーシップ協定（ＴＰＰ）交渉が進められており、中国は自国だけが取り残されかねないという危機感から、貿易や投資の自由化の枠組みに積極的に参加する方針を明らかにしていた。米中の投資協定交渉は、二〇一三年七月のＳＥＤで本格化し、翌年一月には具体的な投資協定の草稿に基づいた交渉が行われるなど、急ピッチで進んだ[52]。二〇一五年六月に開催されたＳＥＤでは、米中共に高水準の投資自由化の実現に積極的な姿勢を示していた。しかしながら、自由化を留保する分野といった具体的な議論に入ると、原則自由化の路線を貫く米国に対して中国が抵抗し、交渉は停滞に陥った[53]。自由化の問題に加えて、米国と中国との投資協定交渉を難航させた論点が、二〇一二年モデル協定に新たに設けられた国有企業の規制である。中国では、通信、石油、金融などの多くの分野で民間資本の参入が規制されており、投資協定を通して国有企業を規制することへの反発は強かった[54]。その後も両国間で交渉は続けられたが、結局、オバマ政権は中国との投資協定を妥結することができず、二〇二二年八月現在、二〇〇八年のルワンダとの投資協定の締結を最後に米国は投資協定を締結していない。

おわりに

本稿は、海外への直接投資の自由化と制限が混在した現行の米国モデル投資協定政策が、どのような国内政治を経て制定されたのかを検討した。分析の結果、以下の点が明らかになった。投資協定を通した投資活動の自由化が進められた時期において、投資協定について具体的な選好を示していたのは海外投資に積極的な産業界に限られていた。すなわち、対内投資と対外投資の両方を制限すべきではないという選好が強まったため、投資協定上の自由化が促進された。その米国がモデル投資協定の改定に着手したきっかけは、先行研究の指摘どおり、カナダや米国を被申立国とするISDS仲裁の増加に対する米政府の懸念だった。しかしながら、米国への直接投資の拡大への懸念が、投資協定における政府の規律強化へと直接結びついたわけではなかった。モデル投資協定の改定を推進する勢力の中心は環境団体や労働組合であった。これらの団体は当初は、途上諸国の環境や労働条件の悪化を阻止するために対外投資の活動を規制すべきと主張したが、次第に、海外からの対内投資に対する政府の規制権限を強化することによって米国民の権利を保護すべきという点に主眼を移した。このような米国への対内投資と米国からの対外投資の双方を規制すべきという考え方に、米議会内でも多くの賛意が示された。しかしながら、海外における自由な投資活動の制限を懸念する産業界が、断固反対の姿勢をとり続けた。最終的に制定された米国のモデル投資協定は、従来のモデル協定に比べると、政府の規制権限を強化する様々な条項が設けられ、中には国有企業の規制などの新しい論点も加わっているが、企業の海外投資活動やISDS利用を実質的に制限するような改正とはなっていない。実際に、現時点でも米企業がISDS仲裁を積極的に活用する姿勢は変わっておらず、先行研究が指摘するほどの「明確性」を有する投資協定には至っていないのである。以上の分析から、対内投資と対外投資の両方を制限すべきという選好が強まらない限り、投資協定を通じた政府の規制強化は実現されないという本稿の仮説の整合性を確認することができた。

投資のグローバル化を通して、先進諸国は自国企業による対外投資の拡大のみならず自国への対内投資の拡大という新しい現実に直面することとなった。これに伴い、投資協定という国際法を通して、どのように自国企業を保護するかという点だけが議論されていた時代は去り、次第に、外国投資家に対する国内法のあり方が、投資協定をめぐる議論の主題となり、国内主体の対立はますます激化している。本稿の分析を通して、グローバル化が進むにつれて国際制度の規律内容はより国内の選好の対立に左右されるものとなり、その結果として国際制度の複雑化が生じていることが明らかになった。

本稿は、各国の近年の混合型投資協定の先駆けとなった、米国のモデル投資協定の制定過程を事例として取り上げた。米国ほど対外直接投資活動が活発ではない国、あるいは米国よりも海外からの直接投資が少ない国において、投資協定がどのように制定されるかという点を今後、分析することが、現在の投資協定の規定内容に関する一般的な分析枠組みを構築する上で重要であると考える。

（1）二〇二二年八月現在、国際投資協定の総数は三三〇〇件で、このうち発効済は二五六六件。UNCTAD, *International Investment Agreements Navigator*.

（2）Mark S. Manger and Clint Peinhardt, “Learning and the Precision of International Investment Agreements,” *International Interactions*, 2017, pp. 1–21. ここでの「高所得国」は世界銀行の所得国別分類による。

（3）投資協定交渉に向けた雛形として各国が事前に公表する協定。

（4）投資設置の条件として現地調達や技術移転を求めることを禁ずるもの。

（5）同条約によって、それまで各加盟国にあった対外直接投資に関する権限がＥＵに移された。

（6）UNCTAD, *World Investment Report*, 2016., p. 111.

（7）例えば、ＵＮＣＴＡＤは、投資協定に盛り込むべき政府規制型の規定に関するガイドラインを提示している。UNCTAD, *World Investment Report*, 2015, Chapter IV.

（8）例えば、Zachary Elkins, Andrew T. Guzman and Beth A. Simmons, “Competing for Capital: The Diffusion of Bilateral Investment Treaties, 1960–2000,” *International Organization*, 60(4), 2006, pp. 811–846.

（9）例えば、Eric Neumayer and Laura Spess, “Do Bilateral Investment Treaties Increase Foreign Direct Investment to Developing Countries?” *World Development*, 3(1), 2005, pp. 31–49.

（10）ただし、ＦＴＡや投資協定の規定内容の多様性を考慮した研究必要性を認める研究は増えている。例えば、Beth Simmons, “Bargaining over BITs, Arbitrating Awards: The Regime for Protection and Promotion of International Investment,” *World Politics*, 66(1), 2014, pp. 12–46.

（11）Manger and Peinhardt, *op.cit.* パインハルトはマンガーとの共同研究の前に、アリーとの研究を発表している。ここでは、投資協定を一枚岩として捉えてきた従来の研究を批判し、投資協定には強いＩＳＤＳ手続を備えるものからＩＳＤＳ手続を備えないものまで様々であることに着目している。彼らは一五〇〇の投資協定を、ＩＳＤＳ手続の強度によってコード化し、計量分析した結果、その違いをもたらすのは投資母国の交渉力や選好であると結論づけた。投資母国は、相手国よりも交渉力が強い時強いＩＳＤＳ条項を含む投資協定の締結を求め、歴史的あるいは軍事的なつながりが強い相手国との間では、ＩＳＤＳ条項を含む投資協定の締結を求めない。Todd Allee and Clint Peinhardt, “Delegating Differences: Bilateral Investment Treaties and Bargaining Over Dispute Resolution Provisions,” *International Studies Quarterly*, 54(1), 2010, pp. 1–26.

（12）Judy Goldstein, Miles Kahler, Robert O. Keohane, and Anne-Marie Slaughter, “Legalization and World Politics: Introduction,” *International Organization*, 54(3), 2000, pp. 385–399.

（13）マンガーらの研究の前に、ポールセンとアイズベットは、先進国企業からＩＳＤＳ仲裁に提訴される件数が増えるほど途上国政府は投資協定の締結に消極的になるという仮説を立て、その整合性を計量分析によって明らかにしていた。この研究を受けて、マンガーらは先進国政府がＩＳＤＳ仲裁による提訴を受けるケースの影響を分析した。Lauge N. Skovgaard Poulsen and Emma Aisbett, “When the Claim Hits: Bilateral Investment Treaties and Bounded Rational Learning,” *World Politics*, 65(2) 2013, pp. 273–313.

（14）二〇二一年一二月現在、高所得国（二〇二二年度時点）八〇カ国を被提訴国とするＩＳＤＳ仲裁の数は三五七件で、ＩＳＤＳ仲裁総数一一九〇件（未公開を除く）の三割弱となっている。この中で、対外直接投資に積極的な国（二〇〇〇年から二〇二一年に、対外直接投資額が世界の上位一〇カ国に入ったことがある国）に対するＩＳＤＳ仲裁は一六九件であり、その主なものとして、スペイン（五五件）、カナダ（三一件）、米国（二三件）が挙げられる。このうちスペインに対する仲裁の大半は、エネルギー憲章条約に基づいて申し立てられたものであり、投資協定との関係はない。UNCTAD, *Investment Dispute Settlement Navigator*.

（15）Manger and Peinhardt, *op.cit.*, p. 7.

（16）例えば、Miles Kahler and David Lake eds., *Governance in a Global Economy: Political Authority in Transition*, Princeton University Press, 2003.

（17）二〇二一年一二月末現在、ＩＳＤＳ仲裁に付託された紛争のうち、原告の国籍が高所得国のものは約八割を占めている。一位が米国（二〇四件）であり、二位のオランダ（一二五件）、三位の英国（九六件）を大きく引き離している。UNCTAD, *Investment Dispute Settlement Navigator*.

（18）Elkins etc., *op. cit.*, pp. 815–816.

（19）U.S. Congress Report, *Investment Treaties with Senegal, Zaire, Morocco, Turkey, Cameroon, Bangladesh, Egypt, and Grenada, Committee on Foreign Relations*, Senate, 100th, 2nd Session, October 4, 1988.

（20）UNCTAD, *Lessons from the MAI, UNCTAD Series on Issues in On International Investment Agreements*, 1999.

（21）米国の海外直接投資は、一九八〇年代前半までは平均して約二〇〇億ドルを下回っていたが、後半から急速に伸び、一九九九年には二四七四億ドルまで拡大した。その後は一時的な落ち込みを見せたが、二〇〇七年には五二三八億ドルに達した。*World Bank Open Data*, https://data.worldbank.org/indicator/BM.KLT.DINV.CD.WD?end=2020&locations=US&start=1990（二〇二二年八月アクセス）

（22）Kenneth J. Vandevelde, *Bilateral Investment Treaties; History, Politics, and Interpretation*, Oxford University Press: New York, p. 69.

（23）U.S. Congress, Senate, Hearing before the Committee on Foreign Relations, 104th, 1st Session, November. 30, 1995, pp. 22–39.

（24）*Inside U.S. Trade*, June 18, 1999..

（25）*The New York Times*, January 28, 1999; *The New York Times*, June 19, 1999.

（26）小寺彰「公正・衡平待遇——投資財産の一般的待遇」小寺彰編著『国際投資協定——仲裁による法的保護』二〇一〇年、一〇一—一一九頁。

（27）他に、金融システムの安定化に向けた資本規制や信用秩序維持など、政府がとり得る措置の裁量性の拡大や、環境保護に関する条項の明確化が提案されていた。

（28）*Inside US Trade*, August 6, 1999.

（29）例えば、一九九九年、成立五年を機にＮＡＦＴＡの諸問題を検討するための公聴会が設けられたが、ここでも投資章は主要な議題となっていない。U.S. Congress, Senate, Hearing before the Committee on Foreign Relations, 106th, 1st Session, April 13 1999.

（30）*Inside U.S. Trade*, January 14, 2000.

（31）U.S. Congress, House, Hearing before the Subcommittee on Trade of the Committee on Ways and Means (hereinafter called "STCWM") 106th, 2nd Session, February 8, 2000, pp. 81–84, 89–94.

（32）U.S. Congress, House, Hearing before STCWM, 107th, 1st Session, March 7, 2001, pp. 93–95.

（33）U.S. Congress, House, Hearing before STCWM, 107th, 1st

Session, May 8, 2001, pp. 87–94.

（34）通商交渉に関する権限を大統領に与える法律（旧称「ファスト・トラック」）。

（35）*Inside US Trade*, October 19, 2001.

（36）米国への海外からの対内投資は、一九九〇年代初頭の約三〇〇億ドルから二〇〇〇年には約三四〇〇億ドルまで拡大し、その後、一時的に落ち込んだが、二〇〇七年には二〇〇〇年と同水準に達した。*World Bank Open Data*, https://data.worldbank.org/indicator/BX.KLT.DINV.CD.WD?locations=US（二〇二一年八月アクセス）

（37）Martin A. Weiss, "The U.S. Bilateral Investment Treaty Program: An Overview," *CRS Report for Congress*, January 30, 2009.

（38）The Advisory Committee on International Economic Policy "Report of the Subcommittee on Investment Regarding the Draft Model Bilateral Investment Treaty", January 30, 2004.

（39）*Inside US Trade*, April 16, 2004.

（40）"2004 U.S. Model Bilateral Investment Treaty", September 15, 2004; 小寺彰「米国2004年モデルＢＩＴの評価」経済産業省『投資協定仲裁研究会報告書 平成22年度』一〇三―一一五頁。

（41）USTR, *Trade Facts*, "Bipartisan Trade Deal," May 2007.

（42）*Inside US Trade*, March 2, 2007.

（43）U.S. Congress, House, Hearing before the Committee on Ways and Means, 110th, 1st Session, January 30, 2007, pp. 40–48.

（44）*Inside US Trade*, December 7, 2007.

（45）*Inside US Trade*, February 22, 2008.

（46）*Inside US Trade*, June 20, 2008,

（47）U.S. Congress, House, Hearing before the Committee on Ways and Means, 111th, 1st Session, May 14, 2009.

（48）"Report of the Advisory Committee on International Economic Policy Regarding the Model Bilateral Investment Treaty," September 30, 2009.

（49）意見の収拾が見込めないのであれば、改定はせずに二〇〇四年モデル協定に基づいて投資協定交渉を進めるべきという意見が産業界の一部から出されたが、産業界の多くがこれに反対し、このモデル協定改定を機に自由な投資活動を確保すべきと訴えた。*Inside US Trade*, October 1, 2009.

（50）ただし、国有企業の定義やどこまで規制を及ぼすべきかといった具体的な点については、産業界内でも意見が様々に分かれた。

（51）"2012 U.S. Model Bilateral Investment Treaty," April 20, 2012.

（52）日本経済新聞、朝刊、二〇一四年一月一五日、六頁。

（53）日本経済新聞、朝刊、二〇一三年七月一三日、三頁。

（54）*Inside US Trade*, October 15, 2012.

〔付記〕本稿は、平成二九年度科学研究費助成事業（基盤研究（C））（課題番号：17K03580）による研究成果の一部である。

（にしむら　ももこ　　東京女子大学）

日本国際政治学会編『国際政治』第208号「SDGsとグローバル・ガバナンス」(二〇二三年一月)

欧州議会へのロビイング
――政党グループの「まとまり」の観点から――

西川太郎

はじめに

利益団体の研究は米国の「多元主義」の政治構造を前提として発展してきた。(1) 特に、米国議会へのロビイングにおいては、利益団体が自らの主張への支持者にロビイングを行い、反対者へはほとんど行わないと主張された。(2) この通説に対し、利益団体は強力な支持者を動員する(mobilise)だけでなく、強力な反対者を動員させないようにする(demobilise)、さらに行動が揺れ動く(swing)議員の支持に影響を与えようとするとの主張が展開された。(3) また、政党の投票の凝集性(voting cohesion)とロビイングの関係については、信任投票手続きのない議会(米国議会)とある議会(欧州諸国の議会)との比較を通して、前者は後者に比べて政党の投票の凝集性が低く、投票で勝利する連合(winning coalitions)を作り替える(customise)柔軟性が高いため、利益団体にとってロビイングのインセンティブが高いと指摘されている。(4)

一般的に欧州諸国の国内の政治構造は米国とは異なる「コーポラティズム」と呼ばれる一方で、(5) 欧州連合(EU)レベルの政治構造はむしろ「トランスナショナルな多元主義」や「エリート多元主義」と特徴づけられており、(6) EUにおける利益団体の研究が発展してきた。EUレベルのロビイングにおいては、アジェンダ設定を担う欧州委員会がロビイングの主要なターゲットになっていると指摘されてきた。(7) しかしながら、一九八七年の単一欧州議定書の発効、その後の基本条約改正(特にリスボン条約の発効)でEUの政策決定における欧州議会の権限が強化される中で、同議会が利益団体にとってロビイングの新たなチャンネルとなっている。(8) さらに、欧州委員会の提案に影響を与えることができたか否かにかかわらず、利益団体は欧州議会に対してロビイングを行うと指摘されている。(9)

このような背景から、欧州議会へのロビイングに関する研究が行われるようになってきており、利益団体が持つ情報の役割、議員へのアクセス、政策結果への影響力などが議論されている。[10] しかしながら、政党グループ（political groups）が欧州議会の意思決定において重要な役割を果たしているにもかかわらず、欧州議会へのロビイングの研究の多くは政党グループの役割を見過ごしてきた。[11] この論点を考察するためには、「対議会」のロビイングとして、欧州議会へのロビイングに注目し、その戦略を分析する必要がある。確かに欧州議会は米国議会に比べて政策への影響力は小さいが、欧州議会の政党グループの政党組織が欧州諸国の国内政党と比較して分権的な（decentralised）点や、[12] 欧州議会の投票でどの連合（coalitions）が勝利するかが不確実である点などにおいて、[13] 欧州議会と米国議会との間に類似点が観察されている。そのため、欧州議会へのロビイングに関する研究では、前述の米国議会における支持者、反対者へのロビイングの議論を参考にした研究が行われている。その議論を整理する前に、第七期（二〇〇九年～二〇一四年）、第八期（二〇一四年～二〇一九年）の欧州議会の政党グループの特徴について簡単にまとめたい。[14] 第一会派の中道右派、親ＥＵの欧州人民党（キリスト教民主）グループ（ＥＰＰ）、第二会派の中道左派、親ＥＵの社会民主進歩同盟グループ（Ｓ＆Ｄ）が二割から三割前後の議席数を占める。一割前後の議席数を持つのが、リベラル派で親ＥＵの欧州自由・民主同盟グループ（ＡＬＤＥ、現在の欧州刷新（Renew Europe））と中道右派でＥＵ懐疑派の欧州保守改革グループ（ＥＣＲ）である。他の政党グループは一割以下の比較的小規模なグループであり、左派を含む環境重視の緑・欧州自由同盟グループ（Ｖｅｒｔｓ／ＡＬＥ）、急進左派の欧州統一左派・北欧緑左派連盟グループ（ＧＵＥ／ＮＧＬ）、ＥＵ懐疑派の自由と直接民主主義の欧州グループ（ＥＦＤ、現在は無所属メンバー）、極右でＥＵ懐疑派の国家と自由の欧州グループ（ＥＮＦ、現在はアイデンティティと民主主義）が含まれる。

　欧州議会へのロビイングにおける政党グループの役割に関する研究においては、利益団体は友好的な政党グループへロビイングを行うという議論がある一方で、[15] マーシャル（David Marshall）は利益団体が支持者だけでなく、「通常は支持者ではないが（non-natural allies）大規模な政党グループ」にロビイングを行うと主張している。[16] マーシャルによると、利益団体には①友好的な議員へのロビイング、②影響力のある（powerful）議員へのロビイング、という二つの動機があるが、「自らが持つ政策に関する情報が（投票における）勝者の側に届くことを保証する」ために、友好的でない大規模な政党グループの議員にもロビイングを行うことがよくある。[17] マーシャルは、ロビイングを行う「政党グループの選択」に関しては、利益団体は政党グループの友好性（friendliness）[18]（イデオロギー）よりもグループの規模を考慮すると指摘している。さらに、マーシャルは、友好的でない大規模な政党グループ内における「議員の選択」に関しては「比較的近い政策上の選好」を持っている議員を選択すると指摘している。[19] このマーシャルの二つの主張を考え合わせると、以下の疑問が湧く。――友好的でない政党グループがたとえ大規模でも、そのグループの所属議員の大多数が利益団体と異なる選好を持つ（すなわち、選好の近い議員がほとんどいない）場合、利益団体がそのグループから支持を得られる可能性は低くなり、ロビイングのインセンティブが低くなるのではないか。逆に、そのグループ内に選好の近い議員が一定数いる場合は、グループの一部から支持を得られる可能性が高くなり、ロビイングのインセンティブが高くなるのではないか。

一 研究の設計

(1) 本稿の目的

右記の疑問を出発点にして、本稿は欧州議会に対するロビイングに注目し、利益団体が政党グループのどのような特徴を考慮してロビイングを行なっているのかを考察する。具体的には、利益団体がターゲットとする友好的でない政党グループを選択する際に、マーシャルが指摘した政党グループの規模（欧州議会における議席のシェア）だけでなく、「政党グループが一枚岩ではなく（すなわち、まとまっておらず）、その内部で利益団体にとって友好的でない議員と友好的な議員に分裂しているのか」という特徴も考慮しているのではないかという点を検討する。換言すれば、政党グループの「まとまり」の程度及びその認識とロビイングの関係性に注目したい。

(2) 事例

本稿が具体的に焦点を当てる事例は、ＥＵの自由貿易協定（ＦＴＡ）の貿易と持続可能な開発に係る条項（ＴＳＤ条項）に関するロビイングである。ＴＳＤ条項は二〇〇〇年代にＥＵの「新世代」ＦＴＡにおいて制度化され[20]、同条項の主な構成要素は、①国際労働機関の中核的労働基準、多国間環境協定に対する拘束力のあるコミットメント、②環境、労働者の保護に関する基準の引下げによる貿易・投資の奨励の禁止、③政府間協議、専門家パネル、市民社会組織の関与を通じた協議的なエンフォースメント・メカニズム（ＦＴＡ全体の紛争解決メカニズムはＴＳＤ条項には適用されない）である[21]。この中でも、エンフォースメント・メカニズムの改善が近年議論の焦点になっている[22]。特に、欧州議会の決議（表1を参照）についての審議の中で言及されてきたメカニズムは、①義務的メカニズム（ＦＴＡ全体の紛争解決メカニズムのＴＳＤ条項への拡大適用と制裁の導入、市民社会による不服申立メカニズム、貿易協定のコンディショナリティとしての労働、環境分野の国際条約の批准）、②協議的メカニズム（市民社会の関与、キャパシティ・ビルディング、情報交換、啓発活動（awareness-raising））、という二つのカテゴリに分類できる。

欧州議会へのロビイングにおいては、特に「弱い」市民団体が欧州議会を通して最終的には欧州委員会、理事会へロビイングを行い、ＥＵ機関間のバランスに影響を与えようとすることが指摘されている[23]。さらに、欧州委員会への提案に影響を与えることができなかった利益団体は欧州議会へのロビイングを通して政策の方向性を変えようとする一方で、欧州委員会への提案に影響を与えることができた利益団体も自身の政策インプットが欧州議会で覆されないように欧州議会へロビイングを行うと分析されている[24]。これらの議論から、特にある政策への選好が欧州委員会と欧州議会の間で異なる場合、利益団体が欧州議会へのロビイングを通じて、EU機関間のバランスを変えよう、あるいは保とうとするインセンティブが高まると想定できる[25]。

本稿の事例であるTSD条項は、欧州議会にとって関心が高いイシューの一つであり[26]、そのエンフォースメント・メカニズムに関しては、欧州委員会と欧州議会（の一部）との間で選好が異なっている。そのため、欧州議会へのロビイングのインセンティブの高まりが予想でき、対欧州議会のロビイングの特徴を分析するのに適した事例であると言える[27]。具体的には、欧州委員会は義務的なメカニズムを否定的に評価し、現状の協議的なメカニズムを備えたTSD条項の強化を肯定的に評価している[28]。一方で、後述するように欧州議会においては、欧州委員会と同様に義務的なメカニズムではなく現状の協議的なメカニズムを支持する政党グループがある一方で、貿易制裁の導入を含む義務的なメカニズムの必要性を訴える政党グループもある。さらに、利益団体側でもエンフォースメント・メカニズムに対する見解は分かれている。そのため、協議的メカニズムを支持する利益団体は、欧州議会でも協議的メカニズムへの支持を確保し、協議的メカニズムの強化という欧州委員会の政策の方向性を確固なものにしたいというインセンティブがあると想定できる。一方で、義務的メカニズムを支持するグループは、欧州議会における義務的メカニズムへの支持の拡大を通じて、欧州委員会に対し義務的メカニズムの導入を迫るインセンティブがあると想定できる。

確かにEUの共通通商政策（貿易政策）は交渉を主導する欧州委員会の影響力が強い分野の一つである。しかしながら、リスボン条約の発効により国際貿易協定への同意権限などの欧州議会の権限が強化されているため、欧州議会へのロビイングのインセンティブは高まっていると言える。実際、偽造品の取引の防止に関する協定（ACTA）に関しては、NGOによる欧州議会への積極的なロビイングが行われ、同議会による同意の拒否へと繋がった[29]。

(3)　本稿の構成

TSD条項に関するロビイングの事例を通じて、本稿は以下の四点を主に考察する。第一に、後述の欧州議会の審議と利益団体のポジション・ペーパー等を分析することで、政党グループと利益団体の間の友好性／非友好性、すなわち両者の間の類似する／異なる選好を整理する。なお、TSD条項に関するENFの議員の言説はほとんど見当たらなかったため、本稿は同グループを扱わないこととする。

第二に、マーシャルが指摘しているように、利益団体が欧州議会の議員と直接接触する際に、友好的な政党グループだけでなく、友好的でない政党グループの議員にも接触しているのかを考察する。

第三に、利益団体が友好的でない政党グループのどのような特徴を考慮し、その所属議員に接触しているのか、あるいはしていないのかを後述のインタビュー調査に基づいて考察する。ここでは政党グループの規模という特徴のみならず、「政党グループ内部で利益団体にとって友好的でない議員と友好的な議員が分裂しているのか」という点、すなわち政党グループの「まとまり」という特徴を利益団体がどのように考慮しているかを検討する。

第四に、利益団体が政党グループの「まとまり」という特徴を考慮している場合、どのように「まとまり」を認識しているかという点が重要になる。この認識メカニズムを明らかにするためには更なるインタビュー調査の実施が必要であるが、ここではその準備段階として、まず政党グループの「まとまり」の程度を政党グループの一体性（unity）及び凝集性（cohesion）として操作化し[30]、欧州議会での審議を分析する。その上で、政党グループの「まとまり」という実態とそれに関する利益団体の認識の分析を突き合わせたい。なお、一体性は「議会での意思決定に対する、政党（グループ）内の議員の投票行動の一致度」と定義され、議員がグループの方針にしたがって投票する度合い（AI（Agreement Index）：合意指数[31]）として測定できる。一方で、凝集性は「政党（グループ）内の議員の選好の一致度」と定義され、欧州議会の審議における政党グループ内の議員の言説から観察できる。

(4) データ

本稿が分析の対象とする利益団体は、欧州またはグローバルレベルの経営者団体、労働組合、非政府組織（NGO）のうち、EUのFTAのTSD条項に関心を持ち、インタビュー調査で実際にロビイングを行なっていることが明らかになった利益団体である[32]。インタビュー調査は、二〇一八年一月から四月にかけて、ベルギー・ブリュッセル（一部は電話、書面）において実施し、経営者団体は三団体、労働組合は一団体、環境NGOは二団体、開発NGOは一団体から有益な回答結果を得た。加えて、ロビイングは「双方向的（two-way street）」であることから[33]、欧州議会の主要な二つの政党グループ（EPP、S&D）にもインタビューを実施した。なお、以上のインタビュー調査は、対象とした利益団体、政党グループの数や特徴が限定的であるため、今後の更なる調査で検討すべき「仮説」と論点を提示するための「予備的な調査」と位置付ける[34]。

また、欧州議会の審議に関しては、欧州議会の権限強化を伴うリスボン条約が発効した二〇〇九年以降、すなわち第七期（二〇〇九年～二〇一四年）、第八期（二〇一四年～二〇一九年）の欧州議会を対象とする。具体的には、①TSD条項、欧州委員会の貿易戦略、発展途上国及び新興国とのEUのFTA・貿易関係に関連する決議（表1を参照）についての欧州議会での議論：国際貿易委員会に提出された報告書の草案に対する修正案（amendments tabled in committee）、本会議での討論（debates）及び投票の説明（explanations of vote）、本会議での氏名点呼投票（roll-call vote）の結果[35]、②EUの貿易協定における貿易と持続可能な開発章に関する欧州議会本会議での議論（二〇一八年一月一六日）[36]を主に分析する。

表1　欧州議会の決議の一覧

	年	手続きファイル番号	決議のタイトル
TSD 条項	2010	2009/2201(INI)	European Parliament resolution of 25 November 2010 on corporate social responsibility in international trade agreements
	2010	2009/2219(INI)	European Parliament resolution of 25 November 2010 on human rights and social and environmental standards in international trade agreements
	2016	2015/2038(INI)	European Parliament resolution of 5 July 2016 on implementation of the 2010 recommendations of Parliament on social and environmental standards, human rights and corporate responsibility
	2017	2016/2054(INI)	European Parliament resolution of 2 March 2017 on EU Common Commercial Policy in the context of wildlife sustainability imperatives
貿易戦略	2007	2006/2292(INI)	European Parliament resolution of 22 May 2007 on Global Europe - external aspects of competitiveness
	2011	2010/2152(INI)	European Parliament resolution of 27 September 2011 on a New Trade Policy for Europe under the Europe 2020 Strategy
	2016	2015/2105(INI)	European Parliament resolution of 5 July 2016 on a new forward-looking and innovative future strategy for trade and investment
発展途上国及び新興国とのEU の FTA・貿易関係	2010	2010/2026(INI)	European Parliament resolution of 21 October 2010 on the European Union's trade relations with Latin America
	2011	2010/0075(NLE)	European Parliament legislative resolution of 17 February 2011 on the draft Council decision on the conclusion of the Free Trade Agreement between the European Union and its Member States, of the one part, and the Republic of Korea, of the other part
	2012	2012/2628(RSP)	European Parliament resolution of 13 June 2012 on the EU trade agreement with Colombia and Peru

［出典］欧州議会の Legislative Observatory（註 35 を参照）より筆者作成

二　事例分析――ＥＵのＦＴＡにおけるＴＳＤ条項

(1)　政党グループと利益団体の選好

まず、ＴＳＤ条項のエンフォースメント・メカニズムに焦点を当て、欧州議会の政党グループと利益団体の選好を分析する。

第一に、ＥＵのＦＴＡにＴＳＤ条項を含めることについてはほとんどの政党グループの間で幅広いコンセンサスが得られているようであるが(37)、左派（ＧＵＥ／ＮＧＬ、Ｖｅｒｔｓ／ＡＬＥ）と中道左派（Ｓ＆Ｄ）のＴＳＤ条項に対する選好は強かった一方で(38)、中道右派（ＥＰＰ、ＥＣＲ）とリベラル派（ＡＬＤＥ）の選好は弱かった(39)。左派及び中道左派は義務的、協議的メカニズムの双方を支持し、現状の協議的メカニズムでは不十分であると考えていた(40)。一方、中道右派は現状の協議的メカニズムを支持する一方で、義務的メカニズムに否定的な立場をとっていた(41)。特に、ＥＣＲは義務的メカニズムにより強く反対していたが(42)、後述するように二〇一七年以前の欧州議会の審議を分析すると、ＥＰＰ内には義務的メカニズムに比較的寛容な立場の議員もいた。リベラル派の言説は少なかったが、協議的メカニズムを支持する一方で、義務的メカニズムの一形態である市民社会による不服申立メカニズムについて反対をしていた(43)。最後に、ＥＦＤは、特に野生生物の持続可能性の文脈において、義務的、協議的メカニズムの双方を支持していた(44)。

利益団体に目を向けると、経営者団体、労働組合、ＮＧＯはＥＵのＦＴＡにＴＳＤ条項を含めること、同条項の効果的なエンフォースメントの必要性について、総論としては合意していた。しかし、各論では経営者団体は協議的メカニズムを支持する一方で、義務的メカニズムに反対していた[45]。対照的に、労働組合とＮＧＯは、協議的メカニズムに加えて、義務的メカニズムが必要であると主張していた[46]。

政党グループと利益団体の間の友好性／非友好性を整理すると、経営者団体にとって友好的な政党グループは中道右派とリベラル派であり、両者は共にＴＳＤ条項に対する選好が弱く、義務的メカニズムではなく既存の協議的メカニズムを支持していた。一方で経営者団体にとって友好的でない政党グループは、左派と中道左派であった。労働組合とＮＧＯに目を向けると、左派と中道左派が友好的な政党グループであり、両者は共にＴＳＤ条項に対し強い選好をもち、義務的メカニズムを支持していた。さらに、一部の環境ＮＧＯにとっては、ＥＦＤが野生生物保護と動物福祉の文脈で友好的であった[47]。一方で、労働組合とＮＧＯにとって友好的でない政党グループは中道右派とリベラル派であった。

(2) 利益団体のロビイング——政党グループの議員への直接的な接触

次に、ＴＳＤ条項に関するロビイングを利益団体へのインタビューに基づいて分析すると、ほとんどすべての利益団体が議員との直接的な接触を重視し[48]、議員は非公開の会合ではより本音を語っていたとの発言もあった[49]。また、ポジション・ペーパー等を発出している団体も多かったが、ＴＳＤ条項に関してデモ活動などで一般市民を動員したと語ったインタビュー回答者はいなかった。そこで、以下では政党グループの議員との直接的な接触に焦点を当てて分析する。

経営者団体にとっては「伝統的に親経営者団体（pro-business）」の中道右派がより重要であったが[50]、友好的な中道右派とリベラル派のみならず、友好的でない一部の左派と中道左派（Ｖｅｒｔｓ／ＡＬＥ、Ｓ＆Ｄ）の議員とも直接接触していた[51]。労働組合は、友好的な左派と中道左派、特にＳ＆Ｄの議員と密接な関係にある一方で、友好的でない中道右派とリベラル派の議員とは個別に会合を持っていなかった[52]。ＮＧＯは友好的な左派と中道左派との接触により多くのエネルギーを注ぎ込んでいたが[53]、友好的でない中道右派のＥＰＰ、リベラル派の議員にも接触していた[54]。

さらに、政党グループ側へのインタビューからは、欧州議会の議員及び政党グループの事務局が友好的な利益団体だけでなく、そうでない利益団体を含む「あらゆる利害関係者」と接触し、技術的及び政治的な情報を得ていた[55]。したがって、政党グループ側は友好的でない利益団体に対して十分な「応答性（responsiveness）」を持っていたと言える[56]。

まとめれば、インタビューを行ったほぼすべての利益団体は、友好的な政党グループの議員との直接的な接触により多くのエネルギーを注いでいた。しかし同時に、労働組合が友好的な政党グループに注力する一方で、経営者団体とＮＧＯは友好的でない政党グループの議員とも直接接触をしていた（表2を参照）。

表 2　利益団体による欧州議会議員との直接的な接触

			議席のシェア（第 7 期/第 8 期）	経営者団体	労働組合	NGO 環境	NGO 開発
政党グループ	左派	GUE/NGL	4.6 / 6.9	—	◎	◎	◎
		Verts/ALE	7.4 / 6.9	△			
	中道左派	S&D	25.6 / 24.8	○	◎	◎	◎
	リベラル派	ALDE	10.8 / 9.1	◎	—	○	○
	中道右派	EPP	35.8 / 29.1	◎	—	○	○
		ECR	7.4 / 9.9	◎	—	△	—
	その他	EFD	4.1 / 5.7	—	—	◎（環境 NGO①）	—

［凡例］ ◎：友好的な政党グループとの頻繁な接触　○：友好的でない政党グループとの接触
△：接触が少ない　—：接触はほぼない
［出典］筆者作成

(3) 友好的でない政党グループの議員への直接的な接触

ここでは、利益団体の種類ごとに、利益団体が政党グループのどのような特徴を考慮し、友好的でない政党グループにロビイングを行なっているのか、あるいは行なっていないのかをインタビュー調査のデータに基づき考察したい。特に、マーシャルが指摘する政党グループの規模に加えて、政党グループの「まとまり」も考慮しているのではないかという点に注目して分析したい。

a 経営者団体

経営者団体は、友好的でない中道左派にロビイングを行う理由として、経営者団体の優先事項であるＦＴＡの批准には欧州議会の第二会派のＳ&Ｄからの支持が必要だという点を指摘していた[57]。同時に、経営者団体は、Ｓ&Ｄが一枚岩ではなく、自らと選好が近い議員がいることも考慮していた。例えば、Ｓ&Ｄの事務局レベルの見解にＳ&Ｄ内の「全ての議員が固執するわけではない」といった発言[58]や、Ｓ&Ｄとの建設的な対話は「間違いなく重要」であり、「事実を聞くことにオープンであり、イデオロギー的アプローチを持たない人々」との対話が重要であるとの発言があった[59]。このようなＳ&Ｄへの認識とは対照的に、経営者団体は左派のＧＵＥ／ＮＧＬとＶｅｒｔｓ／ＡＬＥを経営者に懐疑的な（business-sceptic）グループとして認識し、「経営者の意見に耳を傾けないという明確な目的」を持つ左派と接触することは「建設的ではなく」、さらに「少し苛立たしい」との発言[60]や、ＦＴＡに反対する左派と話し合うのは「意味がない」との発言が聞かれた[61]。

b ＮＧＯ

ＮＧＯが友好的でない中道右派のＥＰＰにロビイングを行う際には、ＥＰＰが欧州議会の第一会派である点を重視していた[62]。同時に、ＮＧＯは中道右派とリベラル派内に、自らと選好が近い議員がいることも考慮していた。例えば、ＥＰＰの一部の議員がイシューによってはＮＧＯの扱う分野に関心を持っており、ＡＬＤＥの選好は議員、イシューに依存するとの指摘があった[63]。また、意見を変える可能性のある議員により多くのエネルギーを費やしているとの発言もあった[64]。

c　労働組合

経営者団体とNGOとは異なり、労働組合は友好的でない中道右派とリベラル派に必ずしもロビイングを行っていなかった。労働組合は規模の観点から、S&Dが特に重要であると認識する一方で、第一会派であるEPPとは難しい関係にあるとインタビューで語っていた[65]。

以上の利益団体ごとの分析を踏まえると、経営者団体とNGOは、友好的でない政党グループへのロビイングに際して、マーシャルが指摘する政党グループの規模に加えて、政党グループの「まとまり」も考慮していた。一方で、友好的でない利益団体にロビイングをほとんど行っていない労働組合は、政党グループの規模に加えて、政党グループの友好性を重視していたと考えられる。なぜ、このような利益団体による違いが生じたかは今後の重要な検討課題であるが、少なくとも、友好的でない政党グループへのロビイングに際して、利益団体がそのグループの「まとまり」を考慮する可能性があることは明らかになった。

ここで、政党研究では、政党（グループ）の「まとまり」は一体性（議員の投票行動の一致度）及び凝集性（議員の選好の一致度）で捉えられる。しかしながら、インタビューに基づいたここでの分析では経営者団体とNGOが政党グループの「まとまり」をどのように認識していたかは明らかではなかった。この点を明らかにするためには、更なるインタビュー調査の実施が必要であるが、ここではその準備段階として、TSD条項に関する欧州議会の審議のデータを基に政党グループの一体性と凝集性を分析し、それを政党グループの「まとまり」に関する経営者団体とNGOの認識と突き合わせてみたい。

(4)　欧州議会の政党グループの一体性と凝集性

まずは、政党グループの一体性（投票行動の一致度）を、TSD条項に関連する欧州議会の四つの決議（表1を参照）に対する氏名点呼投票のデータを用いて分析する。左派と中道左派についてはいずれのグループも一体性は高く、リベラル派と中道右派についても同様に高かったが、EFDの一体性は非常に低かった[66]。ただし、ここで注意が必要なのは、これらの決議がいずれも協議的、義務的エンフォースメント・メカニズムを併記したものであった点である。すなわち、これらの決議に対する投票行動からは、TSD条項の導入に関してEFDを除く各政党グループの一体性が高く、賛成していたことがわかるが、エンフォースメント・メカニズムそのものへの政党グループの一体性は判断が困難である[67]。そこで、表1の欧州議会の一〇の決議に対する審議、EUの貿易協定における貿易と持続可能な開発章に関する欧州議会本会議での議論（二〇一八年一月一六日）における言説を用いて、TSD条項のエンフォースメント・メカニズムに関する各政党グループの凝集性（選好の一致度）を分析したい(68)。中道左派、左派は凝集性が高く、より強力な義務的メカニズムを支持していた一方で、リベラル派、中道右派ではECRは凝集性が高く、義務的メカニズムに反対し、既存のEUのFTAの協議的メカニズムを支持していた。EPPについては、二〇一七年以前の審議では、協議的メカニズムを支持していたが、義務的メカニズムについてはグループ内で賛否が別れていたため(69)、凝集性が高くなかったと言える。しかし、二〇一八年一月一六日の欧州議会本会議での議論では、義務的メカニズムに寛容な言説は見られなくなる一方で反対する言説を複数確認できたため、凝集性は高まっていたと言える(70)。

以上の政党グループの凝集性と、政党グループの「まとまり」に関する経営者団体とNGOの認識を突き合わせると、特に中道左派のS&Dと中道右派のEPPに関して、以下のような「ズレ」が存在することを指摘できる。S&Dについては、二〇一八年一月までの欧州議会の審議の分析では凝集性が一貫して高いという結果が出たにもかかわらず、二〇一八年二月から四月に実施した経営者団体へのインタビュー調査ではS&Dの「まとまり」が高くないと認識されていた。EPPについては、二〇一七年以前の欧州議会の審議の分析では凝集性が高くなかったが、二〇一八年一月の議論では凝集性が高まっていたとの結果が出た。にもかかわらず、二〇一八年三月から四月に実施したインタビュー調査では、NGOはEPPの「まとまり」が依然として高くないと認識していた。

おわりに

欧州委員会と欧州議会の間で政策への選好が異なる場合、利益団体は欧州委員会だけでなく欧州議会にもロビイングを行い、EU機関間のバランスを変えよう、あるいは保とうとするインセンティブが高まると考えられる。本稿は、このような事例として、欧州委員会と欧州議会（の一部）との選好が異なるTSD条項に関するロビイングに注目し、欧州議会の政党グループに対するロビイングの分析を行なった。

第一に、利益団体に対するインタビュー調査からは、マーシャルが指摘しているように、経営者団体とNGOが友好的な政党グループのみならず、友好的でない政党グループの議員にも直接的な接触を行なっていた。さらに、経営者団体とNGOがターゲットとする友好的でない政党グループを選択する際には、マーシャルが指摘する政党グループの規模のみならず、政党グループの「まとまり」も考慮していた。一方で、労働組合は政党グループの規模と政党グループの友好性を重視し、友好的でない政党グループへのロビイングをほとんど行なっていなかった。この予備的なインタビュー調査から、友好的でない政党グループへロビイングを行う際のターゲットの選択に関して、政党グループの規模のみならず、政党グループの「まとまり」も利益団体が考慮する要素であるという「仮説」が浮かび上がった。しかし、同時にこの「仮説」の妥当性は利益団体の種類により異なる可能性があることも示唆された。第二に、政党グループの「まとまり」に関する利益団体の認識と欧州議会の審議に基づいた凝集性を突き合わせることで、特に中道左派のS&Dと中道右派のEPPに関して「ズレ」の存在を指摘した。

このような「仮説」を実証し、利益団体間での相違、政党グループの「まとまり」に関する実態と利益団体の認識との「ズレ」を考察するためには、以下の点を今後検討する必要がある。まず、TSD条項に関心のある団体として文献調査に基づいて抽出したものの、インタビューの時間の制約上今回の分析対象に含めることができなかった利益団体（註32を参照）について、その規模、特徴、選好をマッピングし、文献分析とインタビューを含めたより代表性のある調査を行うことが必要となる。さらに、インタビュー調査の際には、利益団体が政党グループの「まとまり」をどのように認識しているかについて焦点を当てた質問を行い、回答を得る必要がある。例えば、政党グループの「まとまり」を、TSD条項のようなイシューごとに認識しているのか、あるいは貿易政策全般、さらに広い欧州議会で扱われる政策全般から横断的に認識しているのかという点は重要だと考えられる。さらに、利益団体がどのような政党グループの行動と特徴を主に観察して、「まとまり」を認識しているのかも調査すべき点である。例えば、欧州議会での決議や欧州委員会から提出された法案に係る審議における言説、投票行動といった短期的な行動だけでなく、各政党グループにおけるEU加盟国の政党の構成とその変遷、政党規律などの政党グループの構造的な特徴も、利益団体にとって重要な観察対象となる可能性がある。

最後に、欧州議会へのロビイングの研究に対する本稿の含意を指摘したい。政党グループの「まとまり」を考慮した友好的でない政党グループへのロビイングは、「ブルジョア」系列（保守派・リベラル派と経営者団体）、労働系列（左派と労働組合）、「弱者（the weak）系列」（緑・急進派と環境・消費者団体）という欧州議会における「団体系列論」[71]に修正をもたらす可能性がある。すなわち、日本の利益団体の研究における「相互作用正統化仮説」[72]のように、欧州議会においても、利益団体は友好的でない（系列が異なり、距離がある）政党グループに対して、そのグループ内の比較的友好的な議員との接触を通じて自らの正統性を高め、影響力を発揮する可能性がある。

また、本稿が行なった第七期、第八期の欧州議会の分析は、現在の第九期（二〇一九年～二〇二四年）においても重要性を持つ可能性がある。第九期では、中道左派、中道右派が議席を減らす一方で、リベラル派、緑、極右グループが議席を増やし、政党グループの構成が分散化した[73]。そのため、利益団体は議員からの十分な支持を確保するために、友好的なグループだけでなく、友好的でなく、「まとまり」の低いグループへのロビイングにさらに重点を置くと考えられるからである。

（1） 伊藤光利、田中愛治、真渕勝『政治過程論』東京：有斐閣、二〇〇〇年、一六八―一七三頁。

（2） 例えば、Ken Kollman, "Inviting Friends to Lobby: Interest Groups, Ideological Bias, and Congressional Committees,"

American Journal of Political Science, 41:2 (1997), pp. 519–544. David Marshall, "Explaining Interest Group Interactions with Party Group Members in the European Parliament: Dominant Party Groups and Coalition Formation," *Journal of Common Market Studies*, 53:2 (2015), pp. 311, 314 を参照。

（3）Richard L. Hall and Frank W. Wayman "Buying Time: Moneyed Interests and the Mobilization of Bias in Congressional Committees," *American Political Science Review*, 84:3 (1990), pp. 814–815.

（4）Morten Bennedsen and Sven E. Feldmann, "Lobbying Legislatures," *Journal of Political Economy*, 110:4 (2002), pp. 919–946.

（5）伊藤、田中、真渕、前掲書、一七三—一七六頁。

（6）Cornelia Woll, "Lobbying in the European Union: From sui generis to a comparative perspective," *Journal of European Public Policy*, 13:3 (2006), pp. 458–459.

（7）David Coen, "Empiricall and Theoretical Studies in EU Lobbying," in: David Coen (ed.), *EU Lobbying: Empirical and Theoretical Studies* (Abingdon: Routledge, 2007), p. 3.

（8）Wilhelm Lehmann, "The European Parliament," in: David Coen and Jeremy Richardson (eds.), *Lobbying the European Union: Institutions, Actors, and Issues* (Oxford: Oxford University Press, 2009), p. 50; Maja Kluger Dionigi, *Lobbying in the European Parliament: The Battle for Influence* (Cham: Palgrave Macmillan, 2017), p. 2.

（9）Kluger Dionigi, *op.cit.*, p. 2; David Marshall, "Who to Lobby and When: Institutional Determinants of Interest Group Strategies in European Parliament Committees," *European Union Politics*, 11: 4 (2010), p. 559.

（10）Marshall, 2010, *op.cit.*, pp. 555–556.

（11）Marshall, 2015, *op.cit.*, pp. 313–314.

（12）Amie Kreppel, *The European Parliament and Supranational Party System: A Study in Institutional Development* (Cambridge: Cambridge University Press, 2002); Simon Hix, Abdul G. Noury, and Gérard Roland, *Democratic Politics in the European Parliament* (Cambridge: Cambridge University Press, 2007).

（13）Marshall, 2015, *op.cit.*, pp. 311–312.

（14）Simon Hix, Abdul Noury, and Gérard Roland, "The Changing Battle Lines in the European Parliament," in: Nauro F. Campos and Jan-Egbert Sturm (eds.), *Bretton Woods, Brussels, and Beyond: Redesigning the Institutions of Europe* (London: CEPR Press, 2018), pp. 52–56.

（15）Bernhard Wessels, "European Parliament and Interest Groups," in: Richard S. Katz and Bernhard Wessels (eds.), *The European Parliament, the National Parliaments, and European Integration* (Oxford: Oxford University Press, 1999), pp. 105–128.

（16）Marshall, 2015, *op.cit.*, p. 311.

（17）*Ibid.*, p. 311.

（18）*Ibid.*, pp. 319, 322.

（19）*Ibid.*, p. 323.

（20）Commission of the European Communities, *Communication from the Commission to the Council, the European Parliament, the European Economic and Social Committee and the Committee of the Regions – Global Europe: Competing in the World – A Contribution to the EU's Growth and Jobs Strategy* (COM (2006) 567 final, 2006); Lore Van den Putte and Jan Orbie, "EU Bilateral Trade Agreements and the Surprising Rise of Labour Provisions," *The International Journal of Comparative Labour Law and*

Industrial Relations, 31: 3 (2015), pp. 265–269.

（21）European Commission, "Non-paper of the Commission Services: Trade and Sustainable Development (TSD) Chapters in EU Free Trade Agreements (FTAs)," 11 July 2017, pp. 2–4, http://trade.ec.europa.eu/doclib/docs/2017/july/tradoc_155686.pdf（二〇二二年八月四日最終アクセス）。

（22）*Ibid.*

（23）Lehmann, *op.cit.*, p. 50.

（24）この議論は、欧州委員会の提案に基づき理事会と欧州議会が共同決定を行う「通常立法手続」（リスボン条約以前の「共同決定手続」）に関して行われている。Marshall, 2010, *op.cit.*, p. 559; Kluger Dionigi, *op.cit.*, p. 2.

（25）利益団体がＥＵ機関間のバランスに影響を与えようとする際には、理事会を通じたルートも考えられるが、理事会へのロビイングは主にＥＵ加盟国レベル（加盟国の首都）で行われる。Kluger Dionigi, *op.cit.*, p. 2.

（26）Van den Putte and Orbie, *op.cit.*, pp. 278, 280.

（27）ＴＳＤ条項に関するロビイングの研究は不足しているため、その点でも本稿の分析には意義がある。数少ない研究としては Evgeny Postnikov, "Valued Exports: Social Standards in EU and U.S. Trade Agreements," Doctoral Dissertation, University of Pittsburgh (2014) (Unpublished), http://d-scholarship.pitt.edu/22661/7/postnikov_etd2014-1.pdf（二〇二二年八月四日最終アクセス）。

（28）European Commission, 11 July 2017, *op.cit.*

（29）Andreas Dür and Gemma Mateo, "Influence: Lobbying, Public Salience and Outcomes," in: Andreas Dür and Gemma Mateo, *Insiders versus Outsiders: Interest Group Politics in Multilevel Europe* (Oxford: Oxford University Press, 2016), pp. 182–207; Lore Van den Putte, Ferdi De Ville, and Jan Orbie, "The European Parliament as an International Actor in Trade: From Power to Impact," in: Stelios Stavridis, and Daniela Irrera (eds.), *The European Parliament and its International Relations* (Abingdon: Routledge, 2015), p. 62.

（30）一体性と凝集性の定義は以下を参考にした。Shaun Bowler, David M. Farrell, and Richard S. Katz, "Party Cohesion, Party Discipline, and Parliaments," in Shaun Bowler, David M. Farrell, and Richard S. Katz (eds.), *Party Discipline and Parliamentary Government*, (Columbus: Ohio State University Press, 1999), pp. 3–22; Jacques Thomassen and Hermann Schmitt, "Partisan Structures in the European Parliament," in Katz and Wessels (eds.), *op.cit.*, pp. 135–136; 建林正彦、曽我謙悟、待鳥聡史『比較政治制度論』東京：有斐閣、二〇〇八年、一五三―一五四頁；待鳥聡史『政党システムと政党組織』東京：東京大学出版会、二〇一五年、八七―八九頁。

（31）Ｙ＝「賛成」の投票数、Ｎ＝「反対」の投票数、Ａ＝「棄権」の数とした場合、合意指数はＡＩ＝｛ｍａｘ（Ｙ，Ｎ，Ａ）－０.５［（Ｙ＋Ｎ＋Ａ）－ｍａｘ（Ｙ，Ｎ，Ａ）］｝／（Ｙ＋Ｎ＋Ａ）と定義される。ＡＩの値は０から１をとり、政党グループのすべてのメンバーが同じ選択肢で投票を行うと１（完全に一体性を持つ）になり、三つの選択肢にすべてに均等に分かれる場合、０（完全に分離されている）となる。Simon Hix, Abdul Noury, and Gérard Roland, "Power to the Parties: Cohesion and Competition in the European Parliament, 1979–2001," *British Journal of Political Science*, 35:2 (2005), p. 215.

（32）利益団体を選択する際には、Marc Maes, "Civil Society Perspectives on EU–ASIA Free Trade Agreements," *Asia Europe Journal*, 7:1 (2009), pp. 97–107 及び Postnikov, *op.cit.* で議論されている利益

団体、ＴＳＤ条項に関するポジション・ペーパー等を発出している利益団体に加えて、欧州委員会による市民社会対話の議事録、ＥＵのＦＴＡの貿易持続可能性影響評価（ＳＩＡ）の報告書や議事録も参照した。

（33） Adrian Van den Hoven, "Interest Group Influence on Trade Policy in a Multilevel Polity: Analysing the EU Position at the Doha WTO Ministerial Conference," *EUI Working Paper*, RSC No. 2002/67 (2002), p. 1.

（34） Ｇ・キング、Ｒ・Ｏ・コヘイン、Ｓ・ヴァーバ（真渕勝監訳）『社会科学のリサーチ・デザイン：定性的研究における科学的推論』東京：勁草書房、二〇〇四年、二六―二七頁。

（35） 修正案、討論、投票の説明は欧州議会の Legislative Observatory (https://oeil.secure.europarl.europa.eu/oeil/home/home.do)、氏名点呼投票の結果は欧州議会のウェブページ (https://www.europarl.europa.eu/plenary/en/votes.html?tab=votes) で入手した（いずれも二〇二二年八月四日最終アクセス）。これらのデータを本稿で引用する際には、決議の手続きファイル番号を示す。

（36） https://www.europarl.europa.eu/doceo/document/CRE-8-2018-01-16-ITM-015_EN.html?redirec（二〇二二年八月四日最終アクセス）。

（37） Lore Van den Putte, "Divided We Stand: The European Parliament's Position on Social Trade in the Post-Lisbon Era," in: Axel Marx, Jan Wouters, Glenn Rayp, and Laura Beke (eds.), *Global Governance of Labour Rights: Assessing the Effectiveness of Transnational Public and Private Policy Initiatives* (Cheltenham: Edward Elgar Publishing, 2015), pp. 72–74.

（38） 2009/2219(INI), ショルツ（Helmut Scholz）によるＧＵＬ／ＮＧＬを代表した討論、Amendment 7; 2015/2038(INI), マーティン（David Martin）によるＳ＆Ｄを代表した討論、ケーラー（Ska Keller）によるＶｅｒｔｓ／ＡＬＥを代表した討論。

（39） 2009/2219(INI), キャスパリー（Daniel Caspary）によるＥＰＰを代表した討論：2012/2628(RSP), キャンベル・バナーマン（David Campbell Bannerman）（ＥＣＲ）による投票の説明：2015/2105(INI), Amendment 126; Van den Putte, *op.cit.*, p. 73 も参照。

（40） 2009/2219(INI), Amendment 17, 31, 48, 58; 2015/2038(INI), Amendment 11, 121, 125, 133–134, 160; 2016/2054(INI), Amendment 50, 66; 欧州議会本会議での議論（二〇一八年一月一六日）；Ｓ＆Ｄの議員へのインタビュー（二〇一八年四月三〇日、書面）。

（41） 2015/2038(INI), Amendment 105, 107–108; 2015/2105(INI), Amendment 133; 2016/2054(INI), Amendment 54, 67; 前掲の本会議での議論；ＥＰＰの事務局職員へのインタビュー（二〇一八年三月二六日、電話）。

（42） 2015/2038(INI), Amendment 122, 130.

（43） 2015/2105(INI), Amendment 132; 2016/2054(INI), Amendment 54, 67.

（44） 2016/2054(INI), Amendment 53, 68.

（45） 経営者団体の選好については BusinessEurope, "Trade and Sustainable Development Chapters in EU FTAs," 6 November 2017, https://www.businesseurope.eu/sites/buseur/files/media/position_papers/rex/2017-11-06_sustainability_and_ftas.pdf; European Services Forum (ESF), EuroCommerce, Federation of the European Sporting Goods Industry (FESI), and Foreign Trade Association (FTA), "Joint Statement on Trade and Sustainable Development Chapters: Support for a More Assertive Partnership," 18 October 2017, http://www.esf.be/new/wp-content/uploads/2017/10/Joint-Business-Associations-

Statement-on-EU-TSD-Chapter-FINAL.pdf（いずれも二〇二二年八月四日最終アクセス）。

（46）労働組合の選好については European Trade Union Confederation (ETUC), "ETUC Submission on the Non-paper of the European Commission Services on Trade and Sustainable Development (TSD) Chapters in EU Free Trade Agreements (FTAs)," 11 October 2017, https://www.etuc.org/sites/default/files/document/files/etuc_response_to_the_non-paper.pdf。ＮＧＯの選好については Asociación Latinoamericana de Organizaciones de Promoción al Desarrollo (ALOP), APRODEV, Iniciativa de Copenhague para Centroamérica y México (CIFCA), Grupo SUR, and International Office for Human Rights Action on Colombia (OIDHACO), "EU Trade Agreements with Central America, Colombia and Peru: Roadblocks for Sustainable Development," July 2011, https://actalliance.eu/wp-content/uploads/2016/04/201110_briefing_fta_eu-ca-colombia-peru.pdf; ClientEarth, "A Formal Complaint Procedure for a More Assertive Approach towards TSD Commitments," Version 1.1, 27 October 2017, https://www.clientearth.org/media/mqwfha5a/a-formal-complaint-procedure-for-a-more-assertive-approach-towards-tsd-commitments-version-1-1-ce-en.pdf; Eurogroup for Animals, "Animal Welfare, Trade and Sustainable Development: Eurogroup for Animals' Response to the European Court of Justice Ruling on Singapore and to the European Commission Consultation on Trade & Sustainable Development," 2017; Eurogroup for Animals, "Animal Welfare, Trade and Sustainable Development: Eurogroup for Animals' Response to the European Commission Proposals on Trade & Sustainable Development Chapters in Free Trade Agreement," 2018, https://issuu.com/eurogroupforanimals/docs/e4a-tsds_report-screen_lastversion（いずれも二〇二二年八月四日最終アクセス）。Postnikov, *op.cit.*, p. 59 も参照。

（47）環境ＮＧＯ①へのインタビュー（二〇一八年三月二二日、ブリュッセル）。

（48）労働組合（二〇一八年一月三〇日、ブリュッセル）へのインタビュー、環境ＮＧＯ①への前掲インタビュー。

（49）経営者団体③（二〇一八年四月一一日、ブリュッセル）へのインタビュー。

（50）*Ibid.*

（51）経営者団体①（二〇一八年二月一九日、ブリュッセル）、経営者団体②（二〇一八年三月二二日、ブリュッセル）へのインタビュー、経営者団体③への前掲インタビュー。Ｖｅｒｔｓ／ＡＬＥについて言及したのは経営者団体③のインタビュー回答者のみであった。

（52）労働組合への前掲インタビュー。

（53）環境ＮＧＯ①への前掲インタビュー、環境ＮＧＯ②へのインタビュー（二〇一八年三月二九日、電話）。

（54）*Ibid.*, 開発ＮＧＯへのインタビュー（二〇一八年四月一〇日）。環境ＮＧＯ②がＧＵＥ／ＮＧＬに接触することはめったになかった。

（55）Ｓ＆Ｄの議員、ＥＰＰの事務局職員への前掲インタビュー。欧州議会の議員が外部の情報を必要としている点については、Laura Richardson, "The Post-Lisbon Role of the European Parliament in the EU's Common Commercial Policy: Implications for Bilateral Trade Negotiations," *EU Diplomacy Papers*, College of Europe, 5/2012 (2012), pp. 13–4; Van den Putte, De Ville, and Orbie, *op.cit.*, p. 55.

（56）応答性は、政党グループによる友好的でない利益団体との接触として観察できる。Wessels, *op.cit.*, pp. 108–114.

（57）経営者団体②への前掲インタビュー。

（58）経営者団体③への前掲インタビュー。

(59) 経営者団体①、経営者団体③への前掲インタビュー。
(60) 経営者団体①への前掲インタビュー。
(61) 経営者団体②への前掲インタビュー。
(62) 開発ＮＧＯへの前掲インタビュー。
(63) 環境ＮＧＯ①、開発ＮＧＯへの前掲インタビュー。
(64) 環境ＮＧＯ①への前掲インタビュー。
(65) 労働組合への前掲インタビュー。
(66) 各政党グループのＡＩの平均は、ＧＵＥ／ＮＧＬ：０．９、Ｖｅｒｔｓ／ＡＬＥ：１、Ｓ＆Ｄ：１、ＡＬＤＥ：０．９５、ＥＰＰ：０．９９、ＥＣＲ：０．８７、ＥＦＤ：０．４１。
(67) ただし、インタビューの実施後に義務的メカニズムの導入の可否が焦点となった二〇一八年の決議（European Parliament resolution of 25 October 2018 on harnessing globalisation: trade aspects; 2018/2005(INI)）の修正案１（Amendment 1）への投票行動からは、各政党グループのエンフォースメント・メカニズムそのものへの一体性を計測できる。
(68) ＡＬＤＥ、ＥＦＤについては、言説が少なかったため、凝集性を判断できなかった。
(69) ＦＴＡの社会的及び環境的側面に対しての選好が比較的強い、または義務的メカニズムを穏健ながらも支持していたＥＰＰの議員の言説は、2006/2292(INI), シルバ・ペネダ（José Albino Silva Peneda）による投票の説明：2009/2219(INI), アンドリキエネ（Laima Liucija Andrikienė）による投票の説明：2010/0075(NLE), ミコラシク（Miroslav Mikolášik）による投票の説明：2010/2026(INI), Amendment 81; 2010/2152(INI), ケスティンガー（Elisabeth Köstinger）による投票の説明、サイフィ（Tokia Saïfi）による討論、投票の説明：2015/2038(INI), ソゴール（Csaba Sógor）、アンドリキエネによる討論、Amendment 127, 129; 2016/2054(INI), Amendment 71. ＴＳＤ条項への選好が弱く、ＦＴＡの商業的側面を強調する、または義務的メカニズムの導入に強く反対していたＥＰＰの議員の言説は、2009/2219(INI), Amendment 52; 2015/2038(INI), Amendment 117, 123–124, 128; 2015/2105(INI), Amendment 125.
(70) なお、インタビューの実施後の二〇一八年の決議（2018/2005(INI)）の審議においては、ＥＰＰの義務的メカニズムに関する凝集性はさらに高まっている。
(71) Wessels, *op.cit.*, p. 121. 日本の利益団体の研究における「団体系列論」は、石田雄『現代組織論』東京：岩波書店、一九六一年、田口富久治『社会集団の政治機能』東京：未来社、一九六九年。
(72) 村松岐夫、伊藤光利、辻中豊『戦後日本の圧力団体』東京：東洋経済新報社、一九八六年、阪野智一「圧力団体」依田宏（執筆代表）『政治〔新版〕』東京：有斐閣、一九九三年、七三―七九頁。
(73) *Financial Times*, https://ig.ft.com/european-elections-2019-results/（二〇二一年八月四日最終アクセス）。

（にしかわ　たろう　ルーヴェン大学大学院）

日本国際政治学会編『国際政治』第208号「SDGsとグローバル・ガバナンス」(二〇二三年一月)

〈書評論文〉

兵器の自律化と国際政治

——戦場における人間とマシンの未来——

藤巻裕之

ポール・シャーレ著、伏見威蕃訳『無人兵団——AI、ロボット、自律型兵器と未来の戦争』(早川書房、二〇一九年、四九六頁+七八頁)(Paul Sharre, *Army of None: Autonomous Weapons and the Future of War*)

トマス・リッド著、松浦俊介訳『サイバネティクス全史——人類は思考するマシンに何を夢見たのか』(作品者、二〇一七年、四一七頁+四三頁)(Thomas Rid, *Rise of Machines: A Cybernetic History*)

はじめに

近年の科学技術の発展に伴う兵器の自律化は、ロボット兵器、AI兵器、キラーロボットといわれる兵器を生み出し、それらの規制をめぐる議論が国際社会で活発化している。現在、九〇カ国以上の軍隊が陸海空宇宙、そしてサイバー空間を舞台に自律型の兵器を配備している。約三〇カ国以上の軍隊が交戦速度の高速化に対応するために人間による監督付き自律型防御兵器、または、半自律型兵器システムを開発・保有している。世界中で軍用ロボット工学への支出が増加している理由は明確である。人間の生理的限界から兵器を解放するということは兵器の小型化、軽量化、高速化、高機動化が可能になるだけでなく、人間の耐久力の限界を超えて戦い続けることができるからである。それらの兵器は、数週間、数カ月、数年に渡って休むことなく戦場の任務に耐えることができるのみならず、兵員の人命を危険に晒すことなく、危険な任務や自殺的任務にも使えるのである（シャーレ、四〇頁）。しかし、ロボット兵器が認識証を付けた軍服、突撃ライフルを持った兵士と平服の民間人を区別して攻撃目標を判断することは現在の技術では実現していない。また、戦場の状況や背景を理解し、意味を解釈するという能力においてＡＩは人間にはるかに及ばない（シャーレ、三〇頁）。

「第三の軍事革命」といわれる自立型致死兵器システム（以下ＬＡＷＳとする）の出現は近い将来国際政治に大きなインパクトを与えるとされる。未だ完成を見ないＬＡＷＳの定義は不確定であるが、二〇一二年一一月にヒューマンライツウォッチがハーバード大学と合同で発表した報告書“Losing Humanity: the Case Against Killer Robots”による、人間の関与なしに自律的に攻撃目標を設定し、攻撃を行うことができる完全自律兵器が適当であろう(1)。本項では、完全な自律性を獲得していないが、ある程度の自律性を有する兵器を自律型兵器、または半自律型兵器とし、完全な自律性を持つ兵器をＬＡＷＳとする。機械が戦場において意思決定を行うことになる近未来が想定される以上、人間は機械にどの範囲まで人間を殺傷できる権限を認めるべきかという、重大な課題を国際社会は課されている。しかし、国際社会において半自律型兵器やＬＡＷＳを規制する共通のルールや規範はつくられていない。本論は、自律型兵器システムが第二次世界大戦後以降どのような過程で発展してきたのか、そして、国家安全保障にどのような影響を与えているのか、シャーレ（Paul Scharre）の“Army of None”『無人の兵団』とリッド（Thomas Ridd）の“The Rise of Machines”『サイバネティクス全史』を手引きに考察を試みる。

ポール・シャーレ（Paul Scharre）は新アメリカ安全保障センターの科学技術と国家安全保障プログラムの上級研究員であり、二〇〇八―二〇一三年にはアメリカ国防長官府（ＯＳＤ）にて自律型兵器と出現しつつある兵器の規制のための政策立案に関わった。シャーレは、自律型兵器を使用する際は軍組織の適切なレベルの監督者が判断を行使できる様に設計されていなければならないと規定した「DOD Directive 3000.9」作成ワーキング・グループを主導したことでも知られている。ホロウィッツ（Michael C. Horowitz）との共著論文「核兵器による未来の安定はあるのか?：自律型兵器システムと人工知能の影響（脅威）」ではＡＩ兵器の核抑止への影響を論じている。

次に、ロンドン大学キングス・カレッジの教授である歴史学者リッド（Thomas Ridd）は、“Rise of Machines”『サイバネティクス全史』で「サイバー」という言葉の語源を「サイバネティクス（人工頭脳学）」にもとめ、第二次世界大戦以降の科学、社会、軍事、文化と人間と機械の有機的な融合を複眼的に論じてきた。リッドの著作には“Cyber War Will Not Take Place”（Oxford University Press, 2013）やフォーリン・アフェアーズ（二〇一三年一二月号）に掲載されて注目を集めた“Cyberwar and Peace: Hacking Can Reduce Real-World Violence”などがある。

一　自律型兵器システムの可能性と危険性

シャーレによれば自律型兵器システムには、人間の指示を待たずに環境を理解し適応する能力と、他の自律システムと共同で作業を行う能力が要求される。なぜならば、現存する自律型兵器システムは脆弱な通信網に依存しており、一度通信網が不安定化すれば、自律システムは機能不全に陥るからである。また、遠隔操作ロボット（兵器）には膨大な人件費がかかることもロボットの自律性を高める理由である（四三頁）。ロボットを一台ずつ遠隔操作するとしたら、一機あたり七一一〇人の操縦員が必要となるとされ、更に、センサーの制御には約二〇人と情報アナリストがセンサーのデータを解析する必要があるとされる。(2) 高度な飛行訓練を受けた人材を必要とし、自律しない安価なロボットを大量に運用するのは非効率である。自律兵器システムの軍拡競争は同時に、意思決定の速度を大幅に速めるとされる。このような人間の意思決定をはるかに凌ぐ認知プロセスの速さが戦場での成果に直結する「速度の軍拡競争」が激化することになるのは当然かもしれない（五四頁）。

また、シャーレは「自律」システムと人間の関係を三段階に分類する。第一に半自律システムとは、人間は意思決定の輪の中枢に位置し、機械は人間の行動に伴ってタスクを実行する。具体的には、人間が標的を決定し、兵器が武器を使用するシステムである。第二に、監督付き自律システムとは、人間は機械の「決定を追認する」システムである。監督付き自律兵器が起動すると、機械が感知、決定、行動を自力で行うが、人間は機械の行動に干渉することができる（六二頁）。手順自動化・オートメーションともいえる、複数の入力情報を自ら検討して比較考量することが可能で、人間は必要な時だけ介入するシステムである。第三に、完全自動システム（自律型致死兵器システム）は、人間の干渉を全く受けずに、自ら感知し、決定し、行動することで、人間はシステムから外れる（六三頁）。しかし、完全自動運用、つまりＬＡＷＳは未だ完成してはおらず、現在ロボット兵器、ＡＩ兵器といわれるものは、未だオートメーションのレベルに留まっている。

シャーレが主導した国防総省「指令 3000.09」「兵器システムにおける自律性」（二〇一二年一一月二一日）は、兵器の自律化を研究する企業や研究所の開発者たちに対して過激な開発競争を規制する役割を持っている。「指令 3000.09」で自律システムの利用が容認されている兵器は、①ホーミング弾薬（自動追尾ミサイル）のような半自律型兵器、②艦載のイージス兵器システムのような監督付き自律型防御兵器、③敵レーダーをジャミングする電子戦のような殺傷力がなく、物理的破壊を伴わない自律型兵器である（一三三頁）。これらの兵器システムは、第二次世界大戦中より開発され使用されてきたし、この範囲において自由に開発を進めることを許されてきた。そして、「指令3000.09」において人間の判断が介在しない自律型致死兵器システムを設計、開発、取得、実験、配備、展開することは禁止されている(3)。

更にシャーレは、各国の自律型兵器の拡散状況と自律型兵器を保有する、または将来的に保有する可能性のあるアクターの多様性を論じている。自律型兵器の開発競争を繰り広げる国家には米国、中国、ロシア、イスラエルなどが数えられる。しかし、自律型兵器を保有するのは、そういった先進国以外にハマス、ヒズボラ、ISISなど非国家主体や反政府勢力も含まれており、また、武装ドローンの保有国には南アフリカ、ナイジェリア、イラクのような軍事大国ではないが自律型兵器の存在が紛争の可能性を高めることを指摘している。このように、自律型兵器の軍拡競争は先進国間だけではない（一四九頁）。シャーレによれば、イギリス、アメリカ政府による自律型兵器の自律状況に関する透明性はある程度高く、BAEシステムズ、MBDAミサイル・システムズ、ロッキード・マーチンのような兵器開発者はホームページに自社兵器システムを紹介している。しかし、中国やロシアのような権威主義国家ではそうではない。欧米諸国がロボット兵器の武装、配置を躊躇している間にロシアは重要施設の警備のため、市街戦向け、対NATO戦車部隊に対抗するためのウランー9のようなロボット戦車を配備してきた。ロシアの兵器メーカー、カラシニコフは、ニューラル・ネットワークによる「完全オートメーション戦闘モジュール」を用いた自動銃発射システムを公開した(4)。このモジュールのように標的を自律的に選別し、攻撃を決定することができるシステムにAIを活用することに関してロシア国内では反対論や議論が行われている形跡はない。また、ロシア軍には完全自律型兵器を導入することにむしろ積極的であり、計画の透明性を求める市民社会は弱い（一六九頁）。

自律型兵器の運用には他の兵器同様、ソフトウェアのトラブル、機械には付き物の故障や制御不能というリスクが伴う。自律兵器システムが向上すればするほど、機械の故障、プログラムのエラー、ヒューマン・エラーによる被害が甚大になると考えられている。なぜならば、人間がシステムの一部であれば、被害の発生をどこかの時点で食い止められる可能性があるが、自律が進むほどエラーによる被害が大きくなる。我々は普段、航空機、自動車、電車、そして戦闘機であっても安全と信頼性を維持するために、自動安全装置というソフトウェアに依存をしている。戦闘機はソフトウェアによって操縦系統にオートメーションという制限が加えられている。そのようなシステムは安全と信頼を保障すると同時に複雑性が増すことによって問題が起こる可能性が高まる。例えば、最も複雑なコードから構成されるFー35戦闘機のソフトウェアのコードは約二四〇〇万行である。そして、平均エラー率は、コード千行あたり一五から五〇ほどあるといわれており、ソフトウェアの長さとバグやエラーの発生は比例する（二一九頁）。

シャーレは、自律型兵器を使用するのであれば、ソフトウェア上のバグやエラーだけでなく、事故のリスクも受け入れなければならないという。半自律、人間監督下の自律型兵器、そして完全自律型兵器における事故発生時の違いは人間が干渉するまでの間にシステムがもたらす被害の規模の違いである（二六〇頁）。半自律、人間監督下の自律型兵器では、人間が事故に対する安全機構の役目を果たし、事故の際のブレーカーとして機能する。しかし、人間をループから排除する完全自律型兵器では、人間はシステムの故障に干渉して制御することができない。なぜならば、完全自律型兵器という極めて殺傷能力の高いシステムの実戦配備は、人間が完全に管理をすることができて初めて自軍に有利に働くからである。完全自律型兵器を起動した後、敵軍のハッキングや操作を受けたりした場合、または故障や誤作動が起きた場合でも人間はロボットを呼び戻すことも、コントロールすることもできない。サイバースペースと自律型兵器には、数多くの重大な共通項があるが、自律型兵器にはサイバー脆弱性という危険が伴う（三〇〇頁）。なぜならば、コンピュータ化されたものはすべてハッキングされる恐れがあるからである。以上のようにシャーレは、複雑に重なり合った国際社会のアクターと自律型兵器の関係を考察し、統治形態によって兵器の自律化の過程が異なることを明らかにした。また、状況を理解し、意味を解釈するという点において自律型兵器は人間にはるかに劣っている現状では、自律型兵器の運用には人間が監督者として存在する必要性を明らかにした。

二　マシンの興隆と衰退

トマス・リッドは、著書『サイバネティクス全史』において「サイバー」の語源をサイバネティクスに求め、第二次世界大戦以降、人間の拡張現実として「マシン（機械）」の発展を描き出した。「マシン」は最終的に人類を汚い仕事や単純作業、交通渋滞、様々な事故から解放し、日々の生活を便利にし、社会を合理的で安全なものにする。そのような現実を“rise of machines”「マシンの興隆」という言葉で表した（一〇頁）。これまでマシンは高性能化し、小型化し、いつでもネットに繋がることで機器の自律性を高め、そして、人間が自らの安全とプライバシーを委ねることで、我々の筋肉、眼、耳、声、脳の拡張として機能してきた（一八頁）。現在、マシンは人間の筋肉や脳だけではなく、サイバー空間を介して他者との関係をも拡張している。このような制御と通信の関係は第二次世界大戦中に「サイバネティクス」という概念を通して大きく発展した。また、リッドは、サイバネティクスの歴史と米国を中心にして起こったポップ・カルチャー、科学技術、安全保障などの他分野の交流の物語が本著の価値と言えよう。人々の空想から始まったサイバネティクスの物語は、エンジニアリング分野に留まらず、社会学や人文学分野の研究者も引き付けていった。本書の序章といえる「マシンの上昇」においてリッドは、サイバネティクスという言葉を使って、人類がマシンに、または兵器に頼ることで社会や戦場がより安全になりつつあるが、同時に我々はマシンに制御される可能性も排除できない問題を提起している。第一次産業革命では、エンジンと生産用マシンが人間の筋肉の代わりをし、現在はコンピュータが制御機構として人間の脳の代わりをしている。リッドによればサイバネティクスは、第二次世界大戦における技術革新の要求に応じる形で発展してきた（二〇頁）。爆撃機や戦闘機を撃墜するためには、複雑な弾道計算と射撃を高速化し、かつ正確にし、通信をより高速に、より長距離にする必要があったのである。一九五九年から米国空軍の弾道ミサイル早期警戒システムは長距離レーダーやサテライト警告システムなどすでに高いレベルで自動化されてきた。

リッドは、それまで未来の出来事であった安全保障とコンピュータの融合した九〇年代を描いている。九〇年代は現代戦争、または、未来の戦争への武力紛争の概念の転換点であった。九〇年の湾岸戦争を率いた当時の統合参謀本部議長コリン・パウエルは圧倒的な物理的兵力による勝利予測を開戦の前提とした。しかし、九〇年代の軍事革命（ＲＭＡ）において、戦争の勝利を保証するのは物量や物理的な打撃力ではなく、インターネット・ネットワークに裏打ちされたハイテク技術に転換をしたのである。第一次湾岸戦争後の米国の国防計画は、パウエル・ドクトリンを信奉する人々もサイバー戦争を主張する人々も、今後の戦争に関してマシンと人の関係を再定義しなくてはならない時期に来ていた(5)。そして、来るべき軍事におけるＲＭＡ後の新しい戦争においては、兵器が人間の操作員によって直接の指示がなくても攻撃を行う「自律的（autonomous）」な概念が共有された（三五九頁）。実際にロボットとは見かけは違うが、当時最も高い自律性を持つトマホーク巡航ミサイルは既に米国では配備されていた。

世界中のコンピュータがつながり始めた九〇年代初期、米国はサイバネティクス戦争の脅威に伴う本土攻撃の可能性に気づいたとされる。一九九三年、ランド研究所は次世代の戦争は圧倒的な兵力ではなく、情報と知識を基礎とした通信システム間の戦争であることを報告した（三五九頁）。このような九〇年台におけるＲＭＡとサイバネティクス論の盛り上がりは、単なる情報技術の優位性を肯定するのではく、総力戦といわれる情報戦、ディスインフォメーション、影響工作、ハイブリッド戦を含む、軍事における大きな変革に繋がっている。同時に、サイバネティクス戦争の真の脅威は、国家対国家という構造を容易に超越して非対称の戦争、つまりテロリストによるサイバー攻撃のようなアクターの多様性も提示した（三六三頁）。米国国防総省は国防情報システム局（ＤＩＳＡ）を中心に米国のサイバネティクス面における脆弱性を発見するに至った。その後、ＲＡＮＤ研究所のモランダー等による危機シミュレーションが非国家によるサイバー攻撃に対する米国の脆弱性を明らかにし、軍関係者、政治家の注意を喚起した(6)。実際にロシアや中国のコンピュータ・ネットワークへの侵入というサイバー攻撃の手法はその後、現在に至るまで一貫した脅威であり、実際に米国は多大な予算をかけて対応してきた。そして、九〇年代後半の米国では次のテロ攻撃はサイバー空間を介して行われると確信されていた（三九八頁）。

つまり、科学技術と安全保障が融合するサイバネティクス研究は、リッドが明らかにしているように、第二次世界大戦においてその萌芽を見ることができる。そして、計算機による航空防御システムの基礎研究が、その後のインターネット・ネットワークによる国防システムに発展した。しかし、サイバネティクスと自律、オートメーションの融合は未だ想像の域にあるものの、サイバー空間を介した仮想現実は世界中のコンピュータを繋げることに成功したというのがリッドの基本的な主張であると言ってよい。

三　自律型兵器システムと抑止力

自律型兵器は、法的、倫理的、そして、理論的にも様々な問題を提起するものであるが、ここでは特に、国際関係論において大きな関心事である抑止の問題に焦点を当てて論じることとしたい。これまでに人類が獲得した兵器には、往々にして抑止力が期待されてきた。しかし、戦車、航空機などのように兵器の破壊力、配備と拡散の過程で抑止力は失われ、現在、効果的な抑止力を持つ兵器は唯一核兵器である。軍事革命と認識されている自律型兵器であるが、抑止効果については考察の必要があるだろう。

第一、サイバー兵器は基本的にＬＡＷＳには分類されないが、サイバー兵器のような自律性の高い兵器がどの程度の抑止力を持つのかどうかを考察することは有効である。優れたサイバー兵器による攻撃の特徴は、攻撃されたことに気づかれにくく、どこから攻撃しているのか、そして、どこに反撃をすればいいのか、を被害国に断定させない。例えば、ロシアによる米大統領選挙へのサイバー攻撃に対する米国の対応は、強力なサイバー攻撃能力を持っていたとしても攻撃国に対して有効な報復ができないことを示している。サイバー攻撃は軍以外の一般施設をターゲットに使用される「戦争未満」の攻撃であり、それを受けると国家は、抑止力を働かせるための手段を見出すことができない。(7) 抑止力を効かすためには、経済制裁、通常兵器による攻撃、核攻撃のようなオプションによって相手を威嚇できる必要がある。先に核兵器を使用すれば報復によって自国も完全に破壊される可能性を双方が理解することで相互確証破壊（ＭＡＤ）、つまり両国に歯止めがかかるのである。このように、核兵器は相手を圧倒することで抑止力が効くが、日常的に攻撃が繰り返されるサイバー兵器には同様の論理は効かない。サイバー攻撃を行う国のほとんどは、現在のところ直接軍事報復を招くことなく、相手国に損害を与えることができているからである。(8)

第二に、広義の自律型兵器システムにはトマホーク対艦ミサイル（ＴＡＳＭ）のように一九八〇年代から実戦配備されて抑止力として機能してきた兵器もあるが、最近の紛争では自律性の高い兵器システムは使用されるケースがある。なぜならば、トマホークのような核兵器に比べて致死性は低いが、戦略的に有効な自律型兵器は戦場で指揮官たちに兵器の使用を躊躇させない。例えば、イスラエルの無人攻撃機自体が目標に向かって突入して自爆する徘徊型兵器ハーピーは交戦前に特定のターゲットについて人間の承認を受けることはない。(9) 二〇二〇年九月に発生したアルメニアとアゼルバイジャンの武力衝突の際にアゼルバイジャン軍がハーピー・ドローンを使用した。[10]ドローンのような広い範囲を飛んで敵ターゲットを捜索する兵器の出現によって、つまり、再使用が可能な兵器の出現によってドローンを保有する国家、または組織の数が増加したことは、自律型兵器の使用の頻度が高くなる可能性が高いと言える。[11]その結果、致死性の低い、通常兵器としての自律型兵器には抑止効果は期待できないと言えるだろう。

第三に、将来の戦争はＡＩ間の認知速度の競争となることから、兵器管理のオートメーションは迅速な情報処理と効率的な情報伝達によって監督者にとって判断を下すための時間をつくることができる。しかし、オートメーションが人間の持つ柔軟性と広い視野を獲得していない以上、意図しないエスカレーションの可能性も否定できない。例えば、核保有国が第二撃能力に自信が持てない場合、第二撃能力の強化を核兵器の運搬と攻撃手段をオートメーション化によって補おうとする可能性がある。このように、核弾頭をドローンや無人化された魚雷などに搭載し、標的を選択できる能力を与える可能性もある以上、意図しない戦争や偶発戦争の勃発の可能性が高まるとシャーレとホロウィッツは指摘する。[12]

以上のように、自律型兵器が抑止効果を発揮して戦争を未然に防ぐ効果は限定的である。むしろ、戦争をエスカレートする危険性すらある。オートメーションという安全神話はむしろ兵器を管理する人間の判断を回避させ、破壊力が通常兵器と変わらなければ自律型兵器の使用を躊躇させない要因にすらなるだろう。また、現状の技術で核兵器の攻撃能力を自動化することは意図しない核戦争の勃発を誘発する可能性が高まる。更に追加するとすれば、ロボットとロボットが戦う戦場では人間は犠牲にならないという説は、国家間における科学技術の格差が優位にある国家が戦争を躊躇することはない現状を見てもあまり説得力を持たない。

おわりに

民生技術と軍事技術の境界線は曖昧になりつつある、シャーレとリッドの著書は、容易に入手できて軍事目的に応用できる様な技術の範囲は既に民間主導になっていることを警告する。自動運転の開発は、テロリストたちにドローンや自動運転などを駆使した新たなテロの方法を提供している。この様な無法図な科学技術の移転を食い止めるには国際社会において広範囲に機能する規範が必要である。人類はこれまでにも、新しい科学技術を背景にした危険な兵器に対して、国際法による規制やレジームをつくることによって制限をかけてきた。二〇世紀初頭には潜水艦や航空機の使用規制、化学兵器禁止条約などの取り組みはいつもならず者国家といわれる国家群によるそれら兵器の保有、また、実際の使用を予防または阻止することに、多くは失敗してきた（シャーレ、三二一頁）。ＡＩは、サイバー兵器、ドローン、精密攻撃ミサイル、超音速兵器、ＬＡＷＳなどの性能を高め、同時にインテリジェンス、監視、偵察、自動目標認識、自律センサーなどは核兵器運搬プラットフォームの捜索を早く、安く、確実にする。[13]このような、サイバー兵器とＡＩ兵器の結合はもはや不可逆的な状況にあり、そして、どのように規制をかけるのか、ということが焦眉の課題である。ＬＡＷＳの実戦配備は民主主義国家においてはまだ先の話であるが、同時にそのようなシステムの配備に関わる過程を省略しやすい、所謂権威主義国家においては比較的実現可能性の高い話である（シャーレ、一六九―一七〇頁）。現在、多くの国では人間がシステムの監督を行うことを前提とした自律型兵器システムを取り入れているが、交戦速度の高速化によって、近い将来、兵士、一般人を問わず、人間の生死に関わる決定を機械が下すようになるかもしれない。

（1）Harvard University and Human Rights Watch, *Losing Humanity: The Case Against Killer Robots*, https://www.hrw.org/report/2012/11/19/losing-humanity/case-against-killer-robots (access: 二〇二一年二月二五日).

（2）このような人的、経済的コストがかかることから米空軍がドローンを「無人」と呼ぶことに抵抗する理由である。

（3）これら自律型兵器のうち攻撃対象が人間ではない場合、例えば、対空防御兵器であるイージス・システムなど陣地防御の場合は使用が認められている。今後は、小型ドローンによる「群飛（スウォーム）」攻撃などに対応するためのシステムが合法的に構築されていくと考えられる。

（4）Paul Beddard, "AK-47 Maker Fields Robotic, AI Gun System for Russians", *Washington Examiner*, July 17, 2017, https://www.washingtonexaminer.com/ak-47-maker-fields-robotic-ai-gun-system-for-russians, (access: 二〇二一年三月二一日).

（5）Eric H. Arnett, "Welcome to Hyperwar," The Bulletin of Atomic Scientists 48 (1992), 14. p. 15.

（6）Roger C. Molander, Andrew Riddile, and Peter A. Wilson, *Strategic War ... in Cyberspace*, Santa Monica, CA: Rand Corporation, 1996, https://www.rand.org/pubs/research_briefs/RB7106.html, (accessed: 二〇二一年三月二一日).

（7）David E. Sanger, The Perfect Weapon – War, Sabotage, and fear in the Cyber Age, Crown Publisher, Inc. 2018. デービッド・サンガー（高取芳彦訳）『世界の覇権が一気に変わるサイバー完全兵器』朝日新聞出版、二〇一九年五月三〇日、一七―一八頁。

（8）Ibid., サンガー、二〇頁。

（9）シャーレによれば既にチリ、中国、インド、韓国、トルコ、アゼルバイジャンなどに輸出をされている。

（10）Jean-Patrick Clancy, "Suicide Drones - The Threat from Above in the Nagorno-Karabakh Conflict", Nov. 18, 2020, https://www.esjnews.com/suicide-drones-the-threat-from-above-in-the-nagorno-karabakh-conflict (access: 二〇二一年三月一九日).

（11）Matthew Fuhrmann and Michael C. Horowitz, "Droning On: Explaining the Proliferation of Unmanned Aerial Vehicles." *International Organizations*, Volume 71, Issue 2, Spring 2017, pp. 397-418.

（12）Michael C. Horowitz, Paul Sharre, and Alexander Velez-Green, P. 4.

（13）James Johnson, "Rethinking Nuclear Deterrence in the Age of Artificial Intelligence", Modern War Institute at West Point, Jan. 28, 2021, https://mwi.usma.edu/rethinking-nuclear-deterrence-in-the-age-of-artificial-intelligence/, (accessed: 二〇二一年三月二六日).

（ふじまき　ひろゆき　東海大学）

日本国際政治学会編『国際政治』第208号「ＳＤＧｓとグローバル・ガバナンス」（二〇二三年一月）

〈書評論文〉

フランス共和国にとって市民とは何か

――共和主義への愛着が見えなくするもの――

中野裕二

ピエール・ビルンボーム著、村上祐二訳『共和国と豚』（吉田書店、二〇二〇年、二七九頁）（Pierre Birnbaum, *La République et le cochon*, Paris : Édition du Seuil, 2013）

パトリック・ヴェイユ著、宮島喬・大嶋厚・中力えり・村上一基訳『フランス人とは何か　国籍をめぐる包摂と排除のポリティクス』（明石書店、二〇一九年、五六五頁）（Patrick Weil, *Qu'est-ce qu'un Français ? : Histoire de la nationalité française depuis la Révolution*, édition revue et augmentée, Paris : Folio, 2005）

はじめに

ヨーロッパにおける移民統合政策の「共和主義モデル」「市民統合モデル」への収斂が言われて久しい。(1) そのなかでフランスは、「共和主義モデル」の典型の国と自認してきた。実際、一九八九年に起きた「イスラームのスカーフ」事件を契機に設置された「統合高等審議会（Haut Conseil à l'intégration）」は、フランスが目指すべき道を「フランス的統合（intégration à la française）」として示した(2)が、そこでは、移民や移民出自の子の社会経済的状況を他の市民と同じようにする「社会経済的統合」と、移民が「フランス共和国」の価値観を共有するようになる「文化的統合」の両方が目指されていた。ここで「フランス共和国」とは、「公的領域―私的領域」の明確な分離を原則とする二元的社会像を基礎とするものであると了解されている。人々は「私的領域」では属性に基づき個性的に生きるという意味で自由であると同時に、「公的領域」では属性を捨象した抽象的な個として共和国の政治に参加することで、すべての人が市民として平等たりうる。多様な成員からなる社会で自由と平等を同時に実現してきたと自認する共和国では、こうした「公的領域―私的領域」の明確な分離という考え方の共有と、それに基づく振る舞い、つまり社会文化的アイデンティティから区別された市民的アイデンティティの優先が移民に求められる。

ところが、二〇〇〇年代半ば頃から「フランス的統合」の中心が文化的統合へと偏るようになる(3)。それとともに、ムスリムに対して、共和国の価値観を共有していないから「市民としてふさわしくない」という理由で、彼らの排除や彼らに対する不平等な取扱が正当化される出来事が報告されるようになってきた(4)。それでは、「共和国の市民としてふさわしくない」という議論は最近始まったことなのだろうか。またそもそも、フランス共和国にとって「市民」とは何なのだろうか。

こうした問題を考えるうえで参考になる二冊の本が最近邦訳された。それは、ピエール・ビルンボーム（Pierre Birnbaum）の『共和国と豚』とパトリック・ヴェイユ（Patrick Weil）の『フランス人とは何か　国籍をめぐる包摂と排除のポリティクス』である(5)。本稿では、この二冊を手がかりに、フランス共和国におけるシティズンシップを国籍、市民としての権利義務、アイデンティティの観点から考えてみたい。

一　ピエール・ビルンボーム著『共和国と豚』

二〇〇〇年代に入って、フランスでは豚肉を公共の場で食することを声高に呼びかける運動が起こり、また二〇一二年には当時のサルコジ（Nicolas Sarközy）大統領が、学校では「皆同じ食卓で同じ献立の昼食をとって」欲しいと公的に発言するなど、公共空間（espace public）で同じ料理を食べることが「市民の共同体」たる国民（nation）のアイデンティティと結びつけて議論されるようになる。本書では、こうした出来事を導入として、食に関する戒律（カシュルット）によって豚食を禁忌するユダヤ人に対して向けられた非難と、公共空間に参画しようとするフランス・ユダヤ人の対応の歴史が描かれている。

本書の著者ビルンボームは、国家構築の歴史社会学的研究とフランスと英米をモデルとした「強い国家」「弱い国家」という国家類型論の提示で知られているが、普遍主義的特徴をもつ共和制国家（État républicain）に積極的に参画し、指導階級に上り詰め、共和制国家を完成させ守ろうとした「国家ユダヤ人（Juifs d'État）」の歴史研究も行っている。[6] こうした著者にとって、突然降ってわいたような豚食問題は、「同じ料理を食べないと市民の身分から排除されるのか、公共空間に帰属できないのか」を問い直す機会となった。

フランス革命直前の時期を扱う第一章「啓蒙と食」は、理性の側に立ち、宗教の蒙昧主義と闘うヴォルテール（Voltaire）のユダヤ人排斥の主張から始まる。ヴォルテールは、ユダヤ人が排斥されるのは、ユダヤ人が食に関する戒律を頑なに守り、同じ料理を他宗教信者らと皆で一緒に分かち合って食べることを拒むからであり、公共空間に参入することを妨げているのはユダヤ人の方であると主張する。これに対峙する意見として、ユダヤ教徒がキリスト教徒らと等しく市民として公共空間に参入することと集団的帰属の維持や信仰の多様性とは両立可能であるという、プロイセン国家の高級官僚ドーム（Christian Wilhelm von Dohm）とユダヤ啓蒙主義者のメンデルスゾーン（Moses Mendelssohn）の主張とそのフランスへの影響が紹介される。ドームとメンデルスゾーンは基本的に同じ立場に立ちつつも、ドームがユダヤ人「改良」の立場に立ってユダヤ教徒のような「特殊小社会」のもつ「偏見」は、それが大社会に害を及ぼさないかぎりにおいて維持されてよいと主張するのに対し、メンデルスゾーンは、国家と宗教の根本的分離の擁護という立場に立って戒律の厳格な遵守を主張する。メンデルスゾーンは、戒律に反する場合、非ユダヤ人と一緒に食事をしないことは正当だとも主張する。[7] 著者は、ヴォルテール、ドーム、メンデルスゾーンのこうした主張に、戒律の遵守と公共空間への参入をめぐる意見対立の原型を見ている。

フランス革命から第一帝政の時期を扱う第二章「革命期」は、ユダヤ人解放をめぐる一七八九年の憲法制定会議での議論が中心となる。例えば、クレルモン＝トネール（Clermont-Tonnerre）は、「カルシュットの遵守は法律によって罰せられる犯罪ではない以上、国家には無関係であり、異なる信仰を持った市民のあいだの社交性の妨げにはならない」[8]という趣旨の発言を行う。しかし、憲法制定会議で多数を占めたのは、ユダヤ人は戒律によって、安息日に物を運んだり、働いたり、武器を手にすることもしないし、キリスト教徒との交際を自ら禁じており、こうしたユダヤ人の振る舞いは民族が混成するフランス社会にとって障害となるという主張であり、ユダヤ人の解放は見送られることとなる。このユダヤ人解放延期に対して、ユダヤ人内部で対立が起こる。ボルドーの同化ユダヤ人は、解放が延期されたのは、戒律にこだわるアルザスのユダヤ人のせいだと非難するのに対し、アルザスとロレーヌのユダヤ人は、兵役とシャバット（安息日）に関し、戦時においては祖国防衛を優先させるが、平時にあっては、徴兵時の義務とシャバットが重ならないように公的に調整してもらえるはずだと反論する。これに対して、同化ユダヤ人からは、徴兵に関しても食事に関してもいかなる公的調整も必要ないとの反論がなされ、さらにアヴィニョンのユダヤ人からは、「もはやフランスにユダヤ人はいない。（中略）もはやフランス人しかいないのであり、したがって国民のなかにはいかなる区別もあってはならない」[9]という主張までなされる。このように、ユダヤ人の戒律に基づく振る舞いを理由とするユダヤ人解放反対の意見やユダヤ人内部の意見対立があったものの、結局、一七九一年九月のユダヤ人解放時では、「食事作法、婚姻関係、さらにはシャバットの遵守などについてあれこれ注文をつけられることはなかった」[10]。

しかし、ひとたびユダヤ人が解放されると、食にまつわる慣習がユダヤ人を市民の身分から排除するに足る理由であるという主張が繰り返される。これに対して、ナポレオン（Napoléon Bonaparte）が設置したラビと信者からなる評議会である「大サンヘドリン（Grand Sanhédrin）」は、ユダヤ教徒のフランス民法典に従ったカトリック教徒との結婚と、「兵役と両立できないあらゆる宗教上の戒律遵守は法により免除される」[11]ことを認める。ユダヤ教徒というアイデンティティと比べた市民的アイデンティティの優先が宣言されたのだ。

恐怖政治から一八四八年の二月革命までが扱われる第三章「革命から革命へ」では、ジャコバン派が一七九三年から激烈な非キリスト教化を強要し、カトリシズムをほとんど公共空間から閉め出してしまうのと同じ論理で、ユダヤ人の特殊個別性の維持が非難される様子が描かれる。ジャコバン派は、「食物を皆で分かち合い、同時に宴を催すことで、市民により構成された均質の国民」の形成を目指す。その意味で、「革命祭は透明な公共空間を創造するのであり、そこでは全市民が同一の価値観を分かち合い、精神的に一体化する」[12]。著者は、こうしたジャコバン派の共和国が構想されることで「フランス流公共空間（espace public à la française）」が誕生し、それは、「中央集権国家の周到な監視のもとに和解した社会であり、衣食に関するふるまいを一様化する」[13]と言う。

こうした「フランス流公共空間」の誕生に対するユダヤ人側の反応はまたも割れる。改革論者は、ユダヤ人がマジョリティの慣習に合わせるべきであり、戒律のせいで「われわれは永遠に分離主義者」であると主張するのに対し、正統派は、ユダヤ人は軍隊、陪審団、選挙、国王への忠誠、七月王政憲章という市民に関する分野では他の人々と一致協力するが、宗教に関しては分離であるとして、市民としての一致協力と宗教上の自由とを分離して考えることで、両立可能であると主張する[14]。

第三共和政期を扱う第四章「絶対共和国」では、宗教が個人の信仰の内的領域に閉じ込められていき、そして、一九世紀末には、絶対的非宗教化信奉者と穏健なライシテ賛同者との間の対立はあるものの、「あらゆる制度化された宗教の次元から切り離された市民権というヴィジョン」[15]は共有されていたことが述べられる。そして、この第四章でも、ユダヤ教改革主義者たちとユダヤ教正統派の対立が紹介される。しかし、正統派も徐々に主張を変えていき、「宴会に参加することは、一定の条件下では道徳的義務となる」[16]として、市民の義務や公共空間への参加のためには、儀礼を犠牲にした一致が必要であると認めるようになる。そして、ユダヤ教徒は一九〇五年の政教分離法を肯定的に受け止め、それが信仰の復興につながることを期待し、共和国という共同体に順応して溶け込んでいくのでである。

第五章「スイスの青天の霹靂」では、一八九三年のスイス国民投票によってシェヒター（儀礼的屠殺）が公的に禁止されたことが扱われる。著者は、シェヒターへの敵視がヨーロッパからロシアにかけて大きな広がりをみせるのに対して、フランスでは反ユダヤ主義のパンフレットでさえ見られないことを強調し[17]、反ユダヤ主義が、宗教やその戒律そのものに向けられるのではなく、戒律が公共空間や市民としての振る舞いにかかわる場合に限られるというフランスの特殊性を述べる。そして、フランスでは食に関する戒律が公権力により再度問題視されることはなかったという[18]。

結論「想像上の内的境界線の上で」では、共和国の歴史が、食に関する戒律の問題が解決されていったプロセスとしてまとめられている。著者によれば、フランスでは全市民が合一する社会が夢見られ、市民間に隔たりを画しかねないあらゆる障壁が問題視され、非宗教化された公共空間が形成された。こうした「透明な公共空間」の形成は、ユダヤ教徒の内部対立や妥協を迫る反面、市民の空間であるこの公共空間が宗教性を帯びない「透明な」空間であることが、ユダヤ人をいち早く解放し、ユダヤ人の公共空間への参入を可能にした。しかも、実際の共和国は、「諸々のイデオロギーの立場を超えて、より開かれ、より融通がきき、かつじっさい多くの妥協を許容するライシテの原則を適用することで」問題を解決するすべを心得ていた[19]。そして、「今日のフランス共和国は第三共和政下の流儀を踏襲し、さまざまな妥協に静かに気立てよく耳を傾ける姿勢を見せている」[20]として、すべての人に豚肉を食べるように強要する運動などは、フランスが歴史の中で見出した解決策に背を向けるものだと著者は批判する。さらに、共和国が種々のマイノリティに対して、もう少し妥協することを提案する。「穏当な妥協は、想像のフランスを多元主義の様態において強化し、そこではじっさい各人が普遍主義的公共空間を尊重する限りにおいて自分の場所を見つけられるはずである」[21]。

二 「公的領域―私的領域」の分離、アイデンティティ、振る舞い

以上の内容を「公的領域―私的領域」の分離と市民的アイデンティティや振る舞いという観点から読み直してみよう。本書で中心的に描かれているのは、宗教的戒律に基づく振る舞いを市民の空間である「公的領域」の事柄として捉え、その振る舞いを理由にユダヤ人を市民から排除しようとする主張と、そうした振る舞いを「私的領域」に属することであると捉え、戒律遵守と市民であることは両立できるという「公的領域―私的領域」の分離に基づく主張との対立である。前者の主張はジャコバン派によって極端な形で表現される。ジャコバン流の共和国は「公的領域」とほぼ同一視されることから、それは「私的領域」を圧殺する傾向をもつ。後者の主張は、第三共和政になって、しかもライシテの原則によって種々の妥協を受け入れることで確立する。著者によれば、それが今日の共和国の姿である。

本書で描かれている二つめの中心は、ユダヤ人の側の反応と内部の意見対立である。ユダヤ人の側にあっても、排斥される原因をユダヤ人に見出し、改良や改革の名の下に戒律を捨て去る主張がなされる。同化ユダヤ人の中にはジャコバン派と同じような主張まで見られた。しかし、正統派は「公的領域―私的領域」分離の原則に立って戒律の維持を主張する。このユダヤ人内部の対立構造は共和国のそれと同じである。しかし、「公的領域―私的領域」分離の原則に立ったとしても、実際の生活では、市民としての活動と信者としての活動が競合する場面があり得る。本書で描かれていのは、ユダヤ教正統派でさえ、徐々に、市民生活の場である公共空間での妥協を認め、市民的アイデンティティの優位を認めるようになる歴史である。

本書において、豚食をめぐるフランス共和国の歴史は、種々の主張の対立はあったものの、共和国も妥協のすべを見出し、ユダヤ人側も妥協してきたという相互の妥協の歴史として描かれている。それがプラクティカルな解決策であり、実際にそうであったというのが著者の主張であろう。しかし、同時に著者は、価値観や振る舞いを一様化する「透明な公共空間」の形成によってこそ、ユダヤ人が解放され、ユダヤ人が公共空間への参入することを可能にしたとして、「フランス流公共空間」への愛着も示す。

著者によれば、こうした一様化や画一化、つまり自由の抑圧の側面をもつ「透明な公共空間」形成の圧力は妥協によって緩和可能であるということになるが、今日の共和国はそれとは逆の方向に向いている。実際、二〇一〇年の統合高等審議会の報告書では、「公的領域―私的領域」概念の見直しが主張された。そこでは、空間を新たに三つに定義し直している。それは、政治や行政の活動の場としての「公共空間 (espace public)」、市民が日常生活で出会う場である「市民的空間 (espace civil)」、そして、基本的には自宅の空間である「親密空間 (espace intime)」である。そして、「公共空間」と「市民的空間」を広義の「公共空間 (espaces publics)」と定義し、人々が共生を望むならば、「市民的空間」においても宗教的自由の表現は規制されるべきだとして、法律による規制までも提案される。[22]こうした妥協なき「透明な公共空間」再形成の流れに対して、マイノリティ側はやはり妥協する。例えば、公立学校でのスカーフ着用を禁止した二〇〇四年のライシテ法運用の際に、ムスリム側はバンダナの着用をスカーフ着用と見なすと妥協した。フランス共和国では、市民としての振る舞いが歴史的に問題とされてきた。そして、マイノリティはそれに妥協してきた。今日、共和国が妥協しなくなり「透明な公共空間」に拘泥するとき、マイノリティの妥協によって解決策は見出せるのだろうか。

三　パトリック・ヴェイユ著『フランス人とは何か』

本書は、フランス革命時に「フランス人の資格 (qualité de Français)」という形でフランス人が初めて法的に定義され、その後の一八〇三年の民法典において、一国家への帰属を表すものとして「国籍 (nationalité)」が法的に定義されてから今日にいたる、フランス国籍の歴史に関する体系的な研究書である。本書の特徴は、法律専門家を含めた種々の政治行政アクター間の相互作用のなかで国籍法制や帰化政策等が決定される政治過程が丹念に描かれている点にあるだろう。

著者のヴェイユは移民政策を専門とする政治学者であり、本書の中で著者自身が述べる国籍政策への参画だけでなく、移民の統合やライシテなどの政策形成にかかわっている。(23)本書は原書出版が二〇〇二年であったこともあり、すでにいくつかの紹介がある。(24)そこでここでは、本書の主要な主張に絞って紹介することとする。

著者の主張は三点に要約できるだろう。一つは、フランスの国籍法の構築には三つの段階があったという点である。第一段階は、一八〇三年の民法典により、「生来フランス人の定義に関して、アンシアン・レジーム末期において支配的で、革命期に強化された生地主義に、血統主義がとって代わる」(25)ことで、近代国籍法が誕生した段階である。

第二段階は、一八八九年法によって、生地主義が「フランス国籍法の中核として復活した」(26)段階である。民法典によって生来フランス人を決める原則として血統主義が確立したものの、フランス生まれの外国人を親として生まれた者は生来フランス人とするという加重生地主義の規定と、フランス以外で出生した外国人を両親としてフランスで生まれた者には、フランスで居住している限り成年に達したときにフランス国籍が自動的に付与されるという規定が制定される。一九世紀を通して、外国人人口の増加とともに、とりわけ国境地域では、外国人は日常生活の場面では「フランス人」として種々の権利を行使することがあるにもかかわらず、徴兵に関しては「外国人」として免除されることが問題とされていた。こうした公的義務に関する平等性の観点、国境地域の外国人増加を問題視する国家の安全保障の観点、外国人の子は社会学的にはすでに完全なフランス人であるという社会化の観点、そして他国と比べて人口増加が進まないという人口不安の観点から、外国人の子や孫に対して国籍を積極的に付与することとなったのである。

第三段階は、一九二七年法で外国人の帰化申請までの最低居住期間をそれまでの一〇年から三年に短縮し、帰化へのアプローチ自体を一大転換させた(27)ことによる国籍開放の段階である。それまでの帰化は、長い居住期間を課すことで法的な同化が事実としての同化を「追認」する発想に立っていたのに対し、一九二七年法は「社会化が進んでいなくても、帰化により社会化が促進されることに賭け、フランスに居住する外国人を帰化させるという発想に立つ。

外国人に対して国籍が開かれるようになると、逆に外国人を国籍から排除しようとする主張が展開される。第一次世界大戦までは普仏戦争も影響し「ドイツ嫌い」の観点から、第一次世界大戦後には敵国出身という観点から、そして反ユダヤ主義やレイシズムの観点から出身国別や出自別に国籍付与を許可するもしくは国籍を剥奪する議論が展開される。レイシスト的立場に立つヴィシー政府は帰化ユダヤ人を国籍から排除しようとするが、それでも生地主義の原則には手を付けなかった。著者は、このことから、一八八九年法がフランス国籍法の基本構造として定着していたことを強調する。そして、第二次世界大戦後にもレイシストの影響が残ったものの、一九五〇年代半ばには共和主義、平等主義が勝利する。

本書の二つめの主張は、国籍法は決して「国民の観念の転写物」ではない[28]、つまり、「出生地主義の開かれたネーション、フランス」対「血統主義のエスニック・ネーション、ドイツ」という対置は誤りであるという点である。ドイツが血統主義を採用したのは一八〇三年の民法典の影響である。そして、一八八九年の段階でフフランスは入移民の問題に対処するために生地主義の要素を加えたが、ドイツは出移民と植民地化が血統主義の維持を後押しした。

本書の三つめの主張は、フランスの国籍は、その歴史を通して徐々に開かれたものになっていくが、国籍を認められた人々が直ちに平等な権利を得たわけではなく、女性、アルジェリアのムスリム、新規の帰化者といった一部の人々の権利の制限や差別を伴ったということである。ただし、著者はこうした差別も歴史とともに解消されていったことを強調する。

全体を通して本書では、フランス国籍法の歴史が、「危機があり、長年にわたる不平等、差別があったにもかかわらず、(中略) 土地により、血のつながりにより、結婚や居住により、可能なかぎり多数のフランス人を、差別なく最大限に広く包摂[29]」してきた共和主義、平等主義の勝利の歴史として描かれている。

しかし、著者が示す「勝利の歴史」観にもかかわらず、本書の詳細な政治過程の記述が示しているのは、フランスの国籍法・国籍政策が、国防や安全保障、人口増加の必要、人種差別等の要因によって大きく左右される様であり、植民地主義、女性差別、職能団体の利益といった論理の前に、等しくフランス人であるにもかかわらず権利上の差別が二〇世紀後半まで残っていたという実態である[30]。

四　国籍、市民としての権利義務、平等

著者は、一八八九年に生地主義が採用されたのは、「同じ社会のなかで成長し、そこで生活することが、国籍の絆をつくり上げる」ことが一九世紀の段階で証明されており、それに基づき「共和国の法は、国籍の基盤を意思に基づく契約行為よりも、社会化」においたからであると説明し、「生地主義の共和国的用法」として高く評価する[31]。しかし、この一八八九年法の社会化の論理は植民地の現地人には適用されなかった。また、アルジェリアのムスリムは法的にはフランス人であっても、種々の権利が制限されたままだった。

また、一八〇三年の民法典により既婚女性が夫に従属することになると、それは国籍にまで影響し、それまで可能であった女性の帰化が不可能になる。さらに、女性フランス人の人口増加の必要から、外国人男性と結婚したフランス人女性が国籍を維持できるようにする一九一六年の法改正の提案は、妻の夫への従属という民法上の論理によって否定される。その後、人口学的必要が勝り、外国人男性との結婚によってもフランス人女性はフランス国籍を維持すること

ができるようになるが、結婚に伴う国籍に関し男女平等が実現するのは一九七三年でしかない。

さらに、帰化によってフランス人となった者は一定期間種々の権利が制限された。一八八九年法は帰化者が被選挙権を有するのに一〇年必要であるという規定を復活させたが、一九三四年には、帰化者は公務員や弁護士の職に就くことも一〇年間制限される。これはドイツ、オーストリアから法律を学んだユダヤ人難民が流入し国籍を取得し弁護士になることに危機感を感じたフランスの弁護士たちの働きかけの結果である[32]。こうした権利制限は第二次世界大戦の前後も続く。一九三八年には選挙権についても五年間の欠格期間がおかれ、一九五二年にはコミューンの公職就任についても五年間の欠格期間が設けられる。職業に関する制限は一九七八年に廃止されるものの、一〇年間の被選挙権欠格の廃止は一九八三年を待たねばならない。

一般にフランスでは、移民が市民になるまでのプロセスは国籍取得で完成すると言われるが、本書が示しているのは、市民の平等を謳う共和国にあっても、長年、外国出身者は国籍取得後も政治的権利や職業選択の自由が制限されてきたという事実である。

おわりに

今回取り上げた著者に共通するのは、共和国や共和主義への愛着である。そして、それが見えなくしているものは上述のとおりである。同時に、この二冊が共通して教えてくれるのは、ユダヤ人解放に関しても外国人への国籍の開放に関しても、包摂が進展すると次に排除の主張が強まるという事実である。

すでに述べたとおり、フランスで帰化者の権利制限が完全に撤廃されるのは一九八〇年代半ばである。これによって国籍取得時での権利平等が実現され、シティズンシップへの包摂が進む。しかし、この同じ時期に、フランス生まれの外国人が成人到達によって自動的にフランス国籍を取得することが問題視され、一九九三年法により意思表明が義務づけられる（一九九八年まで）。また、スカーフ着用が共和国の市民としてふさわしくないと問題視され二〇〇四年法で禁止される。そして、何を食べるかが問題視されるようになる。つまり、新たな排除の理由を作り出して市民から排除し、権利を制限しようとする傾向が強まっている。こうした歴史の繰り返しを見るにつけ、共和主義への愛着から、「解決」や「勝利」といった見方をする二人の著者とは一旦距離をおいて二人の著書を理解し、実態を捉える必要があると考える。

最後に、フランスでの重国籍への無関心について触れておきたい。フランスは一九二七年法以降、新しい帰化者に出身国籍の放棄を求めていない。ヴェイユはこうした重国籍容認のもつ統合への意味を、「この無関心はおそらく多くの移民のスムーズな統合に貢献しただろう。なぜなら、使われることのない原国籍は世代を経るにつれて速やかに意味を失っていくからである。反対に、ドイツによって行われた原国籍離脱の要求は、しばしばつくられた、ないし想像上のアイデンティフィケーションを、警戒しつつ用心深く、維持させることになる」[33]と説明している。移民を国民に統合するために、出身アイデンティティを出身国籍とともに放棄させようとするのは逆効果であるという指摘である。そうであるならば、豚食禁忌やスカーフ着用が市民としてふさわしいか否かにこだわることも、移民の市民への統合のためには逆効果なのではないだろうか。

（1）Christian Joppke, "Beyond National Models: Civic Integration Policies for Immigrants in Western Europe", *Western European Politics*, vol. 30, no. 1, 2007, pp. 1–22.

（2）Haut Conseil à l'intégration, *Pour un modèle français d'intégration : Premier rapport annuel*, Paris : La Documentation française, 1991, pp. 18–19.

（3）フランスの統合政策の変化については、中野裕二「共生の理念から排除の道具へ――「フランス的統合」の変化の意味するもの」中野裕二、森千香子、エレン・ルバイ、浪岡新太郎、園山大祐編著『排外主義を問いなおす　フランスにおける排除・差別・参加』勁草書房、二〇一五年、一五―四〇頁を参照。

（4）例えば、浪岡新太郎「信仰の自由とアイデンティティの保持に向かって――フランスにおける移民系マイノリティとイスラーム学校の開設」宮島喬・木畑洋一・小川有美編『ヨーロッパ・デモクラシー　危機と転換』岩波書店、二〇一八年、二四七―二七二頁。

（5）ピエール・ビルンボーム（村上祐二訳）『共和国と豚』吉田書店、二〇二〇年（Pierre Birnbaum, *La République et le cochon*, Paris : Édition du Seuil, 2013）、パトリック・ヴェイユ（宮島喬・大嶋厚・中力えり・村上一基訳）『フランス人とは何か　国籍をめぐる包摂と排除のポリティクス』明石書店、二〇一九年（Patrick Weil, *Qu'est-ce qu'un Français ? : Histoire de la nationalité française depuis la Révolution*, édition revue et augmentée, Paris : Folio, 2005）。

（6）Bertrand Badie et Pierre Birnbaum, *Sociologie de l'État*, nouvelle édition augmentée d'une préface, Paris : Grasset, 1982（ベルトラン・バディ、ピエール・ビルンボーム（小山勉・中野裕二訳）『国家の歴史社会学〔再訂訳版〕』吉田書店、二〇一五年）, Pierre Birnbaum, *Les Fous de la République : Histoire politique des Juifs d'État de Gambetta à Vichy*, Paris : Fayard, 1992.

（7）ビルンボーム、前掲書、五一―五三頁。

（8）同上、六八頁。

（9）同上、七二―七三頁。

（10）同上、七四頁。

（11）同上、八〇頁。

（12）同上、九二頁、九四頁。

（13）同上、九五頁。

（14）同上、一〇八頁。

（15）同上、一一二頁。

（16）同上、一三二頁。

（17）同上、一六六頁。

（18）同上、一七〇頁。

（19）同上、一九四頁。

（20）同上、一九五頁。

（21）同上、一九七頁。

（22）中野、前掲論文、三〇―三一頁。

（23）Patrick Weil, *La France et ses étrangers : L'Aventure d'une politique de l'immigration de 1938 à nos jours*, Paris : Éditions Gallimard, 1995, Patrick Weil et Nicolas Truong, *Le Sens de la République*, Paris : Grasset, 2015.

（24）例えば、山元一『現代フランス憲法理論』信山社、二〇一四年、宮島喬『フランスを問う――国民、市民、移民』人文書院、二〇一七年など。
(25) ヴェイユ、前掲書、三一頁。
(26) 同上、九二頁。
(27) 同上、一一五頁。
(28) 同上、三九六頁。
(29) 同上、二六頁。
(30) この「勝利の歴史」としての解釈については他の評者からも疑問視されている。参照、中村千尋「書評　パトリック・ヴェイユ（宮島喬・大嶋厚・中力えり・村上一基訳）『フランス人とは何か――国籍をめぐる包摂と排除のポリティクス』（明石書店、二〇一九年）」『現代史研究』六六号、二〇二〇年、五五―六一頁。
(31) ヴェイユ、前掲書、九二―九四頁。
(32) 同上、三五五―三五七頁。
(33) 同上、三七四頁。

（なかの　ゆうじ　駒澤大学）

書評

上村直樹著
『アメリカ外交と革命――米国の自由主義とボリビアナショナリズムの挑戦、1943年～1964年』
(有信堂、二〇一九年、四六二頁)

ロメロ・イサミ

二〇〇九年以降、中南米研究においてボリビアは注目の的となっている。その理由はエボ・モラレス(Evo Morales)の存在である。モラレスの社会主義運動(Movimiento al Socialismo : MAS)政権(二〇〇九年～二〇一九年)は「新自由主義」の経済政策に終止符を打ち、革新的な左派政策を進めた。さらに、モラレスは米国の対外政策を強く批判し、反グローバル・反米主義勢力のリーダー的存在となった。結局、二〇一九年一〇月、「クーデター」によって失脚したが、その遺産は残っている。その証拠として二〇二〇年の大統領選でMASの候補が勝利している。

しかし、モラレスの存在によって「ボリビア革命」の存在が薄くなってきた。一九五二年の武装蜂起後、政権を握った民族革命党(Movimiento Nacionalista Revolucionario : MNR)は社会・経済改革を進めた。ただし、MAS政権とは対照的に、米国と健全的な関係の維持を試みた。その影響で、米国はMNR政権(一九五二年～一九六四年)に経済援助を提供した。アメリカ外交史上のおいてこの政策に匹敵する例はない。

では、冷戦史研究において「ボリビア革命」は、どのように取り上げられてきたのだろうか。中南米は基本的に重視されてきていない。主に二つの理由がある。一つは地理的・政治的にも米ソ対立の構造からかけ離れていたかである(その例外がキューバである)。もう一つは米州における米国の「帝国主義外交」の存在が強く、冷戦研究の枠組みでは取り上げにくかったからである。ただし、冷戦研究が徐々に変化してきた。現在は、アクターの多様性と多元性を強調する研究に動いてきた。中南米冷戦史の研究においては、ブランド(Hal Brands)の『ラテンアメリカの冷戦』(*Latin America's Cold War*)と上英明の『外交と移民』(*Diplomacy Meets Migration*)の書籍が高い評価を得ている。

今回、書評する『アメリカ外交と革命』もこの「新しい冷戦史研究」に属するものである。本書は、米・ボリビア関係を一九二九年の世界恐慌から一九六四年のMNR政権の崩壊まで一次史料を軸に検討した実証研究である。本書は著者が一九九一年にカリフォルニア州立大学に提出した博士論文を基に、過去に出版した論文を一部加筆し、最新のアメリカ外交史・冷戦史研究の議論を付け加えた書籍である。

本書の問題提起は、なぜ冷戦期に米国は民族主義的な「ボリビア革命」を約一〇年間以上、経済支援を続けたのかを説明することである。米国は基本的に「革命」という存在を好まず、対立する傾向がある。冷戦期の場合、米国はグアテマラ、キューバ、ニカラグアなどの「革命」を国際共産主義の延長と見なし、様々な手段を使用しなら徹底的に潰そうとした。その例外が「ボリビア革命」であった。

では、どうしてここまで特別扱いしたのだろうか。本書では、米国と中南米の革命的ナショナリズムとの関係を説明する際に、三つの分析枠組みが存在すると論じている。一つは米国の戦略的・安全保障上の利害や動機を重視する「リアリズム」である。もう一つは米国の経済的利害動機を維持するための「新植民地主義」的な支配・被支配の関係に注目する「リビジョニズム」である。そして最後は米国の「自由主義の伝統」や文化的・イデオロギー的要素を重視する「ポストリビジョニズム」である。

本書では「リアリズム」と「リビジョニズム」が米国と「ボリビア革命」の「特殊な関係」を説明できないと論じている。前者は両国が最初に「和解」と「協力」の関係の樹立に成功した点に関する説明には効果的であるが、その後の「協力」関係の展開には必ずしも十分に説明できていないという。一方、後者は政治的・経済的手段を通じた米国の「介入」を強調することで、「軍事介入」意外の「介入」を説明できるが、米国にとって重要な直接的経済的利害の関係が薄いボリビアに対してそこまで支援したことを十分に説明できないと指摘している。

そこで、二つの分析枠組みの問題点を補うことができるのが「ポストリビジョニズム」とい枠組みである。本書では、ウェスタッド（Odd Arne Westad）の『グローバル冷戦史』（Global Cold War）の研究に着目している。主に、イデオロギー的な側面が重要だと指摘している。これによると、冷戦のイデオロギー的対立は二つの異なった「近代化プロジェクト」である。米国の場合、自由主義的イデオロギーに基づいた近代化である。これが第二次世界大戦後に成立する「リベラル・プロジェクト」であり、米国手動のリベラルな世界秩序の実現を目指したモデルであった。

「ボリビア革命」の場合、米国は「革命」が「混乱」や共産主義の支配を南米大陸の中心部にもたらすことのないように、MNR政権を経済的に支援しつつ、その革命の性格を米国自身のイメージに沿って自らの利益と理念に即したより「リベラル」な形に変えようと「介入」続けたと本書は論じている。しかし、最終的に米国の支援政策がボリビア軍部を強くさせ、革命政権は崩壊させたことも説明している。

本書では、以上の説明を行うために、米国とボリビアの外交史料に加えて、インタビューなどを利用して説明し、現在のアメリカ外交史の新しいアプローチを入れることで、その説明は魅力的である。膨大な史料分析によってここまで分析した研究は日本には存在しない。さて、残りの部分では本書の簡単に全体像を説明したい。本書は、序章と終章を含め、一二の章からなる。序章では、既に前述した問題意識と研究の枠組みを説明している。そして第一章以降では、米国と「ボリビア革命」の関係を一九四〇年代から時系列に沿って説明が行われている。

まず第一章と第二章では、ボリビア革命の起源の歴史背景が説明されている。出発点は一九二九年の世界恐慌とチャコ戦争（一九三二年〜一九三五年）の敗北の打撃である。この二つの衝撃がボリビア政治の「革命的状況」につながる。その過程で、一九四二年にMNRが成立する。翌年にはビジャロエル（Guadalberto Villarroel）大佐が率いる改革派軍部のクーデターが起きた。MNRはビジャロエル政権を支持したが、米国は新政権とナチス・ドイツとの関係を懸念し、一九四六年に軍事政権崩壊するまで、MNRと米国の対立は続いた。この経験がMNRに健全な対米関係の必要性を認識させた。

第三章では、トルーマン（Harry S. Truman）政権（一九四五年〜一九五三年）とMNR政権の発足の関係を説明している。第二次世界大戦後、トルーマンは「リベラル・プロジェクト」の下で自由主義的な国際秩序を目指し、その過程で「ボリビア革命」が起こった。そこで、革命の「過激化」弱めることを目的にする。一方、MNR側は親米路線を展開した。この二つの過程が最終的に最初の「和解」に繋がた。

第四章から第六章では、アイゼンハワー（Dwight D. Eisenhower）の政権（一九五三年〜一九六一年）の援助政策の成立を取り上げている。第四章では、政権発足後に焦点を合わせ、アイゼンハワー政権が親米姿勢を強めたMNR政権の「共産化」を防ぐために経済援助を検討する過程を説明している。続く第五章では、アイゼンハワー大統領の弟ミルトン（Milton S. Eisenhower）の南米視察旅行（一九五三年六月〜七月）を取り上げ、どのように緊急援助政策が確立したのかを論じている。最後に第六章では、緊急援助政策がどのように長期的な援助政策になったかを説明している。

第七章では、一九五五年以降のアイゼンハワー政権の援助政策を取り上げている。ここでは、経済援助が「経済介入」の要素を強め、ボリビア経済の自由化を求める一方、経済援助を削減されている過程を説明している。同時に国内の「過激な」勢力の取り締まりを求め、同時にボリビア軍の再建と軍事援助も始めたことも説明している。これが最終的に軍部の存在を強めることになる。

第八章と第九章では、ケネディ（John F. Kennedy）の政権（一九六一年〜一九六三年）と「ボリビア革命」の関係を説明している。ケネディは「進歩のための同盟」を通じてボリビアを重要なモデルとして捉え、減少していた経済援助を増加し、軍事援助も続けた。これが最終的にMNR政権を不安定にすることになる。

第一〇章では、ジョンソン（Lyndon B. Johnson）政権（一九六三年〜一九六九年）の援助政策と「ボリビア革命」の崩壊を説明している。「進歩のための同盟」が見直される。米国はシビリアン政府にこだわらず、軍事クーデターであっても、これが安定と反共産主義政策を保証すれば、認める姿勢を見せた。ただし、ボリビアの場合、一九六四年のクーデターが起きるまで、最後までMNRを見守っていた。

以上、本書の内容について簡単に紹介してきたが、次に本研究の意義について述べてみたい。第一の意義は、本書が使用している史料とインタビューである。本書は一九九一年に著者の提出した博士論文を軸に書かれているものの、新しい史料を取りいれている。外交史研究者が毎回直面するのは新しい史料をどう使用するかである。著者はこの過程を実現している。第二の意義は、冷戦期の米・中南米の重要性を日本語の書籍でまとめたことである。アメリカ外交史研究だけでなく、中南米地域研究者にとっても大きな貢献である。

最後に、筆者が気になった点を指摘したい。一つは本書の三つのアプローチのネーミングである。冷戦研究の枠組みでは「ポストリビジョニズム」という言葉は使用されるが、これが必ずしもイデオロギーや文化という意味ではない。本書を読めば意味はわかるが、混乱する読者もいるかもしれない。もう一つは「革命」と米国の関係である。本書を読みながら米国と「上手くいった革命」は少ないのかという疑問が生じた。一九一〇年のメキシコの事例を見てみると、「上手くいく」ためにはどうしても長い過程が必要であることがわかる。「ボリビア革命」は、正にそれができなかった。ただし、米国に潰されず生き残っているキューバ革命を見ると、これも実は「上手くいった革命」なのかもしれないだろうか。改めてアメリカ外交と「革命」の関係の再検討が必要だと確信した。

（ろめろ　いさみ　帯広畜産大学）

佐橋亮編

『冷戦後の東アジア秩序——秩序形成をめぐる各国の構想』

（勁草書房、二〇二〇年、三一二頁）

三　牧　聖　子

中国が強権的な外交姿勢を強める中、東アジア秩序の未来は、米中の覇権争いの問題として語られがちである。しかし、秩序は大国のパワーだけに規定されるものではない。多様なアクターのアイデンティティや戦略文化も検討する必要がある。本書は、こうした問題意識のもと、東アジアの国際秩序を、歴史的かつ重層的に描き出す。米中に加え、オーストラリア、日本、韓国、ASEAN、インド、ロシアといった多様なアクターが冷戦後の東アジア秩序をどのように構想し、その形成にいかなる影響を与えてきたのかが検証されていく。

一・二章では、冷戦終焉後の米国の東アジアにおける秩序構想と政策が検討される。玉木敦彦によれば、冷戦終焉以前、米国の東アジア秩序への関与は保守的なものだったが、冷戦終焉後、安易な現状維持は困難となり、米国は「リベラルな国際秩序」を追求していく。しかし、政策レベルでみれば、米国の対応は場当たり的で、リベラルな秩序の原則が、同盟や米中関係、地域の様々な多国間主義といかに接合されるのかも整理されなかった。ニナ・サイローブ論文は、オバマ政権期に始まったとされる「アジア・ピボット」が、ブッシュ・ジュニア政権期に始まったものであることを実証的に明らかにする。本章の分析は、著者が個人的に入手したブッシュ政権関連の機密解除文書に基づくものであり、資料的価値も高い。

上記二論文は、「リベラルな国際秩序」や「アジア・ピボット」など、ともすると漠然と使われてきた概念について、米国がこれらの概念のもと、どのような政策を追求したのかを具体的に検証するものである。この二章と、九章の林載桓論文を交錯させると、冷戦終焉後の米国の秩序構想への中国の反応が見えてくる。米国や日本では、米国を中心とするハブ&スポークの同盟ネットワークは、秩序を安定させる中核的要素の一つと位置付けられる。しかし、林によれば、中国には、学術的な議論のレベルでも、米国の同盟システムが、中国を含む域内諸国に経済発展に専念できる安全保障環境を提供してきたことを評価する言説は存在しない。林が注目する「新同盟論」も、米国のリバランス政策への反応として生まれた側面を持つ。中国外交は非同盟を原則の一つとしてきたが、昨今、非公式のレベルながら、その再検討を主張する「新同盟論」が台頭しているという。「新同盟論」は、米国がリバランス政策を打ち出す前から存在したが、しかし、リバランス政策によって活性化された。そのバリエーションは、中露同盟を模索するものや、既存の同盟を内部から瓦解させる「楔戦略」や「ネガディブ・バランシング」を主張するものまで様々である。今のところ、非同盟原則は公式には確認されているが、「新同盟論」は政策論へ拡大しつつあるという。

三章から五章は、米国の同盟国であるオーストラリア、日本、韓国が東アジアの地域秩序をどのように構想し、それが秩序にどのような影響を与えてきたかが検討される。佐竹知彦論文は、冷戦後のオーストラリア外交は、緊密な米豪同盟の維持、地域における多国間主義の促進、人権外交や民主化支援の三つを柱に展開してきたと分析する。歴代政権は、三つの柱の力点を変えることで環境の変化に対応してきたが、今日、東アジア地域の地政学的な要素が強まる中で、その限界が露呈してきている。大国のように国際秩序を自国の力のみで形成することができないからこそ、国際的な規範や法の発展に、自国の利益という観点からも関心を抱き、大国の関心が相対的に薄い分野に役割を見出してきたオーストラリアのミドルパワー外交は、日本外交への示唆にも富む。

古賀慶は、冷戦終焉後の日本の秩序構想の三つの核として、日米同盟、地域協力・対話、価値外交を指摘する。冷戦の終焉やアジア通貨危機などの国際環境の変化、国内の政変などに応じ、これらの三つの要素は優先順位の変化を見せつつ、存在し続けてきた。古賀は、過去の政策や思考形態が現在の選択肢を規定するという「経路依存」や、経路依存が外的・内的要因で崩されるという「岐路選択」など、歴史制度主義のアプローチを用いて、冷戦後日本の秩序構想のダイナミズムを明らかにしている。

西野純也は、歴史的に韓国の地域秩序を規定してきた三つの要因として、分断国家という現実、日清戦争や日露戦争などの犠牲者としての歴史的経験、高度経済成長による国際的地位の向上を指摘する。もっとも、歴代政権においてその表れ方は様々であり、政権が交代するたびに新たな構想やイニシアティブが打ち出されてきたために、これまで韓国の秩序構想が地域秩序に大きな影響を及ぼしてきたとは言い難いという。

近年、「ルールに基づく秩序（rule-based order）」という言葉が先進民主主義国の外交文書に頻繁に登場するようになっている。日本では、この概念は、米国が追求する「リベラルな国際秩序」と同義で使われることも多い。しかし、アジアにおけるルール形成の担い手として無視できない役割を担いつつあるのがＡＳＥＡＮである。湯澤武論文は、二〇〇〇年代、ＡＳＥＡＮが「ルールに基づく共同体」を掲げ、その役割を大国間の仲介役から、南シナ海に関するルール形成にシフトさせてきたことに注目し、その取り組みと限界を論ずる。大国の行動を制御できる物質的パワーを持たないＡＳＥＡＮが、観念のパワーでどのように地域秩序の形成に影響を与えてきたか、今後、与えうるかに関する示唆に富む考察が展開される。

七・八章では、インドとロシアという、これまで東アジアの秩序形成に大きな影響を与えてきたとは言い難いものの、近年、潜在的な影響を高めており、今後より大きな影響を与えると見込まれる二国の秩序構想が、冷戦終結後まで遡って考察される。溜和敏論文は、現代インドの世界秩序認識を、「地域」「拡大地域」「世界」という三層から分析する。昨今、インドは地域秩序を脅かす中国への警戒心を強め、日米と協力して中国による現状変革を押しとどめようとしているが、インドの国際秩序観は歴史的に構築されてきた複層的なものであり、中印関係も、単に対立局面のみで捉えるべきではないという。

加藤美保子論文は冷戦終焉後のロシアの外交指導者の秩序構想の変化を、アジア太平洋地域に焦点を当てて分析する。ロシアは多極秩序を掲げ、米国主導の一極構造を批判する一方で、アジア太平洋地域においては既存の日米安保体制の役割をプラグマティックに認めてきた。しかし、グローバルな米ロ対立が長期化していく中で、ロシアはアジア太平洋における国益や選択肢が制限されていると感じるようになっているという。

本書の執筆者は、国際関係の理論と各地域を専門とする研究者であり、国際関係論と歴史研究の「ハイブリット型」研究を通じ、東アジア秩序の形成のダイナミズムが、実証的かつ理論的なインプリケーションも豊かに描き出されていく。ロシアや中国のように、日本や米国と価値観を必ずしも共有せず、地域秩序の潜在的な脅威という面のみが強調されがちな国家の秩序構想について内在的な考察を加えられていることも、本書の価値を高めている。インドや韓国のように、これまで東アジア秩序に大きな影響を与えてきたとはいえないが、今度、影響力を増していくと見込まれる国家の秩序構想の分析も、今後の東アジア秩序を展望するにあたって、重要な参考材料となるはずだ。そうした意味で政策的なインプリケーションにも富む。

そのような本書の独創性、高い学術的価値を認めた上で、評者が若干、不足と感じた点を二点述べたい。各アクターの地域秩序構想の変容や特徴がこれだけ丁寧に明らかにされたのであれば、各章の分析を交錯させ、各アクターの構想の差異や対立を浮かび上がらせ、より安定した地域秩序に向け、各アクターはどのように差異や対立を制御・克服していけるのか、もう少し著者たちの踏み込んだ提言を聞くことができればよかったかもしれない。現在、中国が拡張主義的な姿勢を強める中、日米豪印の首脳・外相が安全保障や経済を協議する「クアッド」が関心を集めている。米バイデン政権は「クアッド」を「立場が似ている国の非公式の集まり」（アントニー・ブリンケン国務長官）と位置付けているが、本書で明らかにされた秩序構想に注目すれば、日豪とインドのそれとは、やはり相当な違いがある。「クアッド」と緊密に協力する国と位置づけられ、参加も取り沙汰されている韓国と、日本の秩序構想も、やはり隔たりが大きい。古賀の章で強調されているように、秩序構想が経路依存的なものである以上、日韓の秩序構想の差は、簡単に埋まるものではない。潜在的な秩序構想の相違や対立は、今後どのように表出しうるのか、あるいは克服されうるのか。その点の分析を著者たちに聞いてみたい誘惑に駆られた。

もう一点は、編者の佐橋亮自身、本書で十分に考察されず、将来的な課題として認識しているものであり、その意味ではないものねだりの要求ではあるものの、東アジアの地域秩序と価値の問題である。終章で佐橋はEUと対比させながら、東アジアでは、人権や民主主義などの価値を、敢えて秩序に埋め込まない秩序形成が展開されてきたという重要な指摘をしている。確かにこれは、中国のような非民主主義国とも共存する一つの知恵でもあった。しかし今日、私たちは、中国が新疆や香港で強める人権弾圧やミャンマーのクーデター、これらの事態に地域として一致した対応を打ち出せない東アジアの現状を目撃している。これは、人権や民主主義を埋め込んでこなかった秩序構築のツケなのであろうか。今後、これらの価値を地域に実現していくにはどのようなアプローチが有効であろうか。本書の執筆者たちには、本書で展開された緻密な歴史的・理論的な考察の上に、将来の東アジア秩序がどうなっていくか、どうあるべきかに関する考察を進め、発信していくことをぜひ期待したい。

（みまき　せいこ　同志社大学）

宮島喬、木畑洋一、小川有美編

『ヨーロッパ・デモクラシー　危機と転換』

（岩波書店、二〇一八年、三一八頁）

網谷龍介

本書は「はしがき」において、ヨーロッパにおいてデモクラシーの危機が深刻であり、そこからの転換という重い課題を抱えていると述べ、そのようなヨーロッパの政治と社会をめぐる変化を検討することを目標に掲げている。一二の章の主題は多岐にわたるが、本書評では本書が浮き彫りにする「デモクラシー」の「危機」の諸相の中から二つの主題群を軸として、内容を紹介する。

序章では「ヨーロッパ・デモクラシー」の定義が与えられる。多元主義、平和主義、福祉国家、多文化主義がその構成要素であり、狭義の政治的意味のみならず社会的意味も含めた理解であるとされる。この定義においては投票率低下のような政治参加の問題や、執政府・議会の政治的意思決定の機能不全といった、政治制度や（狭義の）政治過程の領域は除外されている。

定義の構成要素の中で大きく扱われている主題の一つが、多元主義である。第一章はドイツの事例を扱い、EUによる国家主権の侵食に対して連邦制原理の読み込みによって規範的に対応する試みが紹介されるとともに、ドイツの政治的安定やヨーロッパ大の人権保障・法の支配への連邦憲法裁判所の寄与が強調される。デモクラシーの語への言及はあるが、諸個人の自由や福祉の実現、基本権による個人の自己決定の保障を通じた正統性の担保に議論の焦点は絞られている。「『民意』の制約は……戦後ドイツの政治過程に根付いている」（二八頁）からである。民意の反映や政治参加を重視しない点において、ここでは序章のスタンスが具体的に敷衍されている。

このような正統性確保の手法はドイツを越えて一般的に通用するのだろうか。第四章では、ハンガリーやポーランドが「民主主義の後退」として批判されるのはいかなる意味でか、という論点が提示される。両国の政権が自らを民主主義体制とみなしているばかりか、多数派民主主義の枠組みをとる限りでは正統性に疑いの余地はないと本章は指摘し、EUの批判も民主主義ではなく法の支配を切り口としていることに注意を促す。この両国における民主主義理解は、本書の定義とは合致しないが誤っているのか。また誤っているとして、民意集約プロセスの外にある裁判所が正誤の判断権限を持つことが望ましいのか。本章は空井護を引いて、民意集約プロセス外の機構によるデモクラシー保障の脆弱性を示唆する。

民意集約プロセスの適切な機能を重視する場合、民意の反映や政治参加が重要な前提となる。第二章は、イギリス有権者の経済争点をめぐる意見分布を、ロンドンと「地方」という地理的分布に着目して検討する。この間の変化をもたらしているのが、ロンドン以外に居住する「普通の人」だからである。そして地方におけるＥＵ離脱支持の多数獲得を長期・短期の政治的疎外と関連付けて、イングランド北部を中心に政治的参加の顕著な低下がみられることが指摘される。この地理的な温度差の問題は第一一章の主題でもある、そこでは歴史的背景を持つ地域的な統治体が、国家全体の意思決定とは別の方向に動く誘因が検討され、国家という単位での民意集約を行うことが却って遠心化につながる可能性も示されている。

ドイツを扱う第五章も民意集約プロセスの対応能力を扱う。一九九〇年代末の社民党・緑の党政権による転換の後、移民受入国としての政策の定着と展開、難民発生原因の排除のための対外的積極姿勢への転換が生じたことが検討されている。この政策発展を可能にした要因として本章は、左右二つの国民政党の存在とその間のコンセンサスを指摘し、それを促す政治制度として、国政選挙が四年に一回にほぼ限られることや阻止条項をあげる。政党間競争の強度の緩和と、妥協のための時間の確保の重要性の指摘である。しかしこの条件は失われつつある。連合形成に必要な政党数が増え、政策形成のための妥協と支持層への配慮の両立が困難になっている。

さらに、民意集約プロセスをより困難にする可能性があるのは第七章が扱うメディアの役割である。ＥＵ離脱国民投票をめぐって、イギリスのメディアのスタンスは二分化した。数的に優勢にあったのは離脱派であり、特に大衆紙が反移民キャンペーンを展開した。投票行動への直接の影響を実証することは難しいが、排外主義フレイミングの拡散を通じた間接的影響の可能性を本章は指摘する。

以上のように、選挙や政党を中心とする民意集約プロセスは、背後で支えるメディアも含め課題を抱えていることが明らかにされている。これに対してその作動範囲を限定し、憲法裁判所等による外からの保障に重点を移す選択もドイツの事例からは示唆される。しかし本書の「定義」と近いその種の体制の受容は「受け手」社会の構成員の判断によるものであり、成功は保証されていない。

本書の第二の焦点は、定義の第四の要素である多文化主義とそれに関連する移民・難民をめぐる論点である。ここに重点を置くために、定義の中に掲げられた福祉国家、平和主義は検討から外されたものと思われる。ここから浮かび上がるテーマは個人と中間的集団、そして国家やＥＵのような領域的統治体の関係である。

領域的統治体という制度と、アイデンティティを共有する集団の構築は次元の異なる現象である。にもかかわらず国家やデモクラシーを語る際に多文化主義が論点となるのは、現存する国家が、領域的統治体と不即不離の「国民」という人間集団の構築を通じた社会的統合を、何らかの理由で必要としてきたからである。

この国民統合の問題を、フランスにおける「共和国の理念」を中心に据えて扱うのが第三章である。これは、文化やエスニシティとは区別されるシティズンシップを共有する市民の共同体として国民を捉える考え方である。この理念を国民戦線や統合高等審議会が排除のために濫用しているのに対し、どの範囲の人間が「私たち」であるかを決定することがデモクラシー理念には含まれると本章は主張する。その一方で国家が個人の権利保障を行う上では対象の限定は不可避であるとして、包摂と排除の境界の不断の検討が必要だとするのは本章の重要な主張である。

ここで興味深いのは、国家の権利保護対象として個人が名指しされる一方、デモクラシーの担い手としては「私たち」が指示される点である。個人の集合体と「私たち」の関係はいかなるものだろうか。憲法裁判所や超国家的行政機構のような「民意によらない」権利保護の機関を重視するのであれば、意思決定主体としての「私たち」に含まれていることの意味は低下するのではないか。

個人と「私たち」という理論的問題が具体的に表出するのが福祉国家の問題領域であり、第六章がオランダ、スウェーデン、デンマークの事例を参照しつつ、多文化主義と福祉排外主義の関係を検討する。中心となる主題は、社会の多様化と再分配支持が排他的関係にあるという「新しいリベラル・ジレンマ」である。本章は、多文化主義の後退と呼ばれる現象を概観したうえで、福祉排外主義との関係を検討し、「ジレンマ」が絶対的ではないこと、そして政治、とりわけ政党の言説が重要であると指摘する。

連帯と再分配にかかわる論点は、スペインにおけるカタルーニャと中央政府の対立、そして二大政党のプレゼンスの低下を切り口とする第九章にもあらわれている。本章はこの政治的困難の背景に、ヨーロッパ統合の性格変容を見出す。ユーロ導入後、統合は再分配機能を持つものに変化し紛争が生じやすくなったのである。その上で、その克服には出力による正統化では足りず、ヨーロッパ規模のデモスの創出が必要であるとする見解が検討されている。

ここに示されている問題は根源的かつ複雑である。異文化や移民といった「他者」のスケープゴート化が必然ではないとしても、従来型の国民の内部の多様性にヨーロッパ・デモクラシーはそもそも十分に応えてきただろうか。その代表例はジェンダーであるが、そのほかにも学歴、居住地、価値観といった個人の属性による選好の多様性はさまざまな研究が示すところである。戦争のように外部に敵対的他者を設定することで国民規模の連帯は構築されてきたが、それ以外の手段はありうるのか。デモスによる決定プロセスへの参加それ自体による連帯の構築に期待する議論もあるが、そのデモスとは、共和主義的な「私たち」なのか、より「濃い」ものなのか。

このようなシステム側からの視角に対し、第八章と第一〇章はマイノリティ集団側からの像を示す。第八章はパリ郊外における移民二世の政治行動にフォーカスし、「暴動」と呼ばれる行動の政治性／非政治性を丁寧に解きほぐしている。第一〇章は、フランスにおけるムスリムが自発的にイスラーム学校を建設し公的助成を獲得するプロセスを検討し、信仰の自由を守る枠組を獲得しようとする動きとその困難が検討する。この二つの事例における、個人と集団、そして国家の関係も複雑である。多重の構造的抑圧に晒されるマイノリティの個人が、どのような行動のレパートリーを採用し、どのような集団の構築を行うかは、マイノリティ側の主体的選択とともに国家機構側の名指しに影響される。集団の問題解決活動も、第一〇章の事例に見られるように国家の制度枠組に左右される。その過程で特定のタイプの活動が構造的に誘導されることもある。

このような「歪み」をもたらす国家は存在しないほうがよいのだろうか。公私の区分が歴史依存的である以上、個々人の多様性と自由選択を保障するために、「私」の領域を拡大して「私たち」の定義という困難な問題の意味を薄める選択肢もあるのではないか。フランスの事例は、歪みがあるとは言っても国家による公教育という前提があるからこそ、一定の範囲でマイノリティの主張が聞き入れられるようにも見えるが、この点は更なる検討が必要だろう。

このようにデモクラシーのアポリアの具体的なあらわれを多面的に示すのが本書の美点である。解決の見出し難い困難に直面しているこの状況を「危機」と呼ぶことは可能である。しかし序章では政治やメディアを通じた危機の創出にも注意が促されている。その指摘から一歩進めれば、問題が解決されシステムが安定した状況を裏側に想定する「危機」という概念化自体に警戒が必要だといえる。

多元的な民意を集約した結果の政治的意思決定が結果的に多元性を毀損しうること、「私たち」の範囲を「私たち」自身が決めること、いずれにも自己言及的構造が含まれる。国民、宗派、階級といった偶然成立した共属意識に依存せず、多様な個々人の自己決定を基礎に考えるとき理論的な解決は難しい。本書が安易な危機解決策を提示しないのはその故であろう。困難を直視しつつ、日々創出される暫定解を分析することが読者に引き継がれる課題であろう。

（あみや　りょうすけ　津田塾大学）

編集後記

ＳＤＧｓが二〇一五年の国連総会で採択されてから七年。すでに折り返し地点に差し掛かり、ＳＤＧｓという言葉の普及が八割に達するという現状の日本。しかし、それとは対照的に、その理解度、そして達成へ向けた行動は遅々として進んでいない。そのギャップが、昨今のＳＤＧｓ批判にもつながっている。ＳＤＧｓは形だけだ、とか、ＳＤＧｓはうさんくさい、という批判である。

一方、英文でのＳＤＧｓに関する論文は多数出版されている。目標別のものもあれば、ＳＤＧｓ全体やその仕組みに焦点を当てるものもある。技術的な論文もあれば、地球環境の限界に関するものや工学的なイノベーション、さらにはビジネスや社会的動向に焦点をあてた論文など、分野も多様である。その中にあって国際関係論分野での論文も決して少なくない。こうした中、日本でもＳＤＧｓに関する研究がもっと進んでも良いと思っていたところ、本特集号のお話をいただいた。遅ればせながら、この特集が日本でもＳＤＧｓに関する国際関係論の視点での研究が進む契機となることを願っている。

今回の特集号では、全ての論文に二名の専門家からのピア・レビューを導入した。国際的には常識となって久しいが、これまで本学会誌の特集号ではレビュー制度が必ずしも確立しているわけではないと聞いていた。そのことを反映してか、ピア・レビューやその実施に関するやりとりの過程では、レビュー体制に不慣れなことを示すような反応もいくつか見られた。そうしたものを見るにつけ、日本の学会でもピア・レビューをシステム化する必要性を感じた。特に若手研究者の皆さんには、採択の如何よりも、むしろレビューによる批判こそが論文の質を良くすることにつながるという点を強く意識してもらいたいところである。

また、編集方法についても、学会誌自体の外形的な編集と、特集号の編集との区別が曖昧な点などがあり、今後に向けて課題が見えてきた気がする。多くの学会誌がそうであるように、雑誌の編集自体を行うハンドリングと、内容面でのゲストエディターの違いは明確にしておくことが重要だと思う。今号に関しては、そうした中で、学会から遠藤委員には可能な限りのご対応をいただき、深く感謝するところである。

持続可能な社会構築へ向けて、危機的な状況が続いている。科学の声も、分野の壁を越え、課題解決へ向けた連携が求められている。インターディシプリナリーな研究からマルチディシプリナリーな研究、そしてトランスディシプリナリーな研究へと、課題解決型の研究が進化している。研究者にもますます他分野との協働が求められるようになっている。課題が国境を超えると研究者も国境を超え、多様な国や背景をもった研究者の協働が進む。一方で、そうした場に足を運ぶと、日本の国際政治学者の顔があまり見えてこないという現状もある。

日本の国際政治学のコミュニティにも、もっともっとそうした場に出て行ってもらいたいと思う。本特集号の内容も、ぜひとも英文でも発表してもらいたいものが並んでいる。課題解決へ向けて、研究ができることをどんどん進めることで、このコミュニティの存在感を示していってもらいたいと思う。

（蟹江憲史）

編集委員会からのお知らせ

独立論文応募のお願い

『国際政治』に投稿された独立論文は、年度末に刊行する独立論文号への掲載を優先する必要性から、投稿から掲載まで時間を要しがちで、早期掲載の希望が寄せられておりました。その要望に応え、Newsletter 167号でもすでに理事会便りとしてご案内差し上げたように、二〇二一年度よりすべての独立論文を各特集号に掲載し、独立論文号の刊行は停止し、年間三号の刊行となります。それに伴って、各特集号のページ数は掲載論文数に応じて拡大することとなりますので、『国際政治』の年間総ページ数は従来通りとなります。なお、独立論文の査読・掲載条件等には、何ら変更はありませんので、会員の皆様の積極的な投稿をお待ちしています。

論文の執筆にあたっては、日本国際政治学会のホームページに掲載している「掲載原稿執筆要領」に従ってください。特に字数制限にはご注意ください。投稿いただいた原稿は、「独立論文投稿原稿審査要領」に従って審査いたします。

独立論文の投稿原稿は、メールで『国際政治』編集委員会に宛てて提出して下さい。

メールアドレス　jair-edit@jair.or.jp

特集号のご案内

編集委員会では、以下の特集号の編集作業を進めています。

209号「日本外交と「冷戦」(仮題)」（編集担当・黒崎輝会員）

210号「岐路に立つアフリカ（仮題）」（編集担当・杉木明子会員）

211号「ヘルスをめぐる国際政治（仮題）」（編集担当・栗栖薫子会員）

212号「二国間外交と多国間外交の交錯（仮題）」（編集担当・高橋和宏会員）

213号「アメリカ――対外政策の変容と国際秩序（仮題）」（編集担当・西山隆行会員）

ＳＤＧｓとグローバル・ガバナンス　『国際政治』208号

令和５年１月10日　印刷
令和５年１月25日　発行

〒187-0045　東京都小平市学園西町一丁目29番１号
一橋大学小平国際キャンパス国際共同研究センター２階
発行所　一般財団法人　日本国際政治学会
電　話　042(576)7110

〒101-0051　東京都千代田区神田神保町 2-17
発売所　株式会社　有　斐　閣
振替口座　00160-9-370
http://www.yuhikaku.co.jp/

ISBN 978-4-641-49991-1　印刷・中西印刷株式会社

CONTRIBUTORS

KANIE Norichika	*Professor, Keio University, Kanagawa*
MAEDA Yukio	*Professor, Soka University, Tokyo*
MIYODA Yuki	*Ph.D. Candidate, Hitotsubashi University, Tokyo*
KATAYANAGI Mari	*Professor, Hiroshima University, Hiroshma*
MAJIMA Kei	*Researcher, Institute for Global International Relations, Tokyo / Former Graduate Student Research Assistant, Aoyama Gakuin University, Tokyo*
NAIKI Yoshiko	*Professor, Nagoya University, Aichi*
TAKAO Tamaki	*Junior Professional Officer, Secretariat of the United Nations Framework Convention on Climate Change, Germany*
HAYASHI (ONTOKU) Akihito	*Visiting Fellow, Sophia University, Tokyo*
KOMINAMI Yuki	*Ph. D Student, Keio University, Tokyo*
NISHIMURA Momoko	*Lecturer, Tokyo Woman's Christian University, Tokyo*
NISHIKAWA Taro	*PhD Candidate, University of Leuven (KU Leuven), Belgium*
FUJIMAKI Hiroyuki	*Associate Professor, Tokai University, Kanagawa*
NAKANO Yuji	*Professor, Komazawa University, Tokyo*
ROMERO Isami	*Senior Assistant Professor, Obihiro University of Agriculture and Veterinary Medicine, Hokkaido*
MIMAKI Seiko	*Associate Professor, Doshisha University, Kyoto*
AMIYA-NAKADA Ryosuke	*Professor, Tsuda University, Tokyo*

Summary

Introduction: Implementing Governance through Goals and the SDGs

KANIE Norichika

This special issue is the first collection of papers written in Japanese on the SDGs in the discipline of international relations. It is published in a timely manner at the half way of the SDGs. Agreed by consensus by all the UN member states in 2015, the SDGs are now recognized by around 80% of population in Japan. As compared to this remarkable number of recognition, only little number of population "understand" what SDGs are. The same seems to be applied to academic community. This special issue is hoping to serve for deeper understanding of the SDGs.

We have covered a wide range of issues in this collection. Maeda focuses on non-human perspective and propose bringing such perspective into the study of the SDGs, which could help overcoming shortcomings of the traditional and human-centered international relations. Miyoshiro and Katada bring their attention to business sector. Ways that business practices could contribute to the SDGs, as well as business and human rights issues are addressed. Mashima deals with gender issue, where she focuses on norm that functions for reaching the goals. Hayashi identifies some of the issues that needs more attention in the implementation process of the SDGs by focusing on the SDGs' impact on NGOs.

As the governance through goals is a new methodology and concept for global governance, we need to explore various dimensions of this novel global governance strategy. With serious problems that hinder attainment of the SDGs, such as COVID 19 pandemic, climate crisis and the war in Ukraine, practical demand is also mounting. I hope this special issue paves the way for further study of the SDGs and governance through goal setting in Japan and beyond, and that more transdisciplinary and problem oriented research are employed in the community.

Reframing Sustainable Development Goals from the Perspective of Non-Human Political Theory For Launching Agents Being Aware Cycle of Life

MAEDA Yukio

"Transforming" is the keyword for goal-based governance under the Sustainable Development Goals (SDGs), which began in 2015. Underlying the word, there is a sense of crisis that human beings will destroy the Earth and the human race will become extinct if current conditions continue as they are. However, there have been criticisms of the SDGs, such as (1) "society is not monolithic" and (2) it is impossible to achieve the goals while preserving capitalism itself.

In this regard, stances on the SDGs are diverse between those who aim to achieve the goals while revising the current capitalist system and those who advocate a decisive break from it. Regardless of which position one takes, however, "the environment" has been black-boxed as a passive entity to be destroyed by economic development, and *the subjectivity of the environment itself* has not been examined.

This paper argues that while each of the goals of the SDGs is worth pursuing, this black-boxed of the non-human attributes to three "cognitive biases" that lie on the human side of the SDG drivers, and as a result, it is difficult to cultivate a sense of wonder, leading the SDGs unachievable. To overcome this situation and deepen the SDGs, it will redefine the word "partnership," adding the existence of non-humans, identify the lack of awareness that "life is in the flow, and confirm the significance of Lovelock's Gaia theory, which promotes understanding of the self-regulating system of the Earth. This paper focuses on the Gaia theory because non-humans will play a significant role in understanding the relationship between Earth and humans lives, contributing to achieving the SDGs. First, it clarifies the origin of air and water on Earth. Second and third, it identifies why the Earth does not become an extreme cold zone for life, and why the Earth does not turn into a scorching hot zone for life. It also reminds emergent properties and dynamic equilibrium in Gaia theory to overcome cognitive bias by the separated understanding of goals and targets.

Finally, it will close by confirming that the SDGs need to be updated in a way that enables us to be aware of both the destruction of the Earth due to the de facto "state of war" between humankind and the Earth and the "cycle of life" that includes non-humans.

Institutional Investors' Contribution to SDGs through ESG Investment

MIYODA Yuki

Sustainable Development Goals (SDGs) initiatives by companies have gained high expectations from various stakeholders given the increasing role of companies around the globe. However, there are two major obstacles for companies to implement such initiatives; (i) the nonbinding nature of SDGs and (ii) the perception that such SDGs initiatives do not leads to corporate profit.

As a solution to these obstacles, this paper focuses on ESG investment and its mechanisms to influence corporate behavior. ESG investment refers to the investment in companies that address environmental (E), social (S), and corporate governance (G) issues, which are referred to as "ESG issues".

The first section compares SDGs and ESG investment. SDGs are fixed issues that various governments agreed in 2015 to resolve by 2030. ESG, in contrast, is a framework in which investors and companies will apply to address environment/social issues in priority determined by investors/companies. The specifics of E-S-G have changed over the years to reflect the social and environmental issues of the time and the environment surrounding investors and companies. Therefore, an increase in the amount of ESG investment does not necessarily mean that all the goals of SDGs will be achieved. On the other hand, companies are increasingly aligning their ESG focuses with SDGs. Given the overlap between ESG and SDGs, ESG investment contributes in achieving SDGs.

The second section illustrates the mechanism of ESG investment in addressing environmental and social issues surrounding companies. ESG investment differs from ordinal investment mechanism in two new ways. First, it provides indicators and data on a company's efforts to address ESG issues, which forms part of "non-financial information" that has not been measured in the past. Second, investors now utilize this indexed and databased information when incorporating ESG and actively engaging with companies.

In the third section, this paper introduces case studies of the Government Pension Investment Fund of Japan ("GPIF") and BlackRock, Inc. to demonstrate how ESG investment has actually contributed in achieving SDGs. When GPIF announced the introduction of an ESG index in 2017, listed companies widely recognized ESG investment. Since then, Japanese companies have increasingly promoted SDGs, such as climate change and gender diversity. BlackRock has drastically changed its investment policy towards ESG in 2020, and since then it has voted in favor of a significant number of pro-climate change related shareholder resolutions. In the ExxonMobil's case, investors including BlackRock

appointed three environmentalist directors to ExxonMobil's board. Then half a year from such appointment, ExxonMobil declared its intention to become net zero by 2050.

Commitment to SDGs by large institutional investors is having a significant impact on companies. As a consequence, more and more companies are connecting their issues to SDGs.

Business Partnership with Community for Peace: Increasing the Ability to Achieve Sustainable Development Goals

KATAYANAGI Mari

Business for Peace (B4P) is a platform to strengthen the private sector's role in peace, and along with B4P development, how business can contribute to peace has become a notable research topic. The Sustainable Development Goals (SDGs) have two relevant features not included in the Millennium Development Goals (MDGs). One is the inclusion of peace (Goal 16), and another is the emphasis given to the private sector's participation in development included as "partnership" (Goal 17). B4P development is also aligned with the Business and Human Rights (BHR) norms, which oblige the private sector to respect human rights. Furthermore, the development of B4P studies is based on the Peace through Commerce research, which identified five main areas of business contribution to peace: economic growth, the rule of law and external valuation principles, community formation, track-two diplomacy, and conflict-sensitive practice and risk assessment.

Against this backdrop, this study aims to enhance ongoing theorization efforts in the B4P field by discussing the relevance of BHR and the SDGs for businesses to contribute to peace. In this study, five recent B4P case studies (Iraq, Colombia, Nepal, the Philippines, and Bosnia and Herzegovina), including an original study, were reviewed to draw a new perspective on additional ways businesses contribute to peace. The five cases vary in terms of the context and the length of the peacebuilding process. However, a strong theme emerging from all five cases is the importance of the relationship between businesses and the community. Businesses can contribute to peace by increasing the community's ability to progress towards SDGs. One way to do so is employment, and in some cases, even combatants are employed. Another way is the capacity building of the community. Also, businesses can create a network that may become a community across the politically created divisions which enhances peace. In

terms of the SDGs, the businesses can approach peace directly through Goals 16, 17 and 8 (economic growth, employment and decent work) while at the same time supporting other goals.

Further case studies covering various conflict contexts will enhance the B4P theorization. One of the questions to be addressed in future studies is the relationship between businesses trying to contribute to peace and the state authorities where peacebuilding is taking place. Particularly, what businesses should do in case of an abrupt regime change is a challenging issue to which BHR due diligence cannot provide a sufficient answer.

The Issues of Buying Sex from the Perspective of Sex Trafficking and Women's Security, and the Impacts and Challenges of Swedish Prostitution Law

MAJIMA Kei

Sex trafficking is a major threat to women in achieving gender equality, one of the development goals of the SDGs. This article addresses the issue of "buying sex" with emphasis on the targets of the SDGs: "End all forms of discrimination against all women and girls everywhere" and "Eliminate all forms of violence against all women and girls in the public and private spheres, including trafficking and sexual and other types of exploitation." Previous studies on sex trafficking often focus on victims, with a little research on buyers. The concept of "women's security" was developed by the theory of gender international relations, which explored the theory of human security through feminism and constantly sought what threats are to women.

Based on these, the research question in this article is: "Does buying sex threaten women?" This article points out men's responsibility as buyers and explains its harmfulness. First, buying sex is a demand for sex trafficking. The specific motivations and preferences of sex buyers are driving demand for the illegal supply of women. Second, buying sex is associated with violence against women. Sex buyers are not able to distinguish between trafficking victims and voluntary sex workers. Third, buying sex is an indication of disregard for women's safety. A society that tolerates buying sex neglects the various risks imposed on women. Some countries have legalized or decriminalized prostitution to counter sex trafficking. However, these systems have not effectively controlled sex buyers and have not led to elimination of discrimination against women.

On the other hand, Sweden was the first country to introduce the prostitution law in 1999, which regards the purchase of sex as a form of male violence against women and prohibits it. Since the adoption of this law, the number of the purchaser has been decreased, the market for the sex industry has shrunk, and criminal organizations have been disappointed with the Swedish market. This is an effective way to combat sex trafficking. While this law only engages sex purchasers and does not penalize selling sex, the Swedish government ignores the stigma against prostitutes. It also discriminates against foreign prostitutes by not providing them with the necessary services and expelling them. These attitudes have been condemned as "punitive humanitarian" and have turned out to be new threats to women, particularly foreigners.

While many countries consider sex trafficking to be a serious problem, the efforts to combat it vary from country to country. I believe it is time to establish international norms because sex trafficking is international crime that requires regional and international cooperation.

Norm Pathways for Sustainable Urban Development: Assessing the Complex Relationship between the UN SDG 11, Smart City Norm, and Data Governance

NAIKI Yoshiko

While the Sustainable Development Goals (SDGs) are generally discussed in light of "governance through goals," this article deals with the SDGs as an international norm and treats them as soft law—a set of the norm consisting of goals, targets, and indicators. In particular, this article focuses on SDG 11, which is concerned with sustainable cities and communities. However, when SDG 11 came out in 2015, there was already an existing norm for sustainable urban development—a norm of smart cities. Currently, smart cities attract attention as a potential solution for global issues, such as climate change, energy consumption, and population growth.

The aim of this article is to assess norm pathways for sustainable urban development by exploring the relationship between SDG 11 and the norm of smart cities (although this is not to deny that there are other urban-related SDGs, such as SDG 3 (health), SDG 4 (education), SDG 6 (water), SDG 7 (energy), and SDG 9 (innovation) among others).

Drawing upon the literature of smart cities, this article first looks at how the norm of smart cities has been developed. In the initial smart city debate, being "smart" typically referred to the utilization of information communication

technologies (ICT); however, such an ICT-led vision was criticized because it failed to take into account the multiple dimensions of smart cities, including quality of life, environment, and citizen participation among others. This article investigates how a more "integrated" and "sustainable" approach for smart cities has been promoted, especially after the adoption of the SDGs.

This article argues that SDG11 transformed the smart city norm to an "international" norm, while the smart city norm was originally developed as a norm for global ICT corporations and local governments. Moreover, such transformation was accelerated by digitalization. Current smart city projects entail collecting, processing, and analyzing big data using artificial intelligence. Consequently, due to the recent debate on the governance of data, the smart city norm is now concerned with emerging issues, such as information security, privacy, and transparency within smart city projects. Such an interface between data governance and smart cities has pushed the smart city norm increasingly toward international concerns against the backdrop of the incompatible national positions of governing data. The article concludes by highlighting an institutional complexity for smart cities, as the number of international regimes and bodies addressing smart cities has increased in the era of the SDGs and data governance.

Effects of SDGs on Promoting Cooperation between Global Environmental Problem Consultation Frameworks: A Case Study of Discussions on Marine Plastic Litter Problems

TAKAO Tamaki

The adoption of the Sustainable Development Goals (SDGs) in 2015 marked a significant shift in global environmental governance since the SDGs placed the environment as one of the three pillars along with social and economic dimensions and implemented the integration of the three pillars and its 17 goals. From this background, the integration of several international environmental issues through the SDGs has become one of the crucial topics for the progress of global environmental governance.

Previous literature has revealed mixed opinions on this research agenda. While one study argues that the SDGs function as a benchmark that enhances cross-sectional integration, another states that the SDGs are merely a reflection of the fragmentation of global governance. However, the previous studies do

not fully examine the operation of the SDGs in the discussion process of global environmental problems. Examining how the SDGs are used in consultative frameworks of international environmental issues and how such operation of SDGs contributes to the enhancement of cross-sectional integration of international environmental issues would augment the research on the SDGs and international environmental governance.

Based on this context, this article conducts a case study that examines how the SDGs are used in a global discussion of a certain international environmental issue and what effect the SDGs can exert on cooperation among international consultative frameworks related to the issue. Specifically, this research focuses on marine plastic litter, which is an international environmental issue that experienced global progress after the adoption of the SDGs. The article analyses the discussions of the issue held in the United Nations Environmental Assembly, which placed this issue as a problem related to SDG14 and the Basel Convention Framework, which determined its conventional agenda related to SDG12.

While there was global recognition that environmentally sound waste management on land is crucial against marine plastic litter problems before the adoption of the SDGs, discussions on the issue remained in the field of the marine environment. However, after the adoption of the SDGs, UN organizations published reports that examined the relationship between marine plastic litter and the SDGs, especially concerning SDG14. In addition, with the inputs from the secretariats, both frameworks repeatedly mentioned that marine plastic litter is an issue related to both SDG12 and 14 in their discussion documents, which enhanced recognition of the significance of cooperation among both frameworks. Consequently, the Basel Convention Framework, which was originally a framework for environmentally sound waste management, altered its regulation as a measure against marine plastic litter. This case illustrates that repeated specification of related SDGs in the documents of a consultative framework of international environmental issues would visualize sectional relationships of the problem and enhance recognition of the significance of cooperation among associated frameworks. As such efforts were conducted by the UN secretariats, the case implies that effective use of the SDGs in multilateral coordination processes can comprise a potential tool for international organizations to exert influence.

Development NGOs in the Era of SDGs: The Marginalized in the Mainstream

HAYASHI (ONTOKU) Akihito

In 2015, the Sustainable Development Goals (SDGs) were set up by the United Nations. Development NGOs are considered as a key player in achieving the 17 goals of the SDGs and, therefore, there are an increasing number of NGOs actively involved in this. This paper analyses the changing role of development NGOs in the era of SDGs.

Development NGOs evolved with an expectation of proposing alternative ways in development in the 1960s and 1970s. Since then, NGOs have gained influence in service provision and policy formulation processes. After MDGs were created by the UN in 2000, donor countries expanded support to NGOs to achieve the goals of MDGs and, as a result, NGOs came under scrutiny because they were too close to donors and their autonomy was questioned.

This paper analyses how the introduction of the SDGs, which replaced MDGs, has influenced the roles and functions of development NGOs from three perspectives: donor support to NGOs, civic space, and new actors in development. In concluding, this paper argues that NGOs have experienced a changing environment in the era of SDGs where the NGOs' role has been confined to service provision and their advocacy function has been minimized.

Firstly, development NGOs have been getting closer to donor countries under the SDGs governance, as donors see NGOs as service providers to achieve the goals and provide more funds to service delivery NGOs. Secondly, the shrinking of civic space has accelerated after 2015. As indicators on civic space have deteriorated, more countries have intensified efforts to crack down on civil society organizations, especially advocacy NGOs. Thirdly, under the SDGs governance, new actors such as the private sector and philanthropy organizations have increased their presence and pursued a neoliberal approach to development. Although the approach is contradictory to the NGOs' approach, NGOs are expected to work closely with the new actors and achieve the goals as service providers.

While NGOs have gained mainstream acceptance as one of the main actors in achieving the SDGs' goals, they have come under pressure from governments and new actors to confine their role to service provision and to retreat from advocacy work seeking alternative ways in development. Further advocacy work is required by NGOs at the global level to restore the roles and functions that they were originally expected to play.

The British Ambassador to the US in a Time of Crisis: Anglo-American Relations during the Falklands Conflict

KOMINAMI Yuki

The 1980s is regarded by numerous scholars as a golden age of the Anglo-American 'Special Relationship' which developed during the Second World War. Neoliberalism which Margaret Thatcher and Ronald Reagan upheld became a driving force to the end of the Cold War, and constituted a fundamental part of the international order after the Cold War.

However, since the UK's economic situation at the beginning of the 1980s had been at its nadir, the Thatcher Government's prospects for survival were depressing. In this circumstance, the Falklands Conflict began on 2 April 1982. Thatcher's political life and the fate of the 'the age of neoliberalism' came to depend on whether the UK could retake the islands or not.

Although the UK needed support from the US in order to retake the islands, the Reagan Government maintained neutrality because Argentina was a strategic partner of the anti-communist policy of the US. Nevertheless, the Reagan Government decided to side with the UK at the end of April. As a result, the UK accomplished retaking the islands due to the support from the US.

Most previous studies focus on the relations between Thatcher and Reagan, and argue mutual trust between them was the main factor of the American support to the UK. However, there were serious disagreements between the leaders as Richard Aldous calls it 'the difficult relationship'. Therefore, this study focuses on the role of Sir Nicholas Henderson, the British Ambassador to the US during the Falklands Conflict. British Ambassadors to the US have been a vital means to preserve a healthy transatlantic relationship. Thatcher regards Henderson's ability during the conflict highly in her memoir.

Henderson sought the support from the American public and Congress while he was engaging in negotiations with the US government. His efforts can be divided into two phases. First, he tried to persuade the American public and Congress to support the UK, aiming to make the Reagan Government switch its neutrality. Second, he tried to sustain US support to the UK while fending off criticism which had arisen since the battle began on 1 May. In addition, this study proclaims that Henderson's ambassadorial diplomacy during the conflict was supported by the well-organised Embassy and his personal connections in Washington D.C.

Globalization and Bilateral Investment Treaties: US Domestic Politics over Investment Liberalization and Restrictions

NISHIMURA Momoko

In recent years, the content of bilateral investment agreements has changed. Traditional investment agreements detailed provisions to protect investors and their property from expropriation by host countries and the arbitrary operation of domestic laws. Since then, provisions have been added to remove such barriers to entry for foreign investment. Conversely, as economic globalization progresses, an increasing number of countries try to include provisions that strengthen the government's regulatory authority over foreign investment in investment agreements.

Scholars in international politics have paid little attention to such changes in the provisions of investment agreements; however, Manger and Peinhardt (2017) interprets these changes as legal precision, asserting that the driver of such precision is the fact that home capital-exporting states have recently appeared as respondents in investor-state arbitration. Although the number of cases of capital-exporting states being sued for arbitration is rising, the number is currently minimal, and the articles of model investment agreements in recent years do not appear to be as clear as the previous study claims. While new provisions have been introduced to strengthen government authority, many investment agreements continue to retain provisions to liberalize foreign investments.

This paper investigates the factors that determine the development of such hybrid investment agreements. It analyzes the revision process of the US model investment agreement and the arguments occurring within domestic politics, such as the US government, parliament, companies, and trade unions, over changes to the provisions in the model investment agreement, by reading primary material, such as papers on hearings. Initially, the main forces promoting the revision of the model investment agreement were environmental and human rights groups; their main argument being that the environment and working conditions in developing countries should be subject to provisions to prevent deterioration and attract investment. The issue gradually shifted to how US law governs foreign investment activities. Trade unions argued that the rights of US citizens, particularly regarding employment, should be protected by the US government over companies' investment activities. However, industry has taken a firm stance against this, asserting that such claims will limit US companies' liberalized investment activities overseas. The final US model investment agreement demonstrated a compromise between these two

sides. Compared with the conventional model agreement, various provisions strengthen governmental regulatory authority, but no amendments to restrict US companies' overseas investment activities are included. Through the above case analysis, this paper argues that the current investment agreement can be explained by two factors: expansion of inward foreign direct investment and expansion of foreign direct investment.

Lobbying in the European Parliament from the Perspective of Political Group 'Cohesiveness'

NISHIKAWA Taro

As the political system of the European Union (EU) is characterised by pluralism, the study of interest representation in the EU has developed since the mid-1980s. While the study of EU lobbying has focused on lobbying aimed at the European Commission as the agenda-setter, lobbying aimed at the European Parliament (EP) has recently become an point of critical focus due to the growing role of the EP in EU policymaking. The role of political groups in lobbying aimed at the EP has made scholars inspired by lobbying studies which focus on the United States Congress. While some argue that interest groups mainly lobby political groups supporting their aims (friendly political groups), it has also been pointed out that groups lobby political groups that work against their aims (unfriendly political groups) as well. The latter argument emphasises the importance of these political groups' size when lobbies choose to target unfriendly groups. However, an interest group's incentive for lobbying would naturally be lowered if most members of a large unfriendly political group had different preferences than the interest group. In the reverse, the incentive would become higher if a large unfriendly political group was experiencing internal division and some members of the group shared similar preferences with those of the interest group.

With this point in mind, this article analyses lobbying aimed at political groups in the EP, focusing on how interest groups decide to target unfriendly political groups. When the European Commission's preference regarding a certain policy issue is divergent from that of the EP, interest groups have more incentive to lobby the EP in order to change or maintain institutional balance among EU institutions. Therefore, to exemplify this situation, this article conducts a pilot case study about interest groups' lobbying on Trade and Sustainable Development (TSD) clauses in free trade agreements (FTAs) of the EU.

It firstly concludes that, according to the author's interviews of interest groups and political groups in 2018, business associations and NGOs had direct contacts

with members not only of friendly political groups but also of unfriendly groups. Additionally, when these groups chose to target unfriendly political groups, they took into account the groups' 'cohesiveness' as well as their size. However, since trade unions did not lobby unfriendly political groups, this hypothesis on the relationship between lobbying and political groups' 'cohesiveness' could be dependent on the type of interest groups. Secondly, the analysis of the EP discussion in the 7th–8th EP clarifies the gap between political groups' cohesion (coherence of preferences) and interest groups' perception of their 'cohesiveness', specifically in terms of centre-left and centre-right political groups. Finally, this article's analysis could be more relevant to the 9th EP, where political groups' configurations have become more fragmented.

日本国際政治学会編　**国際政治　既刊**

日本国際政治学会編　**国際政治**　既刊

一九五七年度—二〇二二年度

1 平和と戦争の研究
2 日本外交の分析
3 日本外交史研究—明治時代—
4 現代国際政治の構造
5 宇宙兵器と国際政治
6 日本外交史研究—大正時代—
7 二つの世界とナショナリズム
8 現代国際政治史
9 国際政治学の体系
10 集団安全保障の研究
11 日本外交史研究—昭和時代—
12 ソ連外交政策の分析
13 アメリカ外交政策の分析
14 日本外交史研究—幕末・維新時代—
15 日中関係の展開
16 東南アジアの研究
17 日米関係の展開
18 アフリカの研究
19 日本外交史研究—日清・日露戦争—
20 国際政治の理論と思想
21 共産圏の研究
22 日韓関係の展開
23 日本外交史研究—第一次世界大戦—
24 国連と日本外交
25 現代国際政治の基本問題
26 日本外交史の諸問題 I
27 欧州統合の研究
28 日本外交史の諸問題 II
29 中ソ対立とその影響
30 東西世界の統合と分裂
31 日露・日ソ関係の展望
32 軍縮問題の研究
33 日本外交史研究—外交指導者論—
34 日米関係のイメージ
35 現代ヨーロッパ国際政治史
36 開発途上国の政治・社会構造
37 日本外交史の諸問題 III
38 平和と戦争の研究 II
39 第三世界
40 中東
41 日本外交史研究—外交と世論—
42 国際政治の理論と方法
43 満洲事変
44 戦後東欧の政治と経済
45 戦争終結の条件
46 国際政治と国内政治の連繋
47 日中戦争と国際的対応
48 国際社会の統合と構造変動
49 世界政治とマルクス主義
50 国際政治学のアプローチ
51 日本外交の国際認識
52 沖縄返還交渉の政治過程
53 「冷戦」—その虚構と実像—
54 「平和研究」—その方法と課題—
55 国際紛争の研究
56 一九三〇年代の日本外交
57 第三世界政治家研究
58 日英関係の史的展開
59 非国家的行為体と国際関係
60 国際経済の政治学
61・62 戦後日本の国際政治学
63 現代の安全保障
64 国際開発論
65 社会主義とナショナリズム
66 変動期における東アジアと日本
67 相互浸透システムと国際理論
68 日豪関係の史的展開
69 国際関係思想
70 冷戦期アメリカ外交の再検討
71 日本外交の思想
72 第二次大戦前夜
73 中東—一九七〇年代の政治変動—
74 日本外交の非正式チャンネル
75 国際政治の理論と実証
76 国際組織と体制変化
77 国際統合の研究
78 東アジアの新しい国際環境
79 日本・カナダ関係の史的展開
80 現代の軍縮問題
81 ソ連圏諸国の内政と外交
82 世界システム論
83 科学技術と国際政治
30周年記念号 平和と安全—日本の選択
84 アジアの民族と国家
85 日本占領の多角的研究
86 地域紛争と国際理論
87 国際社会における人間の移動
88 現代アフリカの政治と国際関係
89 第二次大戦終結の諸相
90 転換期の核抑止と軍備管理
91 日中戦争から日英米戦争へ
92 朝鮮半島の国際政治
93 国際政治経済学の模索
94 政治統合に向かうEC
95 中ソ関係と国際環境
96 一九二〇年代欧州の国際関係
97 昭和期における外交と経済
98 ラテンアメリカ
99 共産圏の崩壊と社会主義
100 冷戦とその後 第100号記念特別号
101 国家主権と国際関係論
102 環太平洋国際関係史のイメージ
103 変容する国際社会と国連
104 CISの行方
105 一九五〇年代の国際政治
106 システム変動期の国際協調
107 冷戦変容期の国際政治
108 武器移転の研究
109 終戦外交と戦後構想
110 エスニシティとEU
111 グローバル・システムの変容
112 改革・開放以後の中国
113 マルチメディア時代の国際政治
114 グローバリズム・リージョナリズム・ナショナリズム
115 日米安保体制—持続と変容
116 ASEAN全体像の検証
117 安全保障の理論と政策
118 米中関係史
119 国際的行為主体の再検討

INTERNATIONAL RELATIONS

MEMBERSHIP INFORMATION: *International Relations* (*Kokusaiseiji*), published three times annually—around May, August, and November—and *International Relations of the Asia-Pacific*, published three times—January, May and August—are official publications of the Japan Association of International Relations (JAIR) and supplied to all JAIR members. The annual due is ¥14,000. Foreign currency at the official exchange rate will be accepted for foreign subscriptions and foreign fees. The equivalent of ¥1,000 per year for international postage should be added for foreign subscriptions. Current issues (within two years of publication) of *International Relations* (*Kokusaiseiji*) are priced at ¥2,200 per copy and available at Yuhikaku Publishing Co., Ltd., 2-17 Jinbo-cho, Kanda, Chiyoda-ku, Tokyo 101-0051, Japan, http://www.yuhikaku.co.jp; for the back issues, please visit J-STAGE at https://www.jstage.jst.go.jp/browse/kokusaiseiji. Regarding *International Relations of the Asia-Pacific*, please visit Oxford University Press website at http://www.irap.oupjournals.org for further information. Applications for membership, remittances, or notice of address changes should be addressed to the Secretary, the Japan Association of International Relations, c/o 2nd floor, Center for International Joint Research, Kodaira International Campus, Hitotsubashi University, 1-29-1, Gakuennishimachi, Kodaira-shi, Tokyo 187-0045, Japan.

Review Articles

Book Reviews

INTERNATIONAL RELATIONS

Volume 208 **January 2023**

Implementing Governance through Goals and the SDGs

CONTENTS